ANTES DE RENUNCIAR A TU EMPLEO

ROBERT T. KIYOSAKI
CON SHARON L. LECHTER C.P.A.

ANTES DE RENUNCIAR A TU EMPLEO

AGUILAR

Título original: *Before You Quit Your Job*
Copyright © 2005 by Robert T. Kiyosaki with Sharon L. Lechter
Traducido por: María Andrea Giovine
De esta edición:
D. R. © Santillana Ediciones Generales S.A. de C.V., 2007.
Av. Universidad 767, Col. del Valle
México, 03100, D.F. Teléfono (55) 54207530
www.editorialaguilar.com.mx

Argentina
Av. Leandro N. Alem, 720
C1001AAP Buenos Aires
Tel. (54 114) 119 50 00
Fax (54 114) 912 74 40
Bolivia
Av. Arce, 2333
La Paz
Tel. (591 2) 44 11 22
Fax (591 2) 44 22 0
Colombia
Calle 80, n°10-23
Bogotá
Tel. (57 1) 635 12 00
Fax (57 1) 236 93 82
Costa Rica
La Uruca
Del Edificio de Aviación
Civil 200 m al Oeste
San José de Costa Rica
Tel. (506) 220 42 42 y
220 47 70
Fax (506) 220 13 20
Chile
Dr. Aníbal Ariztía, 1444
Providencia
Santiago de Chile
Tel. (56 2) 384 30 00
Fax (56 2) 384 30 60

Ecuador
Av. Eloy Alfaro, N33-347 y Av. 6
de Diciembre
Quito
Tel. (593 2) 244 66 56 y 244
21 54
Fax (593 2) 244 87 91
El Salvador
Siemens, 51
Zona Industrial Santa Elena
Antiguo Cuscatlan - La Libertad
Tel. (503) 2 505 89 y 2 289 89 20
Fax (503) 2 278 60 66
España
Torrelaguna, 60
28043 Madrid
Tel. (34 91) 744 90 60
Fax (34 91) 744 92 24
Estados Unidos
2105 NW 86th Avenue
Doral, FL 33122
Tel. (1 305) 591 95 22 y 591
22 32
Fax (1 305) 591 91 45
Guatemala
7ª avenida, 11-11
Zona n° 9
Guatemala CA
Tel. (502) 24 29 43 00
Fax (502) 24 29 43 43

Honduras
Colonia Tepeyac Con-
tigua a Banco Cuscatlan
Boulevard Juan Pablo,
frente al Templo Adven-
tista 7º Día, Casa 1626
Tegucigalpa
Tel. (504) 239 98 84
México
Av. Universidad, 767
Colonia del Valle
03100 México DF
Tel. (52 5) 554 20 75 30
Fax (52 5) 556 01 10 67
Panamá
Av. Juan Pablo II, n° 15.
Apartado Postal 863199,
zona 7
Urbanización Industrial
La Locería - Ciudad de
Panamá
Tel. (507) 260 09 45
Paraguay
Av. Venezuela, 276
Entre Mariscal López y
España
Asunción
Tel. y fax (595 21) 213
294 y 214 983

Perú
Av. San Felipe, 731
Jesús María
Lima
Tel. (51 1) 218 10 14
Fax. (51 1) 463 39 86
Puerto Rico
Av. Rooselvelt, 1506
Guaynabo 00968
Puerto Rico
Tel. (1 787) 781 98 00
Fax (1 787) 782 61 49
República Dominicana
Juan Sánchez Ramírez, n° 9
Gazcue
Santo Domingo RD
Tel. (1809) 682 13 82 y
221 08 70
Fax (1809) 689 10 22
Uruguay
Constitución, 1889
11800 Montevideo
Uruguay
Tel. (598 2) 402 73 42 y
402 72 71
Fax (598 2) 401 51 86
Venezuela
Av. Rómulo Gallegos
Edificio Zulia, 1°. Sector
Monte Cristo. Boleita Norte
Caracas
Tel. (58 212) 235 30 33
Fax (58 212) 239 10 51

Primera edición: febrero de 2007
ISBN: 978-970-770-404-6
D. R. © Cubierta: Antonio Ruano Gómez
Diseño de interiores: José Manuel Caso-Bercht Serrano (mancaso3@prodigy.net.mx)
Impreso en México.

ÍNDICE

AGRADECIMIENTOS...9

INTRODUCCIÓN
¿Qué hace diferentes a los empresarios?................................11

CAPÍTULO UNO
¿Cuál es la diferencia entre un empleado y un empresario?....47

CAPÍTULO DOS
Cada vez más tonto y cada vez más rico................................79

CAPÍTULO TRES
¿Por qué trabajar gratis?.................................117

CAPÍTULO CUATRO
El éxito revela tus fracasos.................................147

CAPÍTULO CINCO
El dinero habla.................................179

CAPÍTULO SEIS
Los tres tipos de dinero.................................219

CAPÍTULO SIETE
Cómo pasar de negocios pequeños a negocios grandes.....257

CAPÍTULO OCHO
Cuál es el trabajo del líder de un negocio.................................293

CAPÍTULO NUEVE
Cómo encontrar buenos clientes.................................331

CAPÍTULO DIEZ
Resumen.................................369

AGRADECIMIENTOS

Para ser empresario se debe tener espíritu y vocación. Cuando Padre Rico se asoció con Warner Books, en gran medida fue debido a Laurence Kirshbaum, presidente ejecutivo y cabeza de la mesa directiva de Warner. Reconocimos esa chispa empresarial en sus ojos. Infundió con energía su actitud de "puedo hacerlo" a lo largo de toda la organización. Aunque quizá la industria editorial no sea de tecnología de punta, Larry Kirshbaum sí es un líder de punta y ha sido muy grato trabajar con él. Gracias, Larry.

Robert Kiyosaki y
Sharon Lechter

¿Qué hace diferentes a los empresarios?

Uno de los momentos más aterradores de mi vida fue el día en que dejé mi empleo y me convertí oficialmente en empresario. Ese día supe que no habría más sueldo, ni seguro médico, ni plan de retiro. No habría más días de incapacidad ni vacaciones pagadas.

Ese día mi ingreso se fue a ceros. El terror de no tener un sueldo fijo fue una de las experiencias más aterradoras que he vivido. Lo peor de todo es que no sabía cuánto tiempo pasaría antes de recibir otro cheque... podrían ser años. En el momento en que dejé mi empleo supe la verdadera razón por la que muchos empleados no se convierten en empresarios. Es por el miedo a no tener nada de dinero... ningún ingreso garantizado, ningún sueldo. Muy pocas personas pueden operar sin dinero durante largos períodos. Los empresarios son diferentes y una de sus diferencias es la habilidad de operar de manera sana e inteligente, sin dinero.

Ese mismo día mis gastos aumentaron. Como empresario, debía rentar una oficina, un estacionamiento, un almacén, comprar un escritorio, una lámpara, rentar un teléfono, pagar viajes, hoteles, taxis, comidas, copias, plumas, grapas, artículos de papelería, gastos legales, de correo, folletos, productos y hasta café para la oficina. También tuve que contratar una secretaria, un contador, un abogado, un tenedor de libros, un agente de seguros empresarial y hasta un servicio de conserjería. Todos eran gastos que mi patrón había pagado por mí. Comencé a darme cuenta de lo costoso que había sido contratarme como empleado. Descubrí que los empleados cuestan mucho más que la cantidad de dólares reflejada en su cheque.

Así que otra diferencia entre los empleados y los empresarios es que los empresarios necesitan saber cómo gastar dinero, incluso si no lo tienen.

El comienzo de una nueva vida

El día que dejé la compañía oficialmente, estaba en San Juan, Puerto Rico. Fue en junio de 1978. Asistía a la celebración del Club de Presidentes de la Corporación Xerox, un evento donde se reconocía a quienes mayores logros habían alcanzado en la compañía. Había llegado gente de todo el mundo para recibir un reconocimiento.

Fue un gran evento, una gala que siempre recordaré. No podía creer cuánto dinero gastaba Xerox sólo para ofrecer reconocimiento a los mejores vendedores de la compañía. Pero aunque era una celebración, yo la estaba pasando fatal. A lo largo de los tres días que duró el evento, lo único en lo que pensaba era en dejar el empleo, el sueldo y la seguridad de la compañía. Me di cuenta que una vez que terminara la fiesta en San Juan, seguiría adelante por mi cuenta. No regresaría a trabajar en la filial de la Corporación Xerox en Honolulu.

Al dejar San Juan, el avión en el que viajaba experimentó un incidente. Durante el aterrizaje en Miami, el piloto ordenó que todos nos sujetáramos nuestros cinturones, que agacháramos la cabeza y nos preparáramos para un posible choque. Yo ya estaba bastante mal con ese mi primer día como empresario y además de todo, ¿ahora tenía que prepararme para morir? Mi primer día como empresario no inició muy bien que digamos.

Obviamente, el avión no se estrelló y yo continué mi vuelo hacia Chicago donde tendría una presentación de ventas para mi línea de carteras de nylon para surfista. Llegué tarde al Chicago Mercantile Mart a causa del retraso de los vuelos y el cliente, a quien supuestamente debía ver, un comprador de una enorme cadena de tiendas departamentales, se había ido. Una vez más pensé: "Ésta no es una buena manera de empezar mi carrera como empresario. Si no hago esta venta no habrá ingreso para el negocio, ni cheque para mí ni comida en la mesa." Como me gusta comer, no tener comida era lo que más me inquietaba.

¿Algunas personas nacen siendo empresarias?

"¿Las personas nacen siendo empresarias o se entrenan para ser empresarias?" Cuando pedí a mi padre rico su opinión sobre esta vieja cuestión, dijo: "Cuestionar si las personas nacen o se entrenan para ser empresarias es una pregunta que no tiene sentido. Sería como averiguar si las personas nacen siendo empleadas o si se les enseña a convertirse en empleadas." Prosiguió: "Las personas son capaces de recibir entrenamiento. Se les puede entrenar para ser empleadas o empresarias. La razón por la cual hay más empleados que empresarios es simplemente porque en nuestras escuelas entrenan a los jóvenes a convertirse en empleados. Por eso hay tantos padres que dicen a sus hijos: 'Ve a la escuela para que puedas conseguir un buen trabajo.' Nunca he escuchado a ningún padre decir: 'Ve a la escuela para convertirte en empresario.'"

Los empleados son un fenómeno nuevo

El empleado es un fenómeno nuevo. Durante la era agraria, la mayoría de las personas eran empresarias. Muchos eran granjeros que trabajaban las tierras del rey. No recibían un cheque del rey. De hecho, sucedía lo contrario. El granjero pagaba al rey un impuesto por el derecho de usar la tierra. Los que no eran granjeros eran comerciantes, es decir, empresarios de negocios pequeños: carniceros, panaderos y fabricantes de velas. Sus apellidos a menudo reflejaban su negocio. Por esa razón, hoy en día, en inglés muchas personas se apellidan Smith (herrero), por el herrero de la aldea, Baker (panadero), por los dueños de panaderías y Farmer (granjero), porque el negocio de su familia era una granja. Eran empresarios, no empleados. La mayoría de los niños criados en familias de empresarios seguían los pasos de sus padres y también se convertían en empresarios. Es sólo cuestión de entrenamiento.

Fue durante la Revolución Industrial cuando la demanda de empleados creció. En respuesta, el gobierno se abocó a la educación masiva y adoptó el sistema prusiano, que siguen la mayoría de los sistemas escolares occidentales del mundo. Cuando investigas la filosofía que hay detrás de la educación prusiana, descubres que el propósito era producir soldados y empleados... gente que siguiera órdenes e hiciera lo que le indicaran. El sistema educativo prusiano es un gran sistema para la producción masiva de empleados. Es cuestión de entrenamiento.

Los empresarios más famosos

Quizá has notado que muchos de nuestros empresarios más famosos no terminaron la escuela. Algunos de ellos son Thomas Alva Edison, fundador de General Electric; Henry Ford, fundador de Ford Motor Company; Bill Gates, fundador de Microsoft; Richard Branson, fundador de Virgin Records, Atlantic Trains, etcétera; Michael Dell, fundador de Dell Computers; Steven Jobs, fundador de Apple Computers y Pixar; y Ted Turner, fundador de CNN. Obviamente, hay empresarios que tuvieron éxito en la escuela... pero pocos son tan famosos como éstos.

La transición de empleado a empresario

Sé que no nací empresario natural, tuve un entrenamiento. Mi padre rico me guió en el proceso de empleado a empresario. Para mí, no fue sencillo. Tuve mucho que desaprender antes de comenzar a entender las lecciones que él trataba de darme.

Fue difícil escuchar lo que mi padre rico decía porque era exactamente lo opuesto a las lecciones que mi padre pobre me impartía. Cada vez que mi padre rico me hablaba sobre ser empresario, hablaba sobre libertad. Cada vez que mi padre pobre hablaba sobre ir a la escuela para conseguir un empleo, hablaba sobre seguridad. En mi cabeza tenía lugar el choque de dos filosofías y me confundía.

Finalmente, pregunté a mi padre rico por la diferencia en las filosofías: "¿Acaso la seguridad y la libertad no son lo mismo?"

Sonriendo, contestó: "La seguridad y la libertad no son lo mismo... de hecho son opuestas. Cuanta más seguridad busques, menos libertad tienes. La gente con la mayor seguridad está en la cárcel. Ésa es la razón por la cual se llama máxima seguridad." Prosiguió: "Si quieres libertad necesitas dejar a un lado la seguridad. Los empleados desean seguridad y los empresarios buscan libertad."

Así que la pregunta es: ¿cualquiera puede convertirse en empresario? Mi respuesta es: "Sí. Todo comienza con un cambio de filosofía. Comienza con un deseo de tener más libertad que seguridad."

De oruga a mariposa

Todos sabemos que una oruga teje un capullo y un día se convierte en mariposa. Es un cambio tan profundo que se conoce como metamorfosis. Una de las definiciones de metamorfosis es *alteración contundente de carácter*. Este libro trata sobre una metamorfosis similar. Trata sobre los cambios por los que pasa una persona, en la transición de empleado a empresario. Aunque muchas personas sueñan con renunciar a su empleo y comenzar su propio negocio, sólo unos cuantos lo hacen realmente. ¿Por qué? Porque la transición de empleado a empresario es más que cambiar de empleo... es una verdadera metamorfosis.

Libros de empresarios escritos por quienes no son empresarios

Con el paso de los años he leído muchos libros sobre empresarios y sobre el tema de ser empresario. He estudiado las vidas de algunos como Thomas Edison, Bill Gates, Richard Branson y Herny Ford. También leo libros sobre diferentes filosofías empresariales y sobre lo que hace que algunos empresarios sean mejores que otros. En cada libro, bueno o malo, encuentro alguna porción invaluable de información o sabiduría que me ha ayudado en mi búsqueda para convertirme en un mejor empresario.

Analizando en retrospectiva los libros que he leído, he notado que entran en dos categorías básicas: libros escritos por empresarios y libros escritos por quienes no son empresarios, personas que son autores, periodistas o profesores universitarios profesionales.

Aunque he obtenido algo importante de cada libro, sin importar quién lo haya escrito, sí encontré que faltaba algo. Lo que me pareció que faltaba eran las anécdotas surgidas de "estar en el ojo del huracán", "en la entraña", "recibir puñaladas por la espalda", los errores aterradores y las historias de horror por las que pasa casi todo empresario. La mayoría de los libros dibujan una imagen del empresario como una persona de negocios brillante, cortés, relajada, que maneja todos los retos con tranquilidad. Los libros sobre grandes empresarios a menudo hacen parecer que nacieron siéndolo, y de hecho, fue el caso de muchos de ellos. Así como hay atletas naturales y dotados, hay empresarios naturales y dotados, y la mayoría de los libros que se escriben son sobre esa gente.

Los libros sobre empresarios escritos por profesores universitarios tienen un sabor diferente. Los catedráticos tienden a analizar el tema hasta el hueso, dejando sólo los hechos o hallazgos estáticos. Me parece que leer esos libros, técnicamente correctos, es difícil porque a menudo son aburridos. No hay partes carnosas, nada jugoso; sólo los huesos.

¿Por qué es distinto este libro?

Éste es un libro sobre el empresario, escrito por empresarios que han experimentado los altibajos, los éxitos y fracasos del mundo real.

Actualmente, The Rich Dad Company es un negocio internacional con productos en cuarenta y cuatro idiomas diferentes y negocios en más de ochenta países. Pero todo empezó como una compañía que mi esposa, Kim, y yo, iniciamos con nuestra socia Sharon Lechter. Comenzó en la mesa del comedor de Sharon en 1997. Nuestra inversión inicial fue de 1 500 dólares. Nuestro primer libro, *Padre Rico, Padre Pobre*, ha estado en la lista de éxitos de ventas durante más de cuatro años y medio, un logro compartido con tan sólo tres libros más. Tal vez, mientras leas este libro, todavía siga en la lista.

En vez de decirte lo listo que soy en los negocios, lo cual no es cierto, pensamos que sería mejor escribir un tipo de libro diferente sobre ser empresario. En vez de contarte lo brillantemente que navegué sobre las crestas más altas, y cómo hice millones, pensamos que aprenderías más sobre cómo cavé muchos agujeros profundos, caí en ellos y tuve que escalar el camino de salida. En vez de contarte sobre todos mis éxitos, creímos que aprenderías más de mis fracasos.

¿Por qué escribir sobre fracasos?

Muchas personas no se convierten en empresarios porque tienen miedo al fracaso. Al escribir sobre las cosas que muchos temen, esperamos ayudarte a decidir si convertirte en empresario es para ti. Nuestro objetivo no es asustarte, nuestro objetivo es proporcionarte un poco de comprensión del "mundo real" sobre los altibajos en el proceso para convertirte en empresario.

Otra razón para escribir sobre fracasos es que los seres humanos estamos diseñados para aprender de nuestros errores. Aprendemos a caminar cayéndonos primero y luego intentándolo de nuevo. Aprendemos a andar en bicicleta cayéndonos y luego intentándolo de nuevo. Si nunca nos hubiéramos arriesgado a caer, andaríamos por la vida arrastrándonos como orugas. Uno de los elementos faltantes que hemos encontrado al consultar muchos de los libros sobre ser empresario, en especial los escritos por profesores universitarios, es que no entran en las tribulaciones y pruebas emocionales por las que pasa un empresario. No discuten qué les pasa emocionalmente a los empresarios cuando el negocio fracasa, cuando se quedan sin dinero, cuando despiden a los empleados y cuando sus inversionistas y acreedores vienen a buscarlos. ¿Cómo podría saber la mayoría de los profesores universitarios cómo se siente un empresario que enfrenta el fracaso? Cómo saberlo, puesto que un sueldo, un cargo, tener siempre las respuestas correctas y nunca cometer errores son altamente valorados en el mundo académico. De nuevo, todo es cuestión de entrenamiento.

A finales de la década de los ochenta, fui invitado a la Universidad de Columbia para dar una charla sobre ser empresario. En vez de hablar sobre mis éxitos, hablé de mis fracasos y de lo mucho que aprendí de mis errores. La joven audiencia hizo muchas preguntas y parecía genuinamente interesada en los altibajos del empresario. Hablé de los miedos que todos sentimos al iniciar un negocio y de cómo los enfrenté. Compartí con ellos algunos de los errores más estúpidos que cometí y el modo en que más adelante se convirtieron en valiosas lecciones que nunca hubiera aprendido de no haberlos cometido. Hablé sobre el dolor de tener que cerrar un negocio y despedir a personas por mi incompetencia. También compartí con ellos cómo todos mis errores al final me hicieron ser un mejor empresario, muy rico y, lo más importante, financieramente libre, sin necesidad de volver a trabajar nunca. En resumen, pensé que fue una charla objetiva y realista sobre el proceso de convertirse en empresario.

Semanas después, me enteré de que a la académica de la facultad que me había invitado a hablar en la universidad la llamaron de la oficina del director de su departamento y la regañaron. Las palabras finales del director fueron: "En Columbia no permitimos que los fracasos hablen."

¿Qué es un empresario?

Ahora que hemos arremetido contra los profesores universitarios, es momento de darles algo de crédito. Una de las mejores definiciones de lo que es un empresario es de Howard H. Stevenson, profesor de la Universidad de Harvard: "Ser empresario es un acercamiento a la administración que definimos de la siguiente manera: la búsqueda de oportunidades sin tomar en cuenta los recursos controlados actualmente." En mi opinión, ésta es una de las definiciones más brillantes de lo que es un empresario. Es puro hueso... y es brillante.

El poder de las excusas

Muchas personas quieren convertirse en empresarias pero siempre tienen alguna excusa para no dejar su empleo, pretextos como:

1. No tengo dinero.
2. No puedo dejar mi empleo porque tengo hijos que mantener.
3. No tengo ningún contacto.
4. No soy lo suficientemente listo.

5. No tengo tiempo. Estoy muy ocupado.

6. No puedo encontrar a nadie que quiera ayudarme.

7. Toma demasiado tiempo construir un negocio.

8. Me da miedo. Construir un negocio es demasiado arriesgado para mí.

9. No me gusta tratar con empleados.

10. Estoy demasiado viejo.

El amigo que me dio este artículo del profesor Stevenson dijo: "Cualquier niño de dos años es experto en inventar excusas." También dijo: "La razón por la cual la mayoría de las personas que quieren convertirse en empresarios siguen siendo empleados es que tienen alguna excusa que les impide renunciar a su empleo y dar el salto de fe. Para muchas personas, el poder de la excusa es más poderoso que el de sus sueños."

Los empresarios son diferentes

El señor Stevenson tenía muchos otros diamantes en bruto en su artículo, en especial cuando compara a los empresarios con empleados o a los promotores con albaceas, como los llama él. Algunas de esas piedras de comparación son:

1. En lo que respecta a su orientación estratégica:

PROMOTOR: motivado por la percepción de oportunidades.

ALBACEA: motivado por el control de recursos.

En otras palabras, los empresarios siempre están buscando la oportunidad sin tomar mucho en cuenta si tienen los recursos. Las personas tipo empleado se enfocan en qué recursos tienen o cuáles no tienen, razón por la que tantas personas dicen: "¿Cómo puedo empezar mi negocio? No tengo dinero." Como diría un empresario: "Amarra el trato y luego conseguiremos el dinero." Esta diferencia de filosofías marca un abismo entre un empleado y un empresario.

Ésta es también la razón por la cual mi padre pobre con frecuencia decía: "No puedo pagarlo." Como era un empleado, veía los recursos. Quienes hayan leído mis demás libros saben que mi padre rico nos prohibió a mí y a su hijo decir: "No puedo pagarlo." En cambio, nos enseñó a ver las oportunidades y preguntar: "¿Cómo puedo pagarlo?" Él era un empresario.

2. En lo que respecta a la estructura administrativa

PROMOTOR: plano con redes informales múltiples.

ALBACEA: jerarquía formalizada con múltiples filas.

En otras palabras, un empresario mantendrá la organización pequeña y magra, empleando relaciones cooperativas con socios estratégicos para hacer crecer el negocio. Los empleados quieren construir una burocracia, lo cual significa una cadena de mando, con ellos en la cima. Ése es su concepto de crear un imperio. Un empresario hará crecer la organización de manera horizontal, lo que significa "externar" en lugar de llevar el trabajo "dentro de la empresa". Un empleado quiere hacer crecer la organización de manera vertical, lo cual significa contratar más empleados. Las gráficas organizacionales formales son muy importantes para los empleados que suben por la escala corporativa.

En este libro, encontrarás cómo The Rich Dad Company se mantuvo pequeña y no obstante se hizo grande empleando sociedades estratégicas fuertes con grandes empresas como Time Warner, Time Life, Infinity Broadcasting y editores importantes de todo el mundo. Decidimos crecer de esta manera porque nos costaría menos tiempo, gente y dinero. Podíamos crecer más rápido, ser más grandes, volvernos muy rentables, tener presencia mundial y no obstante seguir siendo pequeños. Usamos el dinero y recursos de otras personas para hacer crecer el negocio. Este libro explicará cómo y por qué lo hicimos así.

3. En lo que respecta a la filosofía de recompensa:

Promotor: motivado por el valor, basado en el desempeño, orientado al equipo.

Albacea: motivado por la seguridad, basado en los recursos, orientado a ascender de puesto.

En términos simples, los empleados quieren seguridad en el trabajo con una compañía fuerte, un sueldo y la oportunidad de un ascenso, una oportunidad para subir en la escala corporativa. Muchos empleados consideran el ascenso y un título como algo más importante que el dinero. Sé que mi padre pobre pensaba así. Amaba su título: Superintendente de Educación Pública, a pesar de que no le pagaban mucho.

El empresario no quiere ascender en la escala corporativa; quiere ser dueño de dicha escala. Un empresario no está motivado por un cheque sino por los resultados del equipo. También, como expresa Howard Stevenson, muchos empresarios inician un negocio porque tienen valores muy fuertes, valores que son más importantes que la simple seguridad en el trabajo y un sueldo. Este libro analizará valores que son mucho más importantes que el dinero. Para muchos empresarios, sus valores son más importantes que el dinero. Les apasiona su trabajo, su misión y aman lo que hacen. Muchos empresarios hacen su trabajo aunque no se vea el dinero. Mi padre rico decía: "A muchos empleados les apasiona su trabajo siempre y cuando haya un cheque."

En este libro, también aprenderás acerca de los tres diferentes tipos de dinero: dinero competitivo, dinero cooperativo y dinero espiritual. El dinero competitivo es por el que trabaja la mayoría de las personas. Compiten por empleos, ascensos, aumentos de sueldo y contra la competencia de su negocio. El dinero cooperativo se consigue mediante redes en vez de compitiendo. En este libro también descubrirás de qué manera The Rich Dad Company se expandió rápidamente con muy poco dinero, simplemente trabajando con dinero cooperativo. También hay una parte significativa de este libro dedicada a la misión de un negocio: los valores. Aunque todos sabemos que hay muchos empresarios que son oportunistas, que trabajan sólo por dinero competitivo, hay otros que construyen un negocio con una misión fuerte, trabajando por dinero espiritual... el mejor dinero de todos.

Diferentes estilos de administración

Hay otros dos puntos en el artículo que resultan refrescantes, en especial viniendo de un profesor universitario. Howard Stevenson reconoce que muchas personas dicen que los empresarios no son buenos administradores. En vez de concordar con este punto de vista comúnmente aceptado, escribe: "El empresario es estereotipado como egocéntrico e idiosincrásico y, por tanto, incapaz de administrar. Sin embargo, aunque la tarea administrativa es sustancialmente distinta para el empresario, la habilidad de administración, no obstante, es esencial." Bien dicho, Howard. En otras palabras, los empresarios manejan a la gente de manera diferente. El siguiente punto explica por qué hay diferencias en el estilo administrativo entre el empresario y el empleado.

Aprende a usar los recursos de otras personas

El otro punto que Stevenson deja en claro rastrea de cerca su definición de empresario, que es: "Ser empresario es un acercamiento a la administración, que definimos de la siguiente manera: la búsqueda de oportunidades sin tomar en cuenta los recursos controlados actualmente." Afirma: "Los empresarios aprenden a usar bien los recursos de otras personas." Eso es lo que ocasiona la diferencia en estilo de administración. Los empleados quieren contratar a otras personas para que ellos las puedan manejar. Esto los coloca en control directo sobre ellas. Harán lo que se les indique o serán despedidas. Por eso los que pertenecen al tipo empleado quieren construir jerarquías verticales. Desean un estilo administrativo prusiano. Quieren que la gente salte cuando ellos digan: "Salta."

Puesto que los empresarios no necesariamente manejan empleados, necesitan tratar a las personas de una manera diferente. Dicho de modo muy simple, los empresarios necesitan saber cómo manejar a otros empresarios. Si dices: "Salta", a un empresario, por lo general responde con algún gesto o comentario rudo. Así que los empresarios no son malos administradores, como mucha gente piensa; simplemente tienen un estilo de administración muy diferente porque están manejando personas a quienes no pueden decir qué hacer... ni pueden despedir.

Empleado en busca de empleados

Algunas de las quejas más comunes que se escuchan en boca de nuevos empresarios son: "No puedo encontrar buenos empleados.", "Los empleados simplemente no quieren trabajar." O bien: "Lo único que los empleados quieren es dinero." Éste es un problema para un nuevo empresario con un estilo de administración confuso. El estilo de administración es cuestión de entrenamiento. De nuevo, felicitaciones a Howard Stevenson, profesor universitario, por llegar hasta la médula en las diferencias entre empresario y empleado.

Cómo ordenar el artículo de Stevenson

Hay mucha más información en el artículo de Howard H. Stevenson titulado "A Perspective on Entrepreneurship", escrito en 1983. Una copia del artículo está disponible en la Harvard Business School por menos de 10 dólares. Para ordenarlo entra a http:/harvardbusinessonline.org. Es un artículo brillante y útil para cualquiera que esté interesado en el tema de ser empresario.

No esperes a que todas las luces estén en verde

Otra razón por la cual muchas personas no son tan exitosas como les gustaría ser es el miedo... a menudo es el miedo a cometer errores o el miedo al fracaso. Hay otra razón, también un miedo; pero surge de una manera un poco distinta. Esas personas disfrazan sus miedos siendo perfeccionistas. Están esperando que todas las estrellas se alineen antes de empezar un negocio. Quieren que todas las luces estén en verde antes de abandonar la autopista. En lo que respecta a ser empresario, muchas de estas personas siguen atoradas en la autopista con el motor apagado.

Tres partes de un negocio

Uno de los mejores empresarios que he conocido es un amigo y socio de negocios. He formado varias compañías con él, tres de ellas se hicieron públicas y nos han dado muchos millones. Al describir lo que hace un empresario, mi amigo dijo: "Hay tres partes para armar un trato de negocios. Una es encontrar a la gente adecuada. La segunda es encontrar la oportunidad adecuada. Y la tercera es encontrar el dinero." También dijo: "Rara vez las tres piezas llegan juntas. A veces tienes a la gente, pero no tienes ni el trato ni el dinero. A veces tienes el dinero, pero no tienes el trato o a la gente." También dijo: "El trabajo más importante de un empresario es tomar una pieza y luego comenzar a unir las otras dos. Eso puede tomar una semana o tal vez años, pero si tienes una pieza, por lo menos has empezado." En otras palabras, a un empresario no le importa si dos luces de tres están en rojo. Las luces rojas no impiden que un empresario lo sea.

Cualquier cosa que valga la pena hacer, vale la pena hacerla de manera deficiente

¿Alguna vez has notado que el software, como Windows de Microsoft, viene en versiones como Windows 2.0 y Windows 3.0? Lo que eso significa es que han mejorado su producto y ahora quieren que compres la versión mejorada. En otras palabras, el primer producto que te vendieron no era perfecto. Tal vez lo vendieron sabiendo que tenía defectos, errores y necesitaba mejorarse.

Muchas personas logran llegar al mercado porque perfeccionan constantemente su producto. Igual que la persona que espera que todas las luces estén en verde, algunos empresarios

nunca llegan al mercado porque buscan, o trabajan, en perfeccionar su producto, o tratan de escribir el plan de negocios
perfecto. Mi padre rico decía: "Cualquier cosa que valga la
pena hacer vale la pena hacerla de manera deficiente." Henry Ford sostenía: "Gracias a Dios por mis clientes. Compran
mis productos antes de que sean perfeccionados." En otras
palabras, los empresarios empiezan y continúan mejorándose,
mejorando sus negocios y sus productos. Muchas personas no
empezarán a menos de que todo sea perfecto. Ésa es la razón
por la que muchos nunca empiezan.

Saber cuándo introducir un producto en el mercado es tanto un arte como una ciencia. Puede que no quieras esperar a
que un producto sea perfecto; puede que nunca lo sea. Sólo
tiene que ser "suficientemente bueno". Apenas tiene que funcionar lo bastante bien para ser aceptado en el mercado. Sin
embargo, si el producto tiene tantas fallas que no funciona
para el objetivo para el que fue hecho o si de alguna u otra
manera no cumple las expectativas del mercado, o causa problemas, puede ser muy difícil reestablecer la credibilidad y
una reputación de calidad.

Una de las marcas de un empresario exitoso es ser capaz de
evaluar las expectativas del mercado y saber cuándo dejar de desarrollar y empezar a vender. Si el producto se introduce al mercado en un momento prematuro, entonces el empresario simplemente puede mejorarlo y dar los pasos para mantener la buena
fe en el mercado. Por otro lado, el retraso en la introducción de
un producto puede significar oportunidades perdidas de manera
irremediable, una ventana de oportunidad desaprovechada.

Quienes recuerden las primeras versiones de Windows, se
acordarán de cómo frecuentemente la computadora se "pasma-
ba". (Algunos decían que Windows estaba tan lleno de "virus"
que debían haberlo vendido con una lata de insecticida.) Si un
automóvil fallara con tanta frecuencia como fallaba Windows,

no habría sido aceptable en el mercado. De hecho, el automóvil habría sido un "limón" y el fabricante hubiera sido forzado a reemplazarlo. Sin embargo, Windows, a pesar de la mosca en la sopa (las fallas) era fenomenalmente exitoso. ¿Por qué razón? Llenaba una necesidad en el mercado y no estaba fuera de lugar respecto a las expectativas del mercado. Microsoft reconoció una ventana de oportunidad y comenzó a vender. Como saben quienes usan la versión actual de Windows, si Microsoft hubiera esperado a ser perfecto, todavía no estaría en el mercado.

Listos de la calle *versus* listos de la escuela

En las artes marciales hay un dicho que reza: "Una taza llena es inútil. Sólo cuando una taza está vacía es útil." Esto es cierto para el empresario.

Todos hemos escuchado a personas que dicen: "Oh, sé todo al respecto." Ésas son palabras que vienen de una persona que cree que conoce todas las respuestas. Un empresario no puede darse el lujo de tener todas las respuestas. Los empresarios saben que nunca pueden saber todas las respuestas. Saben que su éxito requiere que su taza esté permanentemente vacía.

Para tener éxito como empleados, las personas necesitan saber las respuestas correctas. Si no las saben, pueden ser despedidos o no recibir un ascenso. Los empresarios no necesitan saber todas las respuestas. Lo único que necesitan saber es a quién llamar. Para eso están los asesores.

Los empleados a menudo son entrenados para ser especialistas. Dicho simplemente, un especialista es alguien que sabe mucho sobre un poco. Su taza debe estar llena.

Los empresarios necesitan ser generalistas. Dicho simplemente, un generalista es alguien que sabe un poco sobre mucho. Su taza está vacía.

La gente asiste a la escuela para convertirse en especialista. Asiste al colegio para convertirse en contadores, abogados, secretarias, enfermeras, médicos, ingenieros o programadores de computadoras. Éstas son personas que saben mucho sobre un poco. Cuanto más especializada está la gente, más dinero gana... o por lo menos, espera ganar.

Lo que hace distinto a un empresario es que los empresarios deben saber un poco de contabilidad, derecho, sistemas de ingeniería, sistemas de negocios, seguros, diseño de productos, finanzas, inversiones, personal, ventas, mercadotecnia, oratoria, recaudación de capital y trato con personas entrenadas en diferentes especialidades. Los verdaderos empresarios saben que hay mucho por saber y mucho que no saben, no pueden darse el lujo de la especialización. Ésa es la razón por la que su taza siempre debe estar vacía. Siempre deben estar aprendiendo.

Sin fiesta de graduación

Esto significa que el empresario debe ser un aprendiz proactivo. Una vez que crucé la línea de empleado a empresario, mi educación real comenzó. Pronto me encontré leyendo todos los libros sobre negocios que llegaban a mis manos, leyendo periódicos financieros y asistiendo a seminarios. Sabía que no conocía todas las respuestas. Sabía que tenía que aprender mucho y rápido. Hoy, nada ha cambiado. Sé que mi educación como empresario nunca tendrá una fiesta de graduación. Siempre estaré en la escuela. En otras palabras, cuando no estaba trabajando, estaba leyendo o estudiando y luego aplicando lo aprendido al negocio.

Con los años, este estudio constante y la aplicación al negocio ha sido uno de mis hábitos más importantes para alcanzar el éxito. Como dije antes, yo no era un empresario natural, como algunos de mis amigos, pero al igual que en la carrera de la liebre y la tortuga, yo, la tortuga, lento pero seguro, alcancé y rebasé a algunos de mis amigos cuyas tazas se llenaron cuando alcanzaron el éxito. Un verdadero empresario no tiene fiesta de graduación.

Sobreespecialización

El siguiente diagrama proviene de *El cuadrante del flujo de dinero* (publicado por Aguilar), el segundo libro de la serie *Padre Rico*:

- La E corresponde a Empleado.
- La A corresponde a Autoempleado, dueño de un negocio pequeño o especialista.
- La D corresponde a Dueño de un negocio grande (quinientos empleados o más).
- La I corresponde a Inversionista.

Una de las razones por las que tantos empresarios se encuentran en el cuadrante A en vez del D es que están especializados en exceso. Por ejemplo, los médicos que tienen un consultorio, técnicamente son empresarios pero puede que encuentren difícil pasar del cuadrante A al cuadrante D porque su entrenamiento es demasiado especializado... su taza está llena. Para que una persona pase de A a D, necesitará más entrenamiento generalizado... y siempre debe tener la taza vacía.

Una nota al margen sobre el Cuadrante del flujo de dinero: Una de las razones por las que mi padre rico me recomendaba que me convirtiera en un empresario de los cuadrantes D e I, es que las leyes fiscales son más favorables en esos cuadrantes. Las leyes fiscales no son tan favorables para los empleados o autoempleados, los que se encuentran en los cuadrantes E y A. El código fiscal ofrece mayores incentivos, por ejemplo, exenciones para personas que contratan a mucha gente en el cuadrante D o bien que invierten en proyectos en los que el gobierno quiere ver crecimiento, inversiones como viviendas de bajo costo. En resumen, los impuestos son diferentes en cuadrantes diferentes.

Este libro analizará las diferencias de cada cuadrante y la forma en que un empresario puede pasar de un cuadrante a otro, en especial del cuadrante A al D.

Una lista de diferencias

Antes de renunciar a su empleo, la gente necesita decidir si quiere hacer la transición de empleado a empresario. La transición o metamorfosis requiere de realizar un cambio en algunos de los rangos siguientes:

1. Habilidad de cambiar de filosofía de seguridad, a libertad.
2. Habilidad de operar sin dinero.
3. Habilidad de operar sin seguridad.

4. Habilidad de enfocarse en la oportunidad en vez de enfocarse en los recursos.

5. Tener diferentes estilos de administración para manejar a diferentes personas.

6. Habilidad de manejar gente y recursos.

7. Orientarse al equipo y al valor en vez de orientarse al pago o al ascenso.

8. Aprendices activos, sin fiesta de graduación.

9. Educación general en vez de especializada.

10. El valor de ser responsables de todo el negocio.

Puedes notar que los agricultores, posiblemente nuestros primeros empresarios, tuvieron que desarrollar la mayoría de los rasgos anteriores para sobrevivir de su actividad. La mayoría tenía que sembrar en la primavera para cosechar en el otoño. La mayoría tenía que rezar por que el clima estuviera a su favor y por que las pestes, enfermedades e insectos dejaran suficiente para que la familia del agricultor sobreviviera a lo largo del duro invierno. A menudo mi padre rico decía: "Si tienes la mentalidad y dureza de un agricultor, serás un excelente empresario."

La olla de oro al final del arco iris

Aunque este libro comienza describiendo el proceso de convertirse en empresario como un proceso doloroso y que consume tiempo, también quiero informarte que hay una olla de oro al final del arco iris. Como con cualquier proceso de aprendizaje, incluso aprender a caminar o andar en bicicleta, el inicio es siempre difícil. Recuerda que mi primer día oficial como empresario no fue bueno. Si te apegas al proceso de aprendizaje, tu mundo cambiará, de la misma forma en que tu mundo cambió cuando finalmente aprendiste a caminar o a andar en bicicleta. Lo mismo ocurre con los empresarios.

Para mí, la olla de oro al final del arco iris ha sido mayor a lo que jamás imaginé en mis sueños más locos. El proceso de convertirme en empresario me ha hecho mucho más rico de lo que hubiera podido ser como empleado. También, me he vuelto algo famoso y reconocido en todo el mundo. Dudo de que me hubiera vuelto famoso como empleado. Lo más importante es que nuestros productos han llegado a personas de todo el planeta y de alguna forma las han ayudado a mejorar un poco sus vidas. La mejor parte de aprender a ser empresario es ser capaz de servir a más y más gente. Ésta ha sido la razón principal para convertirme en empresario.

La filosofía de un empresario

Convertirme en empresario comenzó con un cambio de filosofía. El día en que dejé la Corporación Xerox en Puerto Rico, mi filosofía cambió, pasó de ser la de mi padre pobre a la de mi padre rico.

El cambio lucía de la siguiente manera:

1. De un deseo de seguridad a un deseo de libertad.
2. De un deseo de tener un sueldo al deseo de tener mayor riqueza.
3. De ver valor en la dependencia a ver valor en la independencia.
4. Hacer mis propias reglas en lugar de obedecer las de alguien más.
5. Un deseo de dar órdenes en lugar de recibirlas.
6. Una disposición de ser plenamente responsable en lugar de decir: "¡No es mi trabajo!"

7. Determinar la cultura de una empresa en vez de tratar de encajar en la cultura empresarial de alguien más.
8. Marcar una diferencia en este mundo y no quejarme por los problemas del mismo.
9. Saber cómo encontrar un problema y convertirlo en una oportunidad de negocios.
10. Elegir ser empresario en vez de empleado.

Los nuevos súper empresarios

En 1989, el mundo pasó quizá por el mayor cambio en la historia. En ese año, el muro de Berlín cayó e internet subió. En 1989, terminó la Guerra Fría y la globalización empezó a despegar. El mundo pasó de los muros a la red, de división a integración.

En su *bestseller*, *The World is Flat*, Thomas Friedman afirma que cuando el muro cayó y la red subió, el mundo pasó a manos de un súper poder (Estados Unidos), súper mercados globales y súper individuos.

Por desgracia, uno de esos súper individuos era Osama Bin Landen. Citando a Thomas Friedman:

Osama Bin Laden declaró la guerra a Estados Unidos a finales de la década de los noventa. Tras organizar el bombardeo de dos embajadas norteamericanas en África, la Fuerza Aérea de Estados Unidos se desquitó realizando un ataque con misiles de crucero a sus bases en Afganistán, como si fuera otro Estado-nación. Piénselo: un día de 1998, Estados Unidos disparó 75 misiles de crucero, ¡a un millón de dólares cada uno, a una persona! Ésa fue la primera batalla de la historia entre una súper potencia y un hombre enojado, súper facultado de poder. El 11 de septiembre fue simplemente la segunda batalla.

Mi predicción es que pronto habrá nuevos súper empresarios cuya riqueza empequeñecerá la riqueza de los empresarios ultra ricos de la actualidad. En la década de los ochenta, Bill Gates y Michael Dell eran los jóvenes empresarios multimillonarios en pleno apogeo. Hoy, los nuevos jóvenes empresarios multi- millonarios en pleno apogeo son Serge Brin y Larry Page, fun- dadores de Google. Mi predicción es que los siguientes súper empresarios no serán de Estados Unidos. ¿Por qué? Una vez más la respuesta es que los muros se convirtieron en redes.

En 1996, el Acta de Reforma de Telecomunicaciones junto al dinero de Wall Street dieron origen a compañías como Glo- bal Crossing, una compañía en quiebra que llevó a cabo una tarea importante. Unió al mundo con fibras ópticas. Una vez que esta red estuvo en su sitio, los cerebros de países como la India no necesitaron emigrar a Sillicon Valley para encontrar trabajo. Los cerebros de la India podían trabajar desde casa, por sueldos mucho más bajos.

Debido al poder de los cables de fibra óptica y a la red, mi predicción es que el siguiente Bill Gates o Serge Brin proven- drá de fuera de Estados Unidos, posiblemente de India, China, Singapur, Irlanda, Nueva Zelanda o Europa del Este. Cerebros, innovación, tecnología y acceso a los súper mercados del mun- do crearán al siguiente empresario adolescente multi o archi- millonario.

Hoy muchos norteamericanos sienten pánico ante la idea de que nuestros empleos bien remunerados están siendo subcontra- tados con gente externa, enviados no sólo a India, sino a todo el mundo. Hoy, incluso tareas realizadas por contadores, abogados, corredores de bolsa y agentes de viajes pueden ser realizadas en alguna otra parte del mundo a un precio más bajo.

No más empleos bien remunerados

Entonces, ¿qué influencia tiene esto en el consejo originario de la Revolución Industrial que afirma: "Ve a la escuela para que puedas encontrar un trabajo seguro con una buena remuneración", o: "Trabaja y asciende por la escalera corporativa"? En mi opinión, este viejo consejo hoy es inservible. Muchos empleados tendrán menos trabajo que encontrar, mucho menos, puesto que la persona que está compitiendo por su trabajo vive a miles de kilómetros de distancia. La mayoría sabemos que los sueldos no han aumentado para muchos trabajadores. ¿Cómo pueden aumentar sus sueldos cuando alguien más está dispuesto a trabajar por mucho menos?

Una gran diferencia entre un empresario y un empleado es que un empresario está emocionado con relación a las transformaciones que el cambio de muro a red trae consigo. Muchos empleados están aterrorizados respecto a los cambios.

Una última diferencia

La última diferencia que mencionaré es la que hay en los sueldos entre empleados y empresarios. Al ver la lista que aparece a continuación con los directores ejecutivos con los sueldos más altos y los más bajos, puedes darte cuenta de que algunos de los directores ejecutivos más famosos son los que reciben los sueldos más bajos. ¿Podría ser porque los directores ejecutivos que son empleados trabajan por un cheque mientras que los que son empresarios trabajan por otro tipo de pago?

Los del sueldo más alto:

1. John Wilder	TXU	55.2 millones de dólares
2. Robert Toll	Toll Brothers	44.3 millones de dólares
3. Ray Irani	Occidental Petroleum	41.7 millones de dólares
4. Bob Nardelli	Home Depot	39.5 millones de dólares
5. Edward Zander	Motorola	38.9 millones de dólares

Los del sueldo más bajo:

1. Richard Zinder	Kinder Morgan Energy	1 dólar
2. Steve Jobs	Apple Computer	1 dólar
3. Jeff Bezos	Amazon	81 840 dólares
4. Warren Buffet	Berkshire Hathaway	311 000 dólares
5. Paul Anderson	Duke Energy	365 296 dólares

Fuente: Revista *Fortune*, 2 de mayo de 2005. El artículo incluye sueldo, bonos, acciones y otras gratificaciones. Aquí he incluido al primer grupo, que parece trabajar principalmente por un sueldo, como empleados, y al segundo grupo, que eligió compensaciones en otras formas, como acciones y otras gratificaciones, como dueños en el negocio.

¿Eres empresario?

Como puedes notar, hay grandes diferencias entre los empleados y los empresarios. El propósito de este libro es analizar en detalle esas diferencias para que puedas decidir, antes de renunciar a tu empleo, si ser empresario es el camino adecuado para ti.

En conclusión

En mi opinión, la mayor diferencia entre un empresario y un empleado se encuentra en la distancia que hay entre el deseo de seguridad y el deseo de libertad.

Mi padre rico decía: "Si te conviertes en un empresario exitoso, llegarás a conocer una libertad que muy pocas personas lograrán conocer. No es simplemente cuestión de tener mucho dinero o tiempo libre. Es la libertad del miedo al miedo mismo."

"¿Libertad del miedo al miedo mismo?", pregunté.

Asintiendo, continuó: "Cuando miras bajo la cubierta de la palabra seguridad, encuentras miedo escondido ahí. Ésa es la razón por la que la mayoría de las personas dicen: 'Obtén una buena educación.' No es por amor al estudio o al conocimiento, es por miedo... el miedo a que no consigas un buen trabajo o seas capaz de ganar dinero. Analiza la forma en que un maestro motiva a sus estudiantes en la escuela, es una motivación por miedo. Dicen: 'Si no estudias, vas a reprobar'. Así que motivan a los estudiantes a estudiar por el miedo a reprobar. Cuando el estudiante se gradúa y consigue un empleo, una vez más la motivación es el miedo a fracasar. Los empleadores dicen verbal o no verbalmente: 'Si no haces tu trabajo, serás despedido.' El empleado trabaja más duro por miedo, el miedo a no llevar comida a la mesa, el miedo a no tener dinero para hacer los pagos de la hipoteca. La razón por la que la gente anhela seguridad es el miedo. El problema con la seguridad es que no cura el miedo. Simplemente arroja una cobija sobre el miedo, pero el miedo siempre está ahí, como el 'coco' riéndose entre dientes debajo de la cama."

Como en esa época estaba en la preparatoria, realmente podía identificarme con la idea de estudiar por miedo. "En la escuela sólo estudio por miedo a fracasar. No estudio porque quiera aprender. Temo tanto fracasar que estudio materias que sé que nunca usaré."

Entonces mi padre rico dijo: "Estudiar por seguridad no es lo mismo que estudiar por tu libertad. La gente que estudia por libertad estudia diferentes materias que la gente que estudia por seguridad."

"¿Por qué no ofrecen una elección de estudio en la escuela?", pregunté.

"No sé", dijo mi padre rico. "El problema con estudiar por seguridad es que el miedo siempre está ahí y si el miedo siempre está ahí, entonces rara vez te sientes seguro, así que compras más seguros y piensas en formas para protegerte. Siempre te preocupas en silencio, aun si finges que eres exitoso y no tienes nada de qué preocuparte. Lo peor de vivir una vida de seguridad es que a menudo llevas dos vidas: la vida que vives y la vida no vivida que sabes que podrías estar viviendo. Esos son algunos de los problemas de estudiar por seguridad. El mayor problema de todos es que el miedo sigue ahí."

"Entonces, ¿convertirse en empresario significa que no tendrás ningún miedo?", pregunté.

"¡Por supuesto que no!", sonrió padre rico. "Sólo los tontos creen que no tienen miedo. El miedo siempre está presente. Cualquiera que diga que no tiene miedo está fuera de contacto con la realidad. Lo que dije es: 'Libertad del miedo al miedo.' En otras palabras, no tienes que temer al miedo, no tienes que ser prisionero de las palabras, el miedo no va a definir tu mundo, como lo hace con el mundo de muchas personas. En vez de renunciar porque tu negocio se ha quedado sin dinero, porque temes no ser capaz de pagar tus cuentas, ser un verdadero empresario te dará el valor de avanzar, pensar con claridad, estudiar, leer, hablar con gente nueva, tener nuevas ideas y nuevas acciones. El deseo de libertad puede darte el valor de operar durante años sin necesitar un empleo seguro ni un sueldo. Ése es el tipo de libertad de la que hablo. Es la libertad del miedo al miedo. Todos tenemos miedo, la diferencia es si el miedo nos hace buscar seguridad o buscar libertad. Un empleado buscará seguridad, un empresario buscará libertad."

"Entonces, ¿si la seguridad es el resultado del miedo, cuál es la fuerza motora detrás de la libertad?", pregunté.

"Coraje", sonrió padre rico. "La palabra 'coraje' viene del francés *coeur*, corazón." Hizo una pausa durante un momento y terminó su conversación diciendo: "Tu respuesta para elegir ser un empresario o un empleado se encuentra en tu corazón."

La libertad es más importante que la vida

Una de mis películas favoritas de todos los tiempos es el clásico *Easy Rider*, estelarizada por Peter Fonda, Dennis Hopper y Jack Nicholson. En una de las escenas, justo antes de que Jack Nicholson sea asesinado, habla con Dennis Hopper sobre libertad. Creo que es apropiado terminar esta introducción con esas líneas, porque es la razón que me llevó a ser empresario. Elegí ser empresario para ser libre. Para mí, la libertad es más importante que la vida misma.

En esta escena, los tres están acampando en un pantano tras haber sido hostigados, amenazados y echados del pueblo por un grupo de niños bien:

DENNIS HOPPER: "Tienen miedo, hombre."

JACK NICHOLSON: "Oh, no te tienen miedo a ti. Tienen miedo a lo que tú representas para ellos."

D. H. "Lo único que representamos para ellos es alguien que necesita un corte de pelo."

J. N. "Oh, no. Lo que tú representas para ellos es libertad."

D. H. "¿Qué diablos está mal con la libertad? De eso se trata
todo."

J. N. "Oh, sí. Es cierto. De eso se trata todo. Pero hablar de ello
y serlo, son dos cosas diferentes. Me refiero a que es muy
difícil ser libre cuando te compran y venden en el mercado.
Obviamente nunca le digas a nadie que no es libre porque
va a ocupar todo su tiempo matando y mutilando para de-
mostrarte que lo es. Así es, te van a hablar una y otra y otra
vez sobre libertad individual. Pero cuando vean un individuo libre se asustarán."

D. H. "Bueno, no los hace correr despavoridos."

J. N. "No, los hace peligrosos."

Justo después de esta escena, los tres son acechados y gol-
peados por los mismos niños bien. El personaje de Nicholson muere y Fonda y Hopper siguen adelante, para terminar
asesinados, no por los mismos niños bien, sino por otros que
comparten su misma filosofía.

Aunque la película tiene diferentes mensajes para los es-
pectadores, para mí la cinta trataba del coraje que se necesita
para ser libre... la libertad de ser tú mismo, sin importar si eres
empresario o empleado.

El resto de este libro está dedicado a la libertad que tienes tú.

¡Empieza hoy!

Como una forma de decir "gracias" por leer este libro, te ofrecemos el siguiente programa de audio que puedes descargar de manera gratuita:

Mis secretos de mercadotecnia más importantes

Aprende los consejos prácticos y estrategias de mercadotecnia que me han resultado exitosos para crear y construir negocios multimillonarios.

Lo único que tienes que hacer para obtener este audio es visitar nuestro sitio de internet: www.richdad.com/beforeyouquityourjob y el programa será tuyo sin ningún costo.

Además, encontrarás fuentes especiales que te ayudarán a aplicar los principios de este libro. Al aplicar activamente los principios, puedes hacerlos una poderosa realidad en tu propia vida.

Si piensas seriamente en convertirte en un empresario exitoso, visita www.richdad.com/beforeyouquityourjob para encontrar esas fuentes, ahora mismo.

¡Gracias!

Un negocio exitoso se crea antes de que haya negocio

CAPÍTULO 1

¿Cuál es la diferencia entre un empleado y un empresario?

Inicia con la mentalidad correcta

Cuando era joven, mi padre pobre a menudo decía: "Ve a la escuela, saca buenas calificaciones para que puedas encontrar un buen trabajo con beneficios." Me animaba a convertirme en empleado.

Mi padre rico a menudo decía: "Aprende a crear tu propio negocio, contrata gente capaz y buena." Me animaba a convertirme en empresario.

Un día le pregunté a mi padre rico cuál era la diferencia entre un empleado y un empresario. Su respuesta fue: "Los empleados buscan un empleo luego de que un negocio está construido. El trabajo de un empresario comienza antes de que exista un negocio."

Tasa de fracaso de 99 por ciento

Las estadísticas muestran que 90 por ciento de todos los nuevos negocios fracasan en un lapso de cinco años. Las estadísticas también indican que 90 del 10 por ciento que sobreviven los primeros cinco años, fracasan antes de su décimo aniversario. En otras palabras, aproximadamente 99 por ciento de todos los negocios de reciente creación fracasan en un periodo de diez años. ¿Por qué? Aunque las razones son muchas, las siguientes son algunas de las más críticas:

1. Nuestras escuelas entrenan a los estudiantes para ser empleados que buscan empleos, en vez de entrenar empresarios que desarrollen empleos y negocios.
2. Las habilidades para ser un buen empleado no son las mismas que se necesitan para ser un buen empresario.
3. Muchos empresarios fracasan al construir un negocio. Trabajan duro creando un empleo del que son dueños; se convierten en autoempleados en vez de ser dueños de negocios.
4. Muchos empresarios trabajan muchas más horas y reciben un pago menor por hora que otros empleados. Por consiguiente, muchos renuncian por agotamiento.
5. Muchos nuevos empresarios inician sin suficiente experiencia de la vida real y con capital insuficiente.
6. Muchos empresarios tienen un producto o servicio excelente pero no tienen las habilidades de negocios para construir un negocio exitoso en torno a su producto o servicio.

Construye los cimientos para el éxito

Mi padre rico decía: "Iniciar un negocio es como saltar de un avión sin paracaídas. En el aire, el empresario comienza a construir un paracaídas y espera que se abra antes de llegar al suelo." También decía: "Si el empresario llega al suelo antes de construir un paracaídas, es muy difícil volver a escalar para llegar al avión e intentarlo de nuevo."

Quienes estén familiarizados con los libros de la serie *Padre Rico*, saben que yo he saltado fuera del avión muchas veces y he fracasado al construir el paracaídas. La buena noticia es que llegué al suelo y reboté. Este libro compartirá contigo algunos de mis saltos, caídas y rebotes. Muchos de mis fracasos y éxitos fueron pequeños, así que el rebote no fue tan doloroso... hasta que empecé mi negocio de carteras de nylon y velcro. Entraré en mayor detalle a lo largo del libro porque he cometido muchos errores y he aprendido de ellos en el camino. El éxito de ese negocio fue de gran altura y también lo fue la caída. Me tomó más de un año recuperarme del potente rebote. La buena noticia es que fue la mejor experiencia de negocios de mi vida. Aprendí mucho sobre negocios y sobre mí mismo a lo largo del proceso de reconstrucción.

La grieta en la presa

Una de las razones por las que caí tan fuerte en el negocio de las carteras de nylon para surfista fue que no presté atención a las cosas pequeñas. Existe algo de verdad en la vieja afirmación: "Cuanto más grandes son, más duro caen." Mi pequeño negocio de carteras para surfista creció tan rápido que era mucho más grande que la capacidad de los tres empresarios que lo creamos. En vez de crear un negocio, habíamos creado un monstruo del doctor Frankestein y no nos dimos cuenta. En otras palabras, nuestro éxito repentino estaba acelerando nuestros fracasos. El problema real era que no sabíamos que estábamos fracasando. Pensamos que éramos exitosos, ricos, genios. Al punto en que nos molestaba consultar asesores expertos (como abogados de patente), no los escuchábamos.

Como tres exitosos empresarios de entre treinta y treinta y tantos años, nos desconcentrábamos del negocio y nos íbamos

de fiesta hasta la madrugada. Realmente pensábamos que habíamos construido un negocio, que éramos empresarios. Creía-
mos nuestra propia historia de éxito. Comenzamos a presumir.
El champaña empezó a fluir. No pasó mucho tiempo antes de
que cada uno tuviera veloces autos deportivos y estuviera saliendo con mujeres aún más veloces. El éxito y el dinero nos
habían cegado. No podíamos ver las grietas que se estaban formando en la pared de la presa.

Finalmente, la presa se rompió. El castillo de naipes comenzó a tambalearse alrededor de nosotros. Nuestro paracaídas no se abrió.

Demasiado éxito

El punto de compartir mi estupidez empresarial es que muchas
personas piensan que es la falta de éxito lo que mata un negocio. Y en muchos casos es cierto. El fracaso de mi negocio
de carteras para surfista fue una experiencia invaluable porque
muy temprano en mi carrera como empresario descubrí que
demasiado éxito también puede matar un negocio. El punto
que estoy dejando claro es que un negocio concebido pobremente puede fracasar ya sea que al inicio tenga éxito o no.

El trabajo duro esconde diseños deficientes

Un negocio de nueva creación concebido pobremente puede
ser capaz de sobrevivir siempre y cuando el empresario trabaje
duro y mantenga unido el negocio con férrea determinación.
En otras palabras, el trabajo duro puede esconder un negocio
diseñado pobremente y evitar que fracase. El mundo está lleno de millones de empresarios de pequeños negocios que son

capaces de mantener a flote su negocio agujereado mediante trabajo duro, una férrea fuerza de voluntad, cinta adhesiva para conductos y alambre de embalaje. El problema es que, si dejan de trabajar, el negocio se desintegra y se hunde.

En todo el mundo, los empresarios se despiden de sus familias y se dirigen hacia su propio negocio. Muchos de ellos van a trabajar pensando que hacerlo más duro y por más tiempo resolverá sus problemas de negocios, dificultades como ventas insuficientes, empleados infelices, asesores incompetentes, flujo de efectivo insuficiente para hacer crecer el negocio, aumento de los precios por parte de los proveedores, elevación de las primas de seguro, aumento de la renta por parte del arrendador, cambio en las regulaciones del gobierno, inspectores gubernamentales, impuestos cada vez más altos, impuestos retroactivos, clientes insatisfechos, clientes que no pagan y falta del tiempo necesario durante el día, por nombrar algunos de los desafíos diarios. Numerosos empresarios no se dan cuenta de que muchos de los problemas que hoy enfrentan sus negocios comenzaron ayer, mucho antes de que hubiera un negocio.

Una de las razones principales de la alta tasa de fracaso de los negocios pequeños es el franco agotamiento. Es difícil hacer dinero y seguir adelante cuando tanto de tu tiempo está atado en actividades que no te dejan nada de dinero o que te cuestan dinero sin generar ingreso. Si estás pensando en iniciar tu propio negocio, antes de renunciar a tu empleo, puede que quieras hablar con un empresario sobre el tiempo que pasas en actividades que no producen ingreso para dirigir tu negocio. También pregunta a esa persona cómo manejar este desafío.

Como dijo una vez un amigo mío: "Estoy tan ocupado atendiendo mi negocio que no tengo tiempo para hacer dinero."

¿Muchas horas invertidas y el trabajo duro garantizan el éxito?

Un amigo mío dejó su empleo bien remunerado en un banco grande de Honolulu y abrió un diminuto restaurante de almuerzos en la parte industrial de la ciudad. Siempre había querido ser su propio jefe y hacer lo suyo. Como funcionario de préstamos del banco, mi amigo veía que los clientes más ricos del banco eran empresarios y quería una porción de la acción, de modo que renunció a su empleo y fue tras sus sueños.

Todas las mañanas, él y su madre se levantaban a las cuatro de la madrugada y comenzaban a preparar los almuerzos. Los dos trabajaban muy duro, economizando, con el fin de servir almuerzos de excelente sabor con porciones generosas a precios bajos.

Durante años yo solía pasar, almorzar y preguntar cómo les estaba yendo. Parecían muy felices, disfrutando de sus clientes y de su trabajo. "Algún día nos expandiremos", decía mi amigo. "Algún día contrataremos gente para que haga el trabajo duro por nosotros." El problema fue que ese día nunca llegó. Su madre falleció, el negocio cerró y mi amigo entró a trabajar como gerente de un restaurante perteneciente a una franquicia de comida rápida. Volvió a ser empleado. La última vez que lo vi, dijo: "La paga no es la gran cosa pero por lo menos los horarios son mejores." En su caso, su paracaídas no se abrió. Llegó al piso antes de haber construido un negocio.

Ya puedo escuchar a algunos de ustedes diciendo: "Por lo menos lo hizo." O: "Sólo tuvo mala suerte. Si su madre hubiera vivido, puede que se hubieran expandido y hubieran hecho mucho dinero." O: "¿Cómo puede usted criticar a personas tan trabajadoras como ésas?" Y estoy de acuerdo con estas opiniones. Mi propósito no es criticarlos. Aunque no eran mis parientes, quería mucho a los dos. Sabía que eran felices, no obstante, me dolía verlos trabajar tan duro día tras día y no tener éxito. Sólo cuento esta historia para dejar claro el mismo punto. El negocio comenzó a fallar antes de que hubiera un negocio. Fue pobremente concebido antes de que mi amigo dejara su empleo.

¿Ser empresario es para ti?

Si te asusta esta historia sobre trabajar muchas horas o fracasar si no se tiene éxito y posiblemente fracasar si se tiene éxito o saltar de un avión sin paracaídas y rebotar, entonces ser empresario puede no ser para ti.

Sin embargo, si las historias te intrigan o te representan un desafío, sigue leyendo. Después de terminar el libro, por lo menos, tendrás una mejor idea de lo que los empresarios necesitan saber para tener éxito. También tendrás una mejor comprensión de cómo crear, diseñar y construir un negocio que crezca contigo o sin ti, y posiblemente te haga más rico de lo que jamás soñaste. Después de todo, si vas a saltar de un avión sin paracaídas, también puedes ganar en grande si logras ganar.

El trabajo de un empresario

El trabajo más importante del empresario comienza antes de que haya un negocio o empleados. El trabajo de un empresario consiste en diseñar un negocio que pueda crecer, dar empleo a muchas personas, agregar valor a sus clientes, ser un ciudadano corporativo responsable, llevar prosperidad a todos los que trabajan en el negocio, ser caritativo y, al final, ya no necesitar al empresario. Antes de que haya un negocio, un empresario exitoso está diseñando el tipo de negocio que tiene en mente. Según mi padre rico, ése es el trabajo de un verdadero empresario.

El fracaso lleva al éxito

Después de uno de mis desmoralizantes fracasos de negocios, fui con mi padre rico y pregunte: "Entonces, ¿qué fue lo que hice mal? Pensé que lo había diseñado bien."

"Obviamente no fue así", dijo mi padre rico con una sonrisa burlona.

Entonces dijo: "Los perdedores renuncian cuando fracasan. Los ganadores fracasan hasta que tienen éxito." Revolvió los papeles de su escritorio durante un momento, luego levantó la vista hacia mí y dijo: "El mundo está lleno de personas que quieren ser empresarios. Se sientan tras escritorios, tienen títulos que suenan importantes como vicepresidente, gerente de ramo o supervisor y algunos incluso se llevan a casa un cheque decente. Esas personas que quieren ser empresarios sueñan con empezar su propio imperio de negocios algún día y quizá algún día alguno lo haga. No obstante, creo que la mayoría nunca dará el salto. La mayoría tendrá alguna excusa, alguna racionalización, como: 'Cuando los niños estén grandes.' O: 'Primero regresaré a la escuela.' O: 'Cuando tenga suficiente dinero ahorrado.'"

"Pero nunca saltan del avión", dije, completando sus pensamientos.

Mi padre rico asintió.

¿Qué tipo de empresario quieres ser?

Mi padre rico comenzó a explicar que el mundo está lleno de diferentes tipos de empresarios. Los hay grandes y pequeños, ricos y pobres, honestos y corruptos, quienes buscan ganancias y los que no, santos y pecadores, pueblerinos e internacionales, exitosos y fracasados. Dijo: "El mundo empresarial es un mundo grande y eso significa diferentes cosas para diferentes personas."

El Cuadrante del Flujo de Dinero

Como mencioné en la introducción, en *El Cuadrante del Flujo de Dinero* explica que hay diferentes tipos de personas que conforman el mundo de los negocios y a menudo son personas diferentes a nivel técnico, emocional y mental.

Como he apuntado:

- La E corresponde a Empleado.
- La A corresponde a Autoempleado, dueño de un negocio pequeño o especialista.
- La D corresponde a Dueño de un negocio grande (quinientos empleados o más).

• La I corresponde a Inversionista.

Por ejemplo, un empleado siempre dirá las mismas palabras, ya sea que se trate del presidente o el conserje de la compañía. Siempre se lo podremos escuchar: "Estoy buscando un trabajo seguro con beneficios." Las palabras operativas son "seguro" y "protegido". En otras palabras, la emoción del miedo a menudo los mantiene encajonados en ese cuadrante. Si quieren cambiar de cuadrante, no sólo tienen que aprender habilidades y cosas técnicas, en muchos casos, también hay desafíos emocionales que deben superar.

A una persona del cuadrante A se le puede escuchar: "Si quieres que se haga bien, hazlo tú mismo." En muchos casos el desafío de esa persona consiste en aprender a confiar en otras personas para hacer un mejor trabajo del que él o ella puede hacer. Esta falta de confianza con frecuencia los mantiene pequeños, puesto que es difícil hacer crecer un negocio sin llegar a confiar en otras personas.

Las personas del cuadrante D siempre buscan buenos individuos y buenos sistemas de negocios. No necesariamente quieren hacer todo el trabajo. Quieren construir un negocio para hacer el trabajo. Un verdadero empresario del cuadrante D puede hacer crecer su negocio en todo el mundo. Un empresario del cuadrante A, con frecuencia está restringido a un área pequeña, un área que puede controlar personalmente. Por supuesto, siempre hay excepciones.

Una persona del cuadrante I, el inversionista, busca que una persona inteligente del cuadrante A o D se encargue de su dinero y lo haga crecer.

Al entrenar a su hijo y a mí, mi padre rico nos preparaba primero para construir un negocio exitoso del cuadrante A que tuviera la capacidad de expandirse hacia un negocio exitoso del cuadrante D. De eso trata este libro.

¿Qué tipo de negocio quieres construir?

Como parte de mi entrenamiento empresarial con mi padre rico, nos animó a su hijo y a mí a salir y estudiar la mayor cantidad posible de diferentes sistemas de negocios. Dijo: "¿Cómo puedes ser un empresario que está diseñando un negocio si no conoces los diferentes tipos de negocios y empresarios?"

Empresarios autoempleados

Mi padre rico era firme al explicar que muchos empresarios no eran dueños de negocios, sino empresarios autoempleados... empresarios dueños de un empleo, no de un negocio. Decía: "Probablemente eres autoempleado cuando tu nombre es el nombre del negocio; tu ingreso se detiene si dejas de trabajar; si los clientes vienen a verte; tus empleados te llaman si hay un problema. También puedes ser autoempleado si eres el más listo, el más talentoso o la persona mejor preparada de tu negocio."

Mi padre rico no tenía nada en contra de los empresarios autoempleados. Simplemente quería que supiéramos la diferencia entre los empresarios que son dueños de un negocio y los que son dueños de un empleo. Asesores, músicos, actores, personal de limpieza, dueños de restaurantes, dueños de tiendas pequeñas y la mayoría de las personas que tienen negocios pequeños, entran en la categoría de ser dueños de un empleo en lugar de ser dueños de un negocio.

El punto principal que mi padre rico estaba dejando claro respecto a la diferencia entre un empresario autoempleado y un empresario dueño de un gran negocio era que muchos negocios de autoempleados tienen dificultades para convertirse en negocios grandes. En otras palabras, tienen un desafío real para pasar del cuadrante A, al cuadrante D. ¿Por qué? De nuevo la respuesta es que el negocio estaba pobremente diseñado antes de que hubiera negocio. Estaba condenado a la ruina antes de siquiera haber empezado.

El mismo padre rico empezó como empresario autoempleado en el cuadrante A. No obstante, estaba diseñando un negocio muy grande, dirigido por personas mucho más listas y capaces que él. Antes de empezar su negocio, diseñó su negoció del cuadrante A para que fuera capaz de crecer y pasar al cuadrante D.

Profesionistas y personas con un oficio

También quería que supiéramos que muchos profesionistas como médicos, abogados, contadores, arquitectos, plomeros y electricistas empezaron un negocio de estilo autoempleado con base en una profesión u oficio técnico. Muchos de esos profesionistas y personas con un oficio requieren de licencias del gobierno para operar.

También dentro de esta categoría se encuentran vendedores profesionales, muchos de los cuales son asesores independientes certificados, como los vendedores de bienes raíces, seguros y certificados de garantía. Muchos de esos tipos de personas técnicamente son empresarios autoempleados, también llamados, contratistas independientes.

El problema con este tipo de negocios es que en realidad no hay un negocio que vender porque no existe un negocio fuera del dueño individual. En muchos casos, realmente no hay un activo. El dueño del negocio es el activo. Si de hecho vende, normalmente no obtendrá los múltiplos más altos que un verdadero negocio del cuadrante D. Además, puede que tenga que aceptar "quedarse" para garantizar la continuación exitosa del negocio. En esencia, pasan de ser el dueño a ser el empleado del comprador.

En la mentalidad de mi padre rico, no tenía sentido trabajar duro y no construir un activo. Ésta es la razón por la cual nos aconsejó a su hijo y a mí en para que no quisiéramos convertirnos en empleados. Dijo: "¿Por qué trabajar duro para no construir nada?"

Más adelante en este libro, analizaremos algunas formas en las que este tipo de empresario puede crear un activo de negocios, un activo que puede construir y quizá vender algún día.

Negocios de mamá y papá

Una categoría muy grande de empresarios a menudo se denomina negocios de mamá y papá. Este tipo de negocios recibe este nombre porque muchos negocios pequeños son negocios familiares. Por ejemplo, mi abuela materna era dueña de una pequeña miscelánea en la que la familia trabajaba por turnos.

El desafío de crecimiento en un negocio de mamá y papá es el nepotismo. Muchas personas ponen a sus hijos a cargo del negocio, aunque sus hijos sean incompetentes porque la sangre es más fuerte que nada. A menudo los hijos no comparten la pasión que sus padres tenían por el negocio o no tienen el impulso empresarial para dirigir el negocio.

Franquicias

Una franquicia, como McDonald's, en teoría es un negocio listo para ser puesto en funcionamiento. El empresario vende un negocio ya hecho a una persona que no quiere pasar por la fase creativa y de desarrollo del negocio. Es como ser un empresario instantáneo. Una ventaja de algunas franquicias es que los bancos son más propensos a prestar dinero a alguien que quiere comprar una franquicia que a una persona que quiere iniciar un negocio desde cero. Los bancos se sienten más cómodos con el historial exitoso de otras franquicias similares y valoran los programas de asesoría que tienen la mayoría de las franquicias para ayudar al nuevo empresario.

Uno de los mayores problemas con franquicias que tienen un gran nombre, es que por lo general son más caras y tienen poca flexibilidad para alguien que quiere ser empresario. Las franquicias son el tipo de negocios que comúnmente enfrenta problemas legales y a menudo terminan en la corte. Esas peleas son algunos de los conflictos más viciosos en el mundo de los negocios.

Supuestamente, una de las razones principales para pelear es que las personas que compran un negocio en franquicia no quieren dirigirlo como quien otorga la franquicia, como la persona que creó el negocio quiere que lo dirijan. Otra razón es que si a la franquicia no le va bien a nivel financiero, el franquiciatario quiere culpar al franquiciante por la falta de éxito del negocio. Si no quieres seguir las instrucciones del franquiciante al pie de la letra, es mejor que diseñes, crees y comiences tu propio negocio.

Mercadeo en red y ventas directas

La industria del mercadeo en red y las ventas directas es reconocida por muchos como el modelo de negocios de crecimiento más rápido en el mundo actual. También es el más controversial. Muchas personas siguen teniendo una reacción negativa, afirmando que numerosas organizaciones de mercadeo en red son esquemas en pirámide. No obstante, en realidad, el mayor esquema piramidal del mundo es la corporación grande tradicional, con una persona en la cima y todos los trabajadores abajo.

Todos los que quieran convertirse en empresarios deberían echar un vistazo a los negocios de mercadeo en red. Algunas de las compañías más grandes de Fortune 500, como CitiBank, Avon, Levis y Smith Barney, distribuyen sus productos a través de un sistema de ventas directas o mercadeo en red.

No somos miembros de ningún negocio de ventas directas o mercadeo en red, pero hablamos favorablemente de la industria. Las personas que quieren ser empresarios deberían considerar unirse a uno de esos negocios antes de renunciar a su empleo. ¿Por qué? Muchas de esas empresas proporcionan herramientas de ventas esenciales, construcción de negocios y liderazgo, que no encuentran en ninguna otra parte. Uno de los beneficios más valiosos de asociarse con una organización con reputación es que enseña la mentalidad y el valor requeridos para convertirse en empresario. También te familiarizarás más con los sistemas requeridos para construir un negocio exitoso. La cuota de entrada por lo general es bastante razonable y la educación puede ser invaluable. (Para explicar con mayor detalle el valor educativo de este tipo de negocios, escribimos un librito titulado *La escuela de negocios: para las personas que gustan de ayudar a las demás,* publicado en 2005 por Aguilar). Para más información sobre él, por favor consulta nuestro sitio en la red, www.richdad.com.

Si yo iniciara de nuevo mi carrera empresarial, empezaría con un negocio de ventas directas o mercadeo en red, no por el dinero sino por el entrenamiento en el mundo real que recibiría, capacitación similar al tipo de entrenamiento que me dio mi padre rico.

Ladrones legales

Una de las discusiones más interesantes que tuvimos Mike y yo con mi padre rico involucró el tema de empresarios que robaban a otros empresarios. Mi padre rico uso como ejemplo a un contador que estaba trabajando en una firma de contabilidad. Un día, el contador renunció y empezó su propio negocio con clientes que conoció cuando era empleado de la firma. En otras palabras, el contador salió por la puerta, pero se llevó consigo el negocio. Mi padre rico dijo: "Aunque esto puede no ser ilegal, no deja de ser un robo." Aunque éste es un tipo de diseño de negocios, definitivamente no es el tipo de empresarios que quería que fuéramos su hijo y yo.

Empresarios creativos

El tipo de empresario que quería que fuéramos era un empresario creativo como Thomas Edison, Walt Disney o Steven Jobs. Mi padre rico decía: "Es fácil ser un empresario pequeño, como una tienda de sándwiches de mamá y papá. También es relativamente fácil ser empresario en un oficio o profesión, como plomero o dentista. También es fácil ser un empresario competitivo, alguien que ve una buena idea, copia la idea y luego compite contra el empresario que la creó." (En el libro *Protecting Your #1 Asset* de la serie *Advisors* de Padre Rico, Michael Lechter se refirió a este tipo de competidores como "saqueadores" y "piratas".) Eso fue lo que me pasó cuando fui el precursor del negocio de carteras de velcro y nylon. Después de que creamos el mercado y la percepción de esta nueva línea de producto, los competidores salieron de donde menos nos lo esperábamos y aplastaron mi pequeño negocio. Obviamente no puedo echarles la culpa. Sólo puedo echarme la culpa a mí porque, una vez más, yo diseñé el negocio pobremente antes de que existiera como tal.

Aunque recibí una soberana paliza, mi padre rico estuvo feliz de que yo estuviera aprendiendo a ser un empresario creativo, en vez de uno competitivo. Dijo: "Algunos empresarios ganan al crear. Otros empresarios ganan al copiar y competir." También dijo: "El más riesgoso de todos los tipos de empresario es el creativo, también conocido como innovador."

"¿Por qué el empresario creativo es el tipo más riesgoso?", pregunté.

"Porque ser creativo significa que a menudo eres un pionero. Es fácil copiar un producto exitoso y probado. También es menos riesgoso. Si aprendes a innovar, crear o inventar tu camino hacia el éxito, eres un empresario creando un nuevo valor en vez de un empresario que gana al copiar."

Empresas públicas y privadas

La vasta mayoría de negocios grandes y pequeños son compañías privadas. Una compañía privada grande a menudo se denomina compañía cerrada. Eso generalmente significa que se trata de una empresa de tan sólo unos cuantos dueños y los intereses de dominio no están disponibles para el público en general.

Una compañía pública es aquella que vende acciones del negocio al público en general, casi siempre a través de corredores de bolsa y otros agentes de garantías certificados. Una compañía pública vende sus acciones en la bolsa, como la Bolsa de Nueva York, y opera según reglas mucho más rigurosas que las compañías privadas.

Mi padre rico nunca formó una compañía pública, no obstante, recomendó que Mike y yo creáramos una, como parte de nuestro desarrollo como empresarios. En 1996, al mismo tiempo que estábamos formando The Rich Dad Company, yo también era inversionista y estaba involucrado en la formación de tres compañías públicas. Una compañía fue creada para buscar petróleo, otra para buscar oro y la otra en busca de plata. La compañía del petróleo fracasó, aunque dio con oro, lo cual ya es una historia en sí. Las compañías de oro y plata de hecho encontraron cantidades sustanciales del oro y la plata que estaban buscando. Aunque la compañía del petróleo fracasó, las compañías del oro y la plata dieron mucho dinero a los inversionistas.

Trabajar en el desarrollo de compañías públicas fue una gran experiencia. Como sugirió mi padre rico, aprendí mucho y me convertí en un mejor empresario en el proceso. Descubrí que las reglas son mucho más duras para una compañía pública, que este tipo de compañía en realidad son dos compañías diferentes que sirven a dos clientes diferentes —los clientes reales y los inversionistas— además de servir a dos jefes, la junta directiva y la agencia de garantías del gobierno, como la Comisión Bursátil de Garantías (SEC, por sus siglas en inglés). También descubrí estándares de contabilidad e informativos más duros.

Cuando empezaba como empresario por primera vez, mi padre rico dijo: "El sueño de muchos empresarios es ver la compañía que formaron incluida en la lista de la bolsa de valores." No obstante, después de los escándalos de Enron, Arthur Anderson, Worldcom y Martha Stewart, las reglas se volvieron aún más firmes y los requerimientos de conformidad mucho más complicados y costosos. El gobierno estaba respirando encima del hombro de las compañías. Construir una compañía pública no fue tan divertido como yo esperaba. Aunque aprendí mucho, generé para mí y para nuestros inversionistas mucho dinero, me convertí en un mejor empresario, aprendí cómo diseñar una compañía pública y me alegró haber pasado por el proceso de aprendizaje, dudo de si alguna vez volveré a formar una compañía pública. Ese tipo de negocio es para un tipo de empresario diferente. Yo puedo hacer más dinero y divertirme más en pequeños negocios privados. Si estás interesado en tener más información sobre los pros y los contras de los negocios privados y las compañías públicas, recomendamos el libro de la serie *Advisors* de Padre Rico, *OPM: Other People's Money* de Michael Lechter.

¿Cualquiera puede ser empresario?

Mi padre rico quería que su hijo y yo entendiéramos que cualquiera puede ser empresario. Ser empresario no era tan especial. No quería que la idea de ser empresarios se nos subiera a la cabeza. No deseaba que miráramos a nadie por encima del hombro ni que pensáramos que éramos mejores que otras personas si nos convertíamos en empresarios exitosos.

Al respecto dijo: "Cualquiera puede ser empresario. La niñera de tu vecindario es una empresaria. Lo mismo Henry Ford, fundador de Ford Motor Company. Quien sea con un poco de iniciativa puede ser empresario. Así que no pienses que los empresarios son especiales o mejores que otras personas. Tu trabajo consiste en decidir qué tipo de empresario quieres ser: la niñera o Henry Ford. Ambos proporcionan un producto o servicio valioso. Ambos son importantes para los clientes. No obstante, operan en muy distintos espectros, rangos, en su carácter de empresarios. Es como la diferencia entre futbol de barrio, futbol de preparatoria, futbol universitario y futbol profesional."

Con ese ejemplo, entendí el punto que estaba estableciendo mi padre rico. Cuando yo estaba en la universidad, en Nueva York, jugando futbol universitario, nuestro equipo tuvo la oportunidad de practicar con algunos jugadores de un equipo profesional, los Jets de Nueva York. Fue una experiencia muy humillante. Pronto resultó obvio para todos los que estábamos en el equipo universitario que, aunque practicábamos el mismo juego que estos deportistas, lo estábamos haciendo a un nivel completamente distinto.

Como liniero, mi primer despertar drástico fue tratar de taclear a un corredor de los Jets de Nueva York que venía a través de la línea. Dudo de si siquiera supo que yo lo había golpeado. Pasó justo por encima de mí. Se sentía como si yo estuviera tratando de taclear a un rinoceronte encarrerado. Yo no lo lastimé pero él sí me lastimó a mí. Ese corredor y yo éramos aproximadamente del mismo tamaño. Pero después de tratar de taclearlo, me di cuenta de que la diferencia no era física. Era espiritual. Él tenía el corazón, el deseo y el don natural para ser un excelente jugador.

La lección que aprendí entonces fue que lo dos jugábamos el mismo juego, pero no estábamos en el mismo nivel de juego. Lo mismo es cierto en el mundo de los negocios y en el juego del mundo empresarial. Todos podemos ser empresarios. Ser un empresario no es la gran cosa. Al diseñar un negocio hay una mejor pregunta que formular: "¿A qué nivel de juego quieres jugar?"

Hoy, más viejo y más sabio, no me hago ilusiones de que alguna vez llegaré a ser un empresario tan grande como Thomas Edison, Henry Ford, Steven Jobs o Walt Disney. No obstante, puedo seguir aprendiendo de ellos y usarlos como mentores y modelos.

Y ésa es la lección empresarial #1 de mi padre rico: "Un negocio exitoso es creado antes de que haya negocio."

El trabajo más importante de un empresario es diseñar el negocio antes de que haya negocio.

Construir los cimientos para el éxito: diseña el negocio

La mayoría de los nuevos empresarios se emocionan con un nuevo producto o con una oportunidad que, ellos piensan, los hará ricos. Por desgracia, muchos se enfocan en el producto u oportunidad. Antes de renunciar a tu empleo, podría ser una buena idea estudiar las vidas de empresarios y los diferentes tipos de negocios que crearon. También puede que quieras encontrar un mentor que haya sido empresario. Con demasiada frecuencia, la gente pide consejos sobre negocios a personas que tienen experiencia como empleados, pero no como empresarios.

Más adelante presentaremos el Triángulo D-I, que esboza qué componentes se necesitan para crear cualquier negocio, sin importar si es grande o pequeño, franquicia o individual, de mamá y papá o compañía pública. Una vez que una persona entiende los diferentes componentes que conforman un negocio, se hace mucho más fácil diseñar negocios así como evaluar cuales son buenos y cuales malos.

También, recomendamos siempre mantener tu empleo diurno mientras inicias un negocio de medio tiempo, no por el dinero, sino por la experiencia. Eso significa que, incluso si tu negocio de medio tiempo no genera nada de dinero, estarás ganando algo mucho más importante que dinero: experiencia de la vida real. No sólo aprenderás sobre negocios, aprenderás mucho sobre ti mismo.

Un extra

Una de las razones del éxito de The Rich Dad Company fue que el negocio lo iniciamos tres empresarios que ya éramos exitosos, Sharon, Kim y yo. Cada uno llevamos nuestras experiencias y perspectivas al equipo. Sharon había sido una proverbial estudiante de puro diez, una contadora certificada que había emigrado al dominio del mundo empresarial. Había hecho crecer varias compañías suyas antes de iniciar The Rich Dad Company con Sharon y conmigo. Como un plus para ti, Sharon proporcionará su perspectiva única y compartirá su visión y experiencias con cada lección.

La visión de Sharon

Lección #1: Un negocio exitoso es creado antes de que haya negocio

El camino hacia el mundo empresarial es un viaje arduo por tierra salvaje. Si quieres sobrevivir y alcanzar con éxito tu destino debes prepararte con anticipación. Antes de caminar por el bosque, empacas con atención para asegurarte de que tienes todas las cosas que necesitas para sobrevivir. Piensas en los obstáculos y peligros que posiblemente encuentres. Consultas el reporte del clima. Te aseguras de llevar la ropa y el equipo adecuados así como comida y agua. El viaje hacia el mundo empresarial requiere del mismo tipo de planeación cuidadosa. ¿Qué preparativos son necesarios para estar en la mejor posición de tener éxito?

- Comienza por estar seguro de que tienes la mentalidad adecuada, de que piensas como empresario en lugar de como empleado.
- Haz tu tarea: estudia el mercado, a tus clientes objetivos y a la competencia.

- Identifica las habilidades necesarias para un negocio exitoso en ese mercado y reúne un equipo de socios y asesores que tengan las habilidades que necesitas.
- Identifica alguna ventaja sobre la competencia y formas de distinguirte de ellos a los ojos de clientes potenciales.
- Arma un plan de negocios marcando tu ruta hacia el éxito.
- Coloca los cimientos legales adecuados para tu negocio.

¿A qué nos referimos con cimientos legales? A continuación presento algunos ejemplos:

- Elige una forma de entidad legal para el negocio que proporcione la mejor limitación de responsabilidad y minimice impuestos (consulta el libro de la serie de *Advisors* de Padre Rico, escrito por Garrett Sutton y titulado *Own Your Own Corporation*.
- Obtén todas las licencias y permisos necesarios, asegurándote de que existan acuerdos por escrito: claros y completos, para evitar cualquier malentendido.
- Establece las protecciones legales apropiadas de manera que puedas mantener tu ventaja competitiva. Como dice mi esposo, Michael Lechter: "Construye una fortaleza alrededor de tu propiedad intelectual de modo que puedas mantener fuera a los saqueadores y piratas que haya entre tus competidores" (consulta el libro de la serie de *Advisors* de Padre Rico, *Protecting Your #1 Asset,* de Michael Lechter).

EMPRESARIO *VERSUS* EMPLEADO

¿Cuáles son las características de un empresario? ¿De qué manera un empresario difiere de alguien que tiene mentalidad de empleado? Desde luego, tener disposición para correr riesgos es un elemento. Otro lo es tener disposición para actuar frente a la sabiduría convencional. Como también le gusta decir a Michael, un empresario "suspenderá la incredulidad" e intentará algo, incluso cuando todas las personas que lo rodean dicen que no se puede hacer.

Sin embargo, desde mi perspectiva, las características definitorias de los verdaderos empresarios son creatividad y habilidad para lograr cosas más allá de sus propios recursos. Son maestros en resolver problemas, en convertirlos en propiedad intelectual valiosa y luego apalancar la propiedad intelectual en un negocio. Son maestros en usar el dinero de otras personas y los recursos de otras personas. El mantra de un empresario es: "Veamos cómo podemos hacerlo", y nunca se les escuchan palabras desalentadoras: "No podemos hacerlo", o: "No podemos pagarlo."

AL EMPEZAR

¿Crear un negocio o comprar un negocio?

No puedo decirte la cantidad de personas que nos dicen que quieren iniciar su propio negocio. En la mayoría de los casos, la conversación es más o menos la siguiente:

"Sharon, estoy muy emocionada por iniciar mi propio negocio", dice Susan.

Yo contesto: "Maravilloso, ¿en qué tipo de negocio estás interesada?"

Sin dudar, Susan responde: "Quiero un negocio que proporcione un buen flujo de efectivo y que mis empleados puedan manejar, para que yo tenga mucho tiempo libre para estar con mi familia. Ah, no quiero pagar mucho por él."

En este punto, ya sé que Susan en realidad no es empresaria y puede que nunca sea capaz de convertirse en una. Verdaderamente no entiende el compromiso requerido para crear un negocio exitoso. Sus comentarios "no quiero pagar mucho por él" y "quiero un negocio que proporcione un buen flujo de efectivo" me indican que lo que en realidad quieres adquirir un negocio que ya haya sido construido por un empresario exitoso. El valor ya se ha creado por el vendedor. El vendedor tiene derecho a recibir una compensación por parte de Susan por este valor. Ella tendrá que pagar por ese valor ya existente. En ese caso, a menos que Susan sepa el modo y sea capaz de llevar el negocio al siguiente nivel o sepa cómo entrar en un nuevo mercado, está comprando un empleo, no creando un negocio.

Hay una gran diferencia entre ser un empresario que crea y construye un negocio y comprar un negocio. En el ejemplo de Susan, está claro que quiere "comprar" un negocio, no "crear" un negocio.

No hay nada de malo en comprar un negocio. Sin embargo es la "creación" lo que infunde energía al empresario. Construir un negocio de la nada que tenga éxito, cree valor y sea sostenible, es la verdadera meta de un empresario. Es la parte de la "creación" lo que proporciona el máximo apalancamiento y en ocasiones ganancias esencialmente infinitas sobre la inversión. Cuando compras la creación de alguien más, por lo general ellos, no tú, alcanzan el apalancamiento. Por supuesto, eso no significa que la adquisición de un negocio existente esté "mal", en particular si llevas a la mesa talento adicional o algo para conducirlo al siguiente nivel o cuando el negocio adquirido es sólo un componente de un plan mayor.

Por ejemplo, la venta de una franquicia no es el "final del juego" para un verdadero empresario. Una franquicia bien puede ser un excelente escalón, una fuente de educación para el empresario, pero generalmente hay poco lugar en una franquicia para ser empresario y para esfuerzos empresariales. Cuando alguien (el franquiciatario) compra una franquicia, está comprando el derecho de usar el buen nombre y sistemas de negocios que ya han sido desarrollados en conexión con el negocio de alguien más —el franquiciante— (y a veces el derecho de participar en mercadotecnia colectiva o programas de compra). Una ventaja de una franquicia es que tiene credibilidad inmediata (por ejemplo con los prestamistas) porque el franquiciatario ya ha probado y demostrado los sistemas. (Por supuesto, para que una franquicia sea exitosa, el franquiciatario debe contribuir con esfuerzos significativos.)

Sin embargo, la consistencia de una franquicia a otra es uno de los esfuerzos primarios que hacen que los negocios en franquicia sean viables. De hecho, el franquiciante, ante ley, debe controlar la forma en que la franquicia hace negocios o se arriesga a perder derechos valiosos. Aunque hay algunos franquiciantes que aceptarán adoptar sugerencias de sus franquiciatarios, es el franquiciante quien toma las decisiones finales. Esto conlleva a tener muy poco espacio para creatividad por parte del franquiciatario y a veces puede ser asfixiante para tu espíritu empresarial.

Palabras de una franquiciataria

Con todas nuestras franquicias a lo largo de los años he notado que hay cuatro puntos generales. Entender la relación entre esos cuatro puntos, es en lo que me enfoco al entrenar a nuevos franquiciatarios.

1. Palabras: ¿Qué palabras marcan el rumbo que está tomando nuestra franquicia? ¿Cómo saludo a mis clientes? ¿Cómo le vendo al cliente? ¿Qué palabras se usan para dirigir el negocio y establecer su cultura? Las palabras en y sobre un negocio siempre te cuentan una historia.

2. Números: ¿Qué números uso para probar las palabras que empleo? Discurso de ventas y leyes que regulan la venta de acciones. ¿Cuánto tiempo, cuántas ventas, cuál es el costo, puedo medir la entrada y salida de mi dinero? Los números miden la historia de la franquicia.

3. Símbolos: ¿Cuáles son los símbolos que quiero que el mundo reconozca como representantes del negocio? Palabras, números y/o imágenes pueden ser símbolos, logos, uniformes, personas... cualquier cosa que apalanque quién y qué es tu franquicia. Los símbolos apalancan la historia de tu franquicia.

4. Acción enfocada: Es el motor de todas las historias de negocios y franquicias. Esto es lo que hace o rompe a cualquier negocio. ¿Qué estoy haciendo? Sin importar lo que hagas, trabajará en tu favor o en tu contra al construir tu franquicia. He creado una fórmula que uso en todos los negocios que diseño para combinar el impacto de esos cuatro puntos: (palabras + números) x símbolos / enfoque

La conclusión es que un franquiciatario debe estar enfocado en los sistemas de negocios establecidos, incluyendo las palabras que usan, cómo se desempeñan sus números y los símbolos que emplean para alcanzar el mayor éxito en la franquicia. Uno de los mayores beneficios de comprar una franquicia es que el franquiciante ya estableció el registro exitoso del sistema de negocios.

Kelly Ritchie
Franchise Control Systems

¿Crear un negocio o crear un empleo?

Robert habla sobre el empresario autoempleado que construye un negocio pequeño a su alrededor. Se trata probablemente de un empresario que es dueño de un empleo, no de un negocio. Padre rico tiene una regla empírica sobre esta distinción entre empleo y negocio. Si puedes dejar tu negocio durante un año y regresar y descubrir que es más fuerte y más grande, has creado un negocio grande, un negocio del cuadrante D. Si no es así, es probable que hayas creado un empleo, o un negocio pequeño del cuadrante A. Por ejemplo, muchos abogados o contadores se vuelven tan exitosos que sus clientes sólo quieren hacer negocios con ellos. Cuanto más exitosos se vuelven, menos tiempo tienen. Son dueños de un empleo, no de un negocio. Hay una clara diferencia entre ambos.

Esto no equivale a decir que no puedes construir tu negocio alrededor de tu experiencia y creatividad. Simplemente tienes que encontrar una forma de apalancar tu experiencia y creatividad, crear sistemas que permitan a otros (tus empleados o socios) aplicar su experiencia y creatividad.

¿Cuál es tu razón personal para iniciar un negocio?

Ahora que empezamos este libro sobre ser empresario, es importante entender tu motivación personal por la que quieres construir un negocio. Hazte las siguientes preguntas:

1. ¿Por qué quiero ser dueño de mi propio negocio?
2. ¿Cuántas ganas tengo de ser dueño de mi propio negocio?
3. ¿En qué nivel del juego quiero estar?
4. ¿En qué nivel del juego estoy dispuesto a extenderme para jugar?

5. ¿Estoy dispuesto a invertir el tiempo necesario para aprender sobre otros empresarios exitosos y sus negocios?
6. ¿Tengo miedo a fracasar?
7. ¿Puedo convertir mi miedo al fracaso en una fortaleza que me ayude a dirigir el negocio?
8. ¿Puedo aprender de mis errores?
9. ¿Puedo construir un equipo o me gusta jugar solo?
10. ¿Estoy dispuesto a pagar el precio?
11. ¿Estoy dispuesto a invertir tiempo ahora para ser recompensado más adelante?
12. ¿Estoy dispuesto a retrasar recompensas financieras hasta que el negocio tenga éxito o necesito un sueldo?

A medida que respondas estos cuestionamientos, si sigues decidido a iniciar un negocio, llévalo un paso más allá y hazte las siguientes preguntas:

- ¿Cuáles han sido tus mayores éxitos?
- ¿Cuáles han sido tus mayores fracasos?
- ¿Cuántas veces has trabajado gratis?
- ¿Trabajarías por esta compañía aunque no recibieras un pago?
- ¿Tu familia y amigos apoyan emocionalmente tus esfuerzos en esta empresa?
- ¿Estás dispuesto a educarte en todas las áreas del Triángulo D-I (componentes esenciales de un negocio exitoso, los cuales se discutirán y revisarán a lo largo de este libro)?

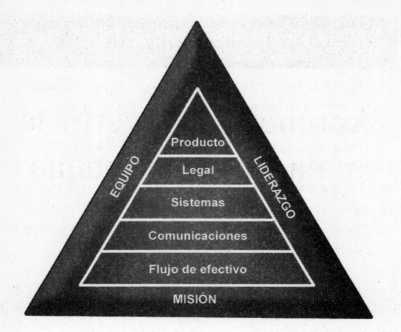

Si después de responder todas las preguntas anteriores sigues ansioso por convertirte en empresario, puede que tengas justo lo que se necesita para ser un empresario exitoso.

¡Felicidades por buscar la libertad!

Aprende a convertir la mala suerte en buena suerte

La ironía es que lo que hace lista a la gente también la hace menos lista; es decir, las personas aprenden de sus errores.

Capítulo 2

Cada vez más tonto y cada vez más rico

Mi primer negocio

Mi primer negocio fracasó en 1956. Yo tenía nueve años de edad.

Mi segundo negocio tuvo éxito en 1956. Yo seguía teniendo nueve años. De no ser por el fracaso de mi primer negocio, mi segundo negocio no habría tenido éxito.

El fracaso como una estrategia

Fracasar en los negocios a una edad temprana fue una experiencia definitiva. Fue fundamental para desarrollar una estrategia de éxito para el futuro. A los nueve años, comencé a darme cuenta de que cometer errores era la mejor forma de aprender sobre negocios. Aunque no hice mucho dinero, entendí que cuanto más listo me volviera al fracasar y aprender de esos fracasos, más rico sería. Actualmente en los negocios, a menudo hago algo sabiendo que puedo fracasar. ¿Por qué? Porque a la edad de nueve años aprendí que fracasar era esencial para el éxito.

Hay dos razones principales por las que fracasan los empresarios. Una es que el que quiere ser empresario está tan asustado que se congela y entonces no hace nada. Se levanta y va a trabajar... siempre con una excusa sobre por qué no está listo para renunciar a su empleo y empezar su negocio. Las excusas usuales incluyen que no tiene suficiente dinero, que es demasiado arriesgado, que el tiempo no es el adecuado, que hay niños que alimentar y muchas más.

La segunda razón por la que los empresarios fracasan es que no pierden lo suficiente. Muchos dueños de negocios pequeños y empleados autoempleados tienen éxito hasta cierto punto y luego dejan de crecer. El negocio entra en un periodo de estancamiento o comienza a morir. El negocio alcanza un tamaño y luego no logra crecer. De nuevo, el empresario necesita arriesgarse a fracasar antes de que el negocio pueda empezar a crecer.

El miedo al fracaso es la razón principal por la que tantas personas no tienen éxito en la vida o no tienen tanto éxito como desearían. Esto ocurre no sólo en los negocios, pasa en todos los aspectos de la vida. Recuerdo que en preparatoria nunca tuve una cita porque tenía demasiado miedo a ser rechazado. Finalmente, justo antes de la graduación, pedí a una hermosa compañera de clase que fuera mi pareja en el baile de graduación y, para mi sorpresa, accedió. La pasamos fatal, pero por lo menos yo estaba progresando.

Otra diferencia entre un empleado y un empresario

Recientemente, durante una entrevista de radio, una conductora me llamó "arriesgado". En respuesta, contesté: "En el mundo actual que cambia a toda velocidad, las personas que no corren riesgos son las arriesgadas. La gente que no está corriendo riesgos se queda rezagada."

El programa tenía una duración de media hora y por lo general se entrevistaba a diferentes personas de distintos ámbitos de la vida. El programa bien podía haberse llamado *El secreto de mi éxito*. Cuando la conductora me preguntó cuál era mi secreto, le conté mi primer fracaso de negocios a la edad de nueve años y cómo ese fracaso condujo al éxito de mi segundo negocio. Luego dije: "Me di cuenta de que fracasar era el camino hacia el éxito."

"¿Aprendió esto a los nueve años?", preguntó la conductora.

"Así es", contesté. "Como la mayoría de las personas, no me gusta fracasar. Lo odio. No obstante, ese fracaso de negocios a temprana edad me dio un panorama del futuro. Vi mi proceso para el éxito. Algunas personas tienen éxito sabiendo todas las respuestas. A esas personas por lo general les va bien en la escuela. Ése no es mi proceso. Yo tengo éxito fracasando. Por eso he iniciado tantos negocios diferentes. Han fracasado más de los que han tenido éxito. No obstante, los que han tenido éxito han sido logros bastante grandes, como el de The Rich Dad Company, mi compañía de bienes raíces y las dos compañías públicas mineras de oro y plata que ayudé a fundar. Además, no gané mucho dinero a comienzos de mi carrera como empresario, pero ahora gano más que la mayoría de las personas."

"Así que el secreto de su éxito de negocios es estar dispuesto a cometer errores y a aprender de ellos."

"Sí. Ése es mi trabajo como empresario. Y consiste en fijar nuevas metas, crear un plan, cometer errores y arriesgarme a fracasar. Cuantos más errores cometo, más listo me vuelvo y con suerte la compañía crece y prospera a partir de las lecciones aprendidas."

"Me despedirían si cometiera demasiados errores en mi trabajo", contestó la entrevistadora. "Para mí, cometer errores y fracasar es sólo eso, fracasar. Hago todo lo posible por no cometer errores. Odio cometerlos. Odio sentirme estúpida. Debo saber las respuestas. Siento que es importante hacer todo en forma correcta, tal como la compañía me indica que lo haga."

"Y por eso usted es una buena empleada", contesté amablemente. "Los empleados son contratados para no cometer errores. El trabajo de un empleado consiste en seguir las reglas, hacer lo que se les indica, hacer su trabajo de la manera correcta. Si los empleados quieren hacer las cosas a su manera o si no siguen las reglas, o cometen demasiados errores, son despedidos porque no están haciendo el trabajo para el que fueron contratados."

"Entonces, mi trabajo como empleada es no correr riesgos y su trabajo como empresario es correr riesgos, cometer errores, fracasar en ocasiones. ¿Eso es lo que está diciendo?"

"Sí", contesté. "Esa distinción es la diferencia clave entre un empresario y un empleado."

"Así que usted corre riesgos. ¿Eso es lo que usted hace como empresario?"

"No, no precisamente", dije riendo entre dientes. "No corro cualquier riesgo que se presente al azar. Primero que nada, aprendí la ciencia de cometer errores y sobre todo tuve que aprender de los errores. Segundo, aprendí cómo elegir los riesgos. Cuanto más se desarrollaban mis habilidades como empresario, mejor era mi juicio para correr riesgos calculados. Hoy, considero el correr riesgos como parte de mi trabajo. No quiero que mis empleados corran riesgos."

"Suena como una doble moral", dijo la conductora.

"Son negocios", contesté. "Fracasar no es divertido pero es necesario para progresar."

"¿Entonces, le gusta fracasar?", preguntó la conductora.

"No, al contrario. Odio fracasar tanto como cualquier persona. La diferencia es que yo sé que fracasar es parte del proceso de mi éxito de negocios. En el momento en que fracaso, sé que estoy en el punto de un gran avance en el aprendizaje. Es el punto donde emerge el nuevo yo.

"¿El nuevo usted?", gritó la conductora. "¿Qué clase de engaño es ése?"

"Bueno", contesté lentamente, "todos hemos vivido esa experiencia del nuevo yo. Por ejemplo, cuando éramos bebés y no podíamos caminar, nos parábamos y nos caíamos, nos parábamos y nos caíamos. Luego, un día dejamos de caernos y comenzamos a caminar. Al momento en que pudimos caminar, ya no éramos bebés. La gente nos llamaba niños, no bebés. Cuando aprendimos a conducir nos convertimos en adultos jóvenes. Cada vez que aprendimos una nueva habilidad emergió una nueva persona y nuestro mundo cambió. A eso me refiero con un nuevo usted o un nuevo yo. Somos nuevos porque tenemos habilidades nuevas y somos más capaces de enfrentar un nuevo mundo."

"Entonces, ¿hay un mundo de diferencia entre un empleado y un empresario?", preguntó con sarcasmo la conductora.

"Oh, sin lugar a dudas", contesté, esforzándome mucho por no caer en su escepticismo. "Vivimos en mundos muy diferentes porque somos personas muy diferentes. Uno de nosotros vive en un mundo que prospera en el riesgo. El otro vive en un mundo que evita el riesgo. Mundos diferentes, personas diferentes."

Hubo un momento de silencio. La conductora parecía estar poniendo en orden sus ideas. "¿Y por eso tantos empleados no tienen éxito como empresarios?"

"Es una de las razones, pero no la única", dije amablemente. "No es fácil pasar de un mundo donde se evitan los errores a uno donde se cometen activamente."

"Pero usted lo hace sonar fácil", dijo la conductora. "Parece tan despreocupado respecto al fracaso."

"Nunca dije que fuera fácil, pero sí se vuelve cada vez más fácil", contesté. "Mire, el punto es que un empresario tiene mucho que aprender y necesita aprender rápidamente. Para un empresario no existe el lujo de un sueldo. Debe cometer errores y corregir rápidamente. Si evita cometer errores, finge que no ha cometido un error o culpa a alguien más por sus errores, el proceso de aprendizaje abruma al empresario y el negocio fracasa."

"Tienes que aprender rápido porque estás haciendo algo de nada", agregó la conductora. "No hay nada ahí que te apoye."

"En especial al comienzo de tu desarrollo como empresario. No obstante, a medida que te vuelves mejor, puedes pasar de nada a algo rápidamente. Una de las mayores alegrías de ser empresario es la habilidad de tomar una idea y convertirla en un negocio exitoso en un período breve. Hace siglos, los alquimistas trataban de convertir el plomo en oro. Ahora, el trabajo de un empresario consiste en convertir una idea en oro."

"Casi es dinero por nada", dijo la conductora del programa.

"Casi", contesté. "Si puedes hacer eso, nunca necesitarás un empleo. Puedes ir casi a cualquier lugar que quieras en el mundo y hacerla en grande. Yo hago negocios en más de ochenta países. Una de mis compañías mineras opera en China y otra en América del Sur. El rango de negocios de un empleado o autoempleado a menudo está limitado a una ciudad, estado o país."

"Así que es un mundo diferente", concedió la conductora.

"Sí", contesté. "Ése es el mundo de un empresario. Si eres bueno, eres libre de viajar por el mundo y hacer negocios. La mayoría de los empleados necesitan solicitar una visa de trabajo antes de contratarse en otro país. Un empresario puede entrar en un país como una corporación o formar una empresa conjunta con otra corporación en ese país. Entrenarte para ser empresario es desarrollar tu potencial para acceder al mundo de una riqueza casi ilimitada."

"Y para hacerlo, necesitas aprender a convertir tus fracasos en éxitos."

"Así es", contesté.

"¿Y qué pasa si fracasas y pierdes dinero?", preguntó.

"Es sólo parte de ser empresario. No conozco a muchos empresarios que no hayan perdido dinero en algún momento."

"Pero si un empleado perdiera el dinero de la compañía, el empleado sería despedido", dijo la conductora con un tono elevado en la voz.

"En muchas compañías sería así", contesté con tranquilidad. "Mi punto es que es el miedo a perder dinero lo que le cuesta más dinero a la gente. Tienen tanto miedo a perder... que pierden. Se conforman con un sueldo. Puede que no pierdan mucho dinero en su vida, pero pierden en cuanto al potencial de conseguir una gran riqueza."

La verdad durante el corte comercial

"Necesito hacer un corte comercial", dijo la conductora mientras suspendía el estudio. El ingeniero de sonido entró en acción puso los comerciales que sostenían el programa.

"He querido dejar mi trabajo por años", dijo la conductora, sintiéndose más segura en su cuarto aislado a prueba de ruidos y sin estar en transmisión ante el mundo entero.

"Pero le pagan demasiado como para renunciar", dije, completando sus ideas.

Asintiendo con la cabeza, dijo: "Sí, exacto. No me pagan mucho, sólo lo suficiente como para que no renuncie y me vaya a otro lado. Necesito mi cheque. Mi esposo y yo ganamos mucho dinero pero con cuatro niños en la escuela, no hay forma de que podamos hacer lo que usted dice."

Aunque yo no estaba de acuerdo con su punto de vista, le hice saber que entendía como se sentía.

"Entonces, ¿qué me diría?, ¿cómo puedo escaparme? Necesito el dinero. Necesito este trabajo, aunque no me deje mucho dinero. Siento que estoy atrapada en un cuarto cuyas paredes se están cerrando a mi alrededor. ¿Qué puedo hacer?"

Tomé un momento para reunir mis ideas y finalmente le pregunté: "¿Recuerda el ejemplo que usé sobre el bebé que está aprendiendo a caminar?"

"Sí", dijo la conductora. "Una vez que puede caminar el bebé se convierte en niño. Y una vez que conduce se convierte en adulto joven."

"Y así es como aprendemos cualquier cosa en la vida. Aprendemos primero al tener el deseo de un cambio, queremos algo mejor. Puede que usted haya disfrutado de su trabajo en una época pero ahora sabe que es momento de un cambio, es tiempo de avanzar, justo como el bebé, de alguna manera sabe que es momento de cambiar, es tiempo de dejar de gatear. En algún punto mágico en el tiempo, el bebé sabe qué tiempo es el indicado para hacer algo diferente. El bebé comienza agarrándose de algo, como la pierna del pantalón de alguno de sus padres o la pata de una mesa. Los bebés trastabillan mientras están aprendiendo a llenar el hueco entre gatear y caminar. Lo hacen repetidamente y luego un día se sueltan y caen. El bebé fracasó. En lugar de renunciar, cosa que harían muchos adultos, el bebé repite el proceso una y otra vez. Luego, un día, la mente, cuerpo y espíritu del bebé entran en alineación y el bebé puede estar de pie. Poco después de estar de pie, el bebé aprende a caminar. El bebé se convierte en un niño."

"Luego vienen las bicicletas y luego los autos", dijo la conductora. "Los bebés se convierten en niños y los niños en adultos."

Yo completé la idea diciendo: "Sí, y el mismo proceso es similar para quien quiere ser empresario. Yo empecé a los nueve años, fracasé a los nueve y tuve éxito a los nueve. Usted puede hacer lo mismo si está dispuesta a correr el riesgo de pasar por el proceso de aprendizaje."

"¿Entonces confía en sus habilidades como empresario?", preguntó la conductora.

"No, en realidad no. Confío en mi habilidad para cometer errores, corregir y mejorar mi negocio. Soy un mejor empresario hoy y planeo seguir mejorando. Pero no, nunca confío plenamente en mis habilidades como empresario, porque no me duermo en mis laureles o en mis éxitos pasados. Constantemente me pongo en situaciones donde estoy más allá de mis habilidades. Siempre estoy en el filo, vacilante, siempre probándome. Ésa es la forma en que continuamente mejoro."

"¿Y ésa es la razón por la que usted empieza nuevos negocios, incluso si fracasa?", preguntó la conductora.

"Empiezo nuevos negocios incluso si tengo éxito. Ésa es la razón por la que tengo tantos negocios, negocios que funcionan sin mí. Ése es mi secreto para amasar una gran riqueza. La mayoría de los empleados tienen un empleo. Como empresario, tengo múltiples negocios."

"Por eso usted no quiere ser autoempleado ni dirigir el negocio."

"Sí y por eso me alegra haber fracasado a los nueve años. A los nueve años aprendí cómo empezar negocios que funcionaran sin mí. Escribí sobre esos negocios en *Padre Rico, Padre Pobre*."

"Sí, lo recuerdo", dijo la conductora. "Simplemente no entendí la importancia de esos negocios. No me di cuenta de que esos negocios diminutos tendrían un impacto profundo en su vida".

Asintiendo de nuevo, dije: "Encontré mi estrategia para la vida a los nueve años."

En ese momento, el ingeniero de sonido nos informó que el corte comercial había terminado y fue momento de continuar la entrevista. La conductora encendió su micrófono y dijo: "Sólo nos quedan unos minutos, así que resumamos esto. Nos está diciendo que el trabajo de un empresario consiste en cometer errores y el de un empleado consiste en no cometerlos. ¿Es ése el mensaje?"

"Sí, así es. Por lo menos es la forma como lo veo. Si no estoy corriendo riesgos calculados, cometiendo errores y haciendo crecer a la compañía, deberían despedirme. Si mis empleados cometen demasiados errores, puede que tenga que despedirlos. Ésa es la razón por la que contrato empleados listos que odian cometer errores. Ellos hacen su trabajo y yo hago el mío."

"Por eso decimos a nuestros niños: 'Ve a la escuela para que puedas conseguir un buen trabajo'", dijo la conductora. "Las escuelas están entrenando a nuestros hijos para ser empleados."

"Sí", contesté. "Si te va bien en la escuela probablemente te irá bien en el mundo corporativo o en el gobierno."

"¿A usted le gustaba la escuela?", preguntó la conductora.

"En realidad, no", contesté. "No me iba bien en la escuela porque cometía demasiados errores. Era un estudiante de 6 y 7 y, en muchas ocasiones, de 5. Así que, en la escuela, descubrí que como era bueno cometiendo errores tal vez podría convertirme en un experto cometiéndolos. Por eso soy un empresario, no un empleado. No soy tan listo en términos académicos. Nadie me contrataría para un empleo bien remunerado. No me gusta seguir órdenes, así que probablemente nunca me ascenderían. Me gusta cambiar cosas y hacer las cosas a mi manera en vez de hacer lo que me dicen que debo hacer."

"Definitivamente usted no conseguiría trabajo en esta estación de radio", dijo la conductora.

"Tal vez no conseguiría trabajo aquí, pero sí sé cómo comprar esta estación de radio y contratar personas más listas que yo para dirigirla en mi lugar", agregué con un toque de humor en la voz.

"Está bien. Tenemos que resumir", dijo la conductora. "¿Tiene usted algún otro ejemplo que demuestre que cometer errores y fracasar es esencial para ser empresario? ¿Hay alguien más, otro ejemplo además de usted, que pueda apoyar este punto de vista?"

"Oh, claro", contesté. "A Thomas Edison le pidieron que dejara la escuela porque los maestros se quejaban de que estaba confundido o atolondrado. Más adelante, fue criticado por haber fracasado más de mil veces antes de inventar su versión de la bombilla eléctrica. Cuando le preguntaron cómo se sentía respecto a fracasar más de mil veces, dijo algo parecido a: 'Sí, fracasé más de mil veces. Creo que fueron mil catorce experimentos los que fracasaron antes de que finalmente tuviera éxito. Se necesitan por lo menos mil equivocaciones para que estés calificado para inventar una bombilla eléctrica.'"

"¿A qué se refiere con que se necesitan por lo menos mil fracasos para que estés calificado para inventar una bombilla eléctrica", preguntó la conductora.

"Significa que si usted o yo quisiéramos inventar una bombilla eléctrica hoy, en vez de simplemente comprar una de la tienda, probablemente fracasaríamos por lo menos mil veces antes de saber cómo hacerla."

"Entonces en la escuela lo etiquetaron como atolondrado y fracasó mil veces antes de inventar la bombilla eléctrica", dijo la conductora. "Eso significa que es un inventor. ¿De qué manera eso lo convierte en empresario?"

"¿Sabe cuál es la compañía que fundó?", pregunté.

"No. No lo sé."

"Fundó General Electric, una de las compañías más poderosas del mundo. Originalmente conocida como Edison General Electric, uno de los doce miembros originales del Promedio Industrial Dow Jones; y de los doce miembros originales sólo GE ha sobrevivido hasta la fecha. Nada mala para un atolondrado de mente confundida que fracasó mucho."

La entrevista terminó.

Aprende de tus errores

Mi padre rico creía en aprender de los errores. No los veía como algo malo sino simplemente como oportunidades para aprender algo sobre negocios y sobre ti mismo. Decía: "Los errores son como señales de alto. Los errores te dicen: 'Oye, es tiempo de detenerte... tómate un momento... hay algo que no sabes... Es tiempo de detenerte y pensar.'" Padre rico también decía: "Un error es una señal que indica que es tiempo de aprender algo nuevo, algo que no sabías antes." En esa línea de razonamiento, también decía: "Demasiadas personas son demasiado flojas para pensar. En vez de aprender algo nuevo, tienen los mismos pensamientos día tras día. Pensar es un trabajo duro. Cuando estás obligado a pensar expandes tu capacidad mental. Cuando expandes tu capacidad mental, tu riqueza aumenta.

"Así que cada vez que cometes un error, detente y aprovecha la oportunidad de aprender algo nuevo, algo que obviamente necesitas aprender. Cuando algo no sale a tu manera, o algo sale mal, o fracasas, toma tiempo para pensar. Una vez que encuentres la lección oculta estarás agradecido por el error. Si estás alterado, enojado, avergonzado, si culpas a alguien por el error o finges que no has cometido error alguno, no has pensado lo suficiente. Tu capacidad mental no se ha expandido lo necesario. No has aprendido la lección. Así que sigue pensando."

La filosofía de mi padre pobre respecto a los errores

Mi padre pobre, al ser educador, tenía un punto de vista distinto respecto a los errores. Para él cometer un error indicaba que no sabías algo, pero, también significaba que eras estúpido o que tenías problemas intelectuales. Cuando mi padre pobre cometía un error, a menudo fingía que no lo había cometido, negaba haberlo hecho o culpaba a alguien más por ello. No veía los errores como una oportunidad para aprender e incrementar la capacidad intelectual que tenemos. Hizo su mejor esfuerzo por evitar cometer errores. No veía los errores como algo bueno, como mi padre rico.

Convertir la mala suerte en buena suerte

La lección #2: Aprenda cómo convertir la mala suerte en buena suerte, es sobre las diferencias que he notado entre mi padre rico y mi padre pobre en lo que respecta a cometer errores. En mi opinión, fue la filosofía personal de cada uno sobre el tema de los errores lo que determinó su éxito final en la vida.

El primer gran fracaso

En libros anteriores, escribí que tras haber regresado de la Guerra de Vietnam tuve que decidir sobre las huellas de cuál de mis padres seguiría. Tenía alrededor de veinticinco años en ese momento y mis dos padres justo estaban cumpliendo cincuenta. En esa época, mi padre pobre acababa de perder como candidato republicano para gobernador asistente en el estado de Hawai. Como hizo campaña contra su jefe, el gobernador, a mi padre se le informó que nunca volvería a trabajar en el gobierno estatal. Así que quedó desempleado y fuera de circulación a los cincuenta años.

El problema era que sólo conocía el mundo de la educación. Entró al mundo académico a los cinco años y no lo dejó hasta los cincuenta. Fuera de circulación, tuvo que tomar un retiro prematuro. Tomó el dinero de su retiro, entró al mundo de los negocios como un empresario poco entusiasta y compró una franquicia de una heladería famosa. Compró esa franquicia afamada porque pensó que era un negocio infalible. En menos de dos años la franquicia infalible fracasó y mi padre de nuevo estuvo fuera de circulación y sin dinero.

Culpar en lugar de aprender

Mi padre pobre estaba enojado, deprimido, alterado y culpaba al franquiciante y a sus socios por el fracaso del negocio y la pérdida de su dinero. Fue durante este período cuando entendí por qué mi padre rico enfatizaba la importancia de hacer un alto, pensar, aprender y corregir. Era obvio para el estado mental y emocional de mi padre que se había pasado demasiadas señales de alto y estaba culpando en lugar de aprender. Seguía pensando con la capacidad mental de un empleado, no de un empresario.

Tan sólo unos meses después de abrir su negocio de helados, mi padre supo que estaba en problemas. Después de que los amigos dejaron de pasar para comprar un cono, la tienda estuvo prácticamente vacía. Mi padre solía sentarse ahí durante horas, solo, sin clientes. En vez de tomar un momento para hacer un alto, pensar y corregir, no admitió que estuviera cometiendo errores. En vez de mejorar las cosas, las empeoró.

Con la pérdida de su campaña política y la pérdida de su primer y único negocio, mi padre siguió enojado y derrotado hasta morir, casi veinte años después. Por eso, esta lección sobre los errores, la mala suerte y ser tonto y más tonto volviéndote cada vez más rico, es tan importante para mí.

Muéstrame un perdedor feliz

Una vez escuché a Vince Lombardi, el famoso entrenador del equipo de futbol americano de los Empacadores de Green Bay, que decía: "Muéstrenme un perdedor feliz y les mostraré un perdedor." En el transcurso de los años, he tomado el tiempo para analizar más a fondo los múltiples significados que tiene este dicho. En la superficie, las palabras de Vince Lombardi parecen significar que las personas que toman a la ligera perder son perdedoras. Yo he sido ese perdedor feliz muchas veces en la vida, he dicho cosas como: "Oh, no importa. Ganar no es importante para mí. Lo que importa es cómo jugué el juego." En la superficie puedo parecer despreocupado o feliz respecto a perder, pero, sinceramente, odio perder. En otras palabras, cuando pretendo no tener problemas con la idea de perder, me estoy mintiendo a mí mismo.

Cuanto más pensaba en la frase de Lombardi, más significados venían a la superficie. Algunas de las otras cosas que pudo haber querido decir son:

1. A nadie le gusta perder. Perder no es algo que esperamos.
2. Perder debería inspirar para ganar.

3. Algunas personas evitan perder a toda costa porque es muy doloroso.

En mi opinión, fue el tercer significado lo que ocasionó el fracaso del negocio de mi padre pobre. Durante años, operó en un mundo donde perder, cometer errores y fracasar se evitaba a toda costa. Como empleado, estaba acostumbrado y quería sus sueldos y prestaciones garantizados. Para muchos trabajadores, como mi padre, la seguridad es mucho más importante que la oportunidad. Por eso tantos empleados, como filosofía personal, evitarán cometer errores a toda costa. Una de las razones por las que mi padre fracasó fue simplemente que había evitado cometer errores durante demasiado tiempo.

Aprendizaje de alta velocidad

En marzo de 2005, mi esposa Kim y yo, nos inscribimos en la escuela de cuatro días de carreras de Fórmula Uno de Bob Bondurant, ubicada en Phoenix, Arizona. No nos preguntes por qué nos inscribimos. Lo hicimos simplemente porque sonaba divertido y emocionante. No somos corredores profesionales y no tenemos intenciones de convertirnos en corredores profesionales de autos de carreras.

Toda mi vida, me han encantado las películas sobre carreras del Gran Premio y automovilismo de Fórmula Uno. Envidiaba a Paul Newman y su pasatiempo de carreras de autos. Empezando con mi primer auto, un Datsun 2000 del año 1969, casi siempre he tenido autos de alto nivel de desempeño en calle. Después del Datsun, compré un Corvette, varios Porsches y un Ferrari. Mi problema siempre ha sido que los autos tenían más poder que yo talento. Ese problema fue una de las razones por las cuales Kim, quien también es dueña de un Porsche muy rápido, y yo, decidimos de una vez por todas aprender a conducir autos de carreras en una pista profesional.

Desde el primer día de clases, descubrimos que habíamos cometido un error. Había dos grupos. Un grupo era para conductores de alto desempeño. Ésa era la clase en la que debimos haber estado. En esa clase había personas comunes y corrientes que simplemente querían aprender a manejar autos comunes a alta velocidad. El segundo grupo se titulaba conductores de Gran Premio y era en el cual estábamos Kim y yo. En este grupo había corredores de carreras profesionales y conductores amateur con años de experiencia en automovilismo. Kim y yo no nos dimos cuenta de que estábamos en el grupo equivocado hasta que vimos que el primer grupo estaba conduciendo cadillacs de alto desempeño, mientras que nosotros estábamos conduciendo corvettes de alto desempeño.

La idea de pedir un cambio de grupo nos cruzó por la mente, pero decidimos que quedarnos con los conductores profesionales podía ser una excelente forma de aprender mucho más rápido. Sin embargo, se nos hizo un nudo en el estómago una vez que decidimos quedarnos en nuestro grupo. Sabía que estaba a punto de enfrentar uno de mis mayores miedos. Kim se sentía igual. Después de almorzar el primer día, íbamos a correr esos corvettes arreglados para tener más potencia. Mi miedo se transformó en terror. Tenía una gran confusión mental.

En la mañana del segundo día, el nudo en mi estómago era peor. Mi mente lógica estaba dispersa, tratando de encontrar una manera de renunciar con gracia. En el salón de clases, mi instructor se acercó y dijo amablemente: "Está conduciendo demasiado lento. Necesita conducir mucho más rápido." En ese momento estaba listo para renunciar y lo habría hecho, salvo porque el instructor dijo: "Su esposa está agarrando el ritmo. Está conduciendo mucho más rápido que usted." De inmediato, mi orgullo masculino se echó a andar, la lógica se fue por la ventana y no tuve elección. Si Kim estaba conduciendo más rápido que yo, tenía que quedarme. Como nota adicional, Kim era la única mujer en nuestro grupo de doce personas. Estaba muy emocionada respecto a superar a los hombres.

Deshazte del miedo

Durante tres días, el nudo en mi estómago empeoró a medida que las velocidades seguían aumentando, los giros se hicieron más rápidos y mi mente tenía una sobrecarga sensorial con todo lo que debía aprender y hacer a altas velocidades. En el almuerzo del tercer día, finalmente le pregunté a mi instructor por qué seguía insistiendo en que incrementara mi velocidad. Después de todo, yo quería conducir lento de modo que pudiera aprender las lecciones antes de agregar velocidad. Él sonrió y dijo: "Quiero que vaya rápido porque la velocidad quemará su miedo. Su miedo lo mantiene estancado. Es consciente de su miedo y entonces vuelve a desacelerar. Su miedo sigue conduciendo el auto. Por eso, cuando sea consciente de ese miedo, quiero que pise a fondo el acelerador."

De nuevo, quería renunciar. Otra vez me decían que no iba lo suficientemente rápido. De nuevo, yo pensaba que la forma de aprender era practicar a velocidades bajas, no altas. "Mire", dijo Les, mi instructor, "tiene que confiar en que hay un conductor de Gran Premio dentro de usted. Si no va rápido, nunca conocerá al conductor que hay en su interior. Quiero que se empuje, que oprima el acelerador, para que el conductor que hay en su interior salga y tome el control del automóvil. Si lo dejo ir lento, el cobarde en usted sigue conduciendo el auto. Sólo hay una forma en que el conductor profesional pueda salir y es pisando a fondo el acelerador. Cuando acelera al máximo, tiene que confiar en que el corredor de carreras profesional que hay en usted tomará el mando."

El cuarto día, el nudo en mi estómago era todavía peor y mi mente fabricaba todas las razones posibles por las que no tenía que tomar esa clase. Ese día, la clase dejó de conducir el Corvette para subirse al vehículo de carreras de llantas al aire, llevábamos trajes rojos de cuerpo completo y cascos. Como tengo sobrepeso, tuve problemas para deslizarme dentro del auto. Se sentía como si estuviera deslizándome dentro de un ataúd. No podía moverme. Nuevamente, el cobarde que hay en mí casi toma el control. De repente, los tres días de lecciones, miedos y frustraciones cuadraron y yo estaba conduciendo pisando a fondo el acelerador. En vez de miedo sentí euforia. El conductor que hay en mí había empujado al cobarde a un lado y tomó el control del automóvil.

Mientras dejábamos la clase, avanzada la tarde, ebrios de emoción, uno de los estudiantes que estaba en el curso de manejo de automóviles sedan de alto desempeño, en lugar de las clases de carreras de Fórmula Uno en la que estábamos, se nos acercó y dijo: "Me encantó el grupo en el que estuve, pero realmente desearía haber estado en el suyo."

Dándole las gracias, contesté: "Es gracioso, porque hasta hoy, yo era el que deseaba estar en el de usted."

Dos mundos distintos

La razón por la cual menciono la escuela de manejo no es para presumir mis nuevas habilidades como conductor. Lo menciono porque la escuela es un proceso, muy similar a un empleado que se convierte en empresario que consiste en pasar de un mundo a otro.

Una de las primeras lecciones que aprendí es que lo que necesito hacer en la calle y en las autopistas es lo opuesto a lo que tengo que hacer en la pista de carreras. Por ejemplo, en la autopista, si ves un obstáculo directamente frente a ti, la mayoría de las personas pisa el freno. En la escuela de manejo nos enseñaron a pisar el acelerador.

En el mundo real, cuando un auto comienza a derrapar, la mayoría de las personas pisan el freno. En la escuela de manejo tenemos que saber cuándo pisar el freno y cuando el acelerador. En otras palabras, con diferentes derrapes hay diferentes respuestas. Confié en mí, pisar el freno es fácil. Pisar el acelerador en un derrape es difícil. Va en contra de todo lo que sé. Para hacerlo, definitivamente necesitaba aumentar mi capacidad mental y física. En el mundo normal de los conductores, a la mayoría de las personas se les pide que conduzcan a la velocidad límite o menos. En la escuela de manejo, nos enseñaron a pisar el acelerador, a ir más allá de nuestros límites personales de velocidad. La velocidad y el miedo definitivamente incrementaron mi capacidad.

Un excelente currículo

Mis cuatro días en la escuela de manejo de alto desempeño de Bob Bondurant fueron cuatro jornadas en la curva de aprendizaje más abrupta por la que he pasado en mi vida. Las curvas de aprendizaje en la escuela de carreras fueron aún más abruptas que las que pasé en la Escuela de Aviación de la Marina. Obviamente, Bob Bondurant no sólo es un gran conductor de Fórmula Uno, también es un gran maestro. Como maestro, aunque yo estaba aterrorizado la mayor parte del tiempo, pasé mucho tiempo evaluando su metodología de enseñanza. Quedé impresionado con el currículo en el salón de clases y en la pista. Durante cuatro días, él y sus instructores nos hicieron pasar por nuestros miedos así como por nuestras iluminaciones mentales y físicas con un alto grado de seguridad. Una vez en la pista, no me preocupó mucho mi bienestar físico. La preocupación principal que tenía era que mi esposa Kim me rebasara con velocidades más altas, lo que hizo en varias ocasiones. Físicamente estaba bien, pero mi ego se veía severamente lastimado cada vez que su auto rebasaba al mío.

El proceso de convertirte empresario

El proceso de pasar de ser un conductor de la calle a uno de carreras, requería que "desaprendiera" muchas cosas. En otras palabras, las cosas que son adecuadas para la calle harán que te mates en la pista. También, las cosas que resulta inteligente hacer en la calle como desacelerar, a menudo resulta estúpido hacerlas en la pista de carreras. Lo mismo es cierto en lo que respecta a pasar de empleado a empresario. Hay dos mundos diferentes y lo que es adecuado en uno es inadecuado en el otro.

La razón por la que cuento la historia de la transición de mi padre pobre del mundo del gobierno al empresarial es para ilustrar este punto de que lo que hacía adecuadamente en el mundo del gobierno, estaba mal en el empresarial.

Como un nuevo empresario siempre está creando algo de la nada, es obvio que se cometerán errores. Para tener éxito, un nuevo empresario necesita comprometerse a revisar los siguientes pasos a la mayor velocidad posible.

1. Iniciar el negocio.
2. Fracasar y aprender.
3. Encontrar un mentor.

4. Fracasar y aprender.
5. Tomar algunas clases.
6. Seguir fracasando y aprendiendo.
7. Hacer un alto al tener éxito.
8. Celebrar.
9. Contar el dinero, las ganancias y las pérdidas.
10. Repetir el proceso.

La temida enfermedad

En mis cálculos, 90 por ciento de quienes quieren ser empresarios no llegan al paso uno. Puede que tengan un plan, puede que hayan creado el negocio perfecto en su mente o en papel, pero la temida enfermedad conocida como "parálisis de análisis", los infecta. En vez de avanzar, he visto a muchos que quieren ser empresarios, diseñar y rediseñar su plan. O encuentran alguna excusa de por qué el momento o el plan no es adecuado. En vez de actuar y fracasar, trabajan duro y tratan de no fracasar. Entran al mundo de la "parálisis de análisis".

Es imposible convertirse en empresario sin iniciar un negocio. Sería como tratar de aprender a andar en bicicleta sin una bicicleta o como si yo quisiera aprender a ser un conductor de autos de carreras sin el carro y sin pista. Mi padre rico decía: "La razón principal para iniciar un negocio es tener un negocio donde practicar. Si no tienes una bicicleta para practicar, ¿cómo puedes aprender a andar en bicicleta? Si no tienes un negocio donde practicar, ¿cómo puedes aprender a ser empresario?"

Diferentes escuelas de pensamiento

En la escuela de manejo de alto desempeño de Bondurant, el programa del curso no se enfocaba en hacer las cosas bien. El curso se enfocaba a cometer errores conduciendo a velocidades cada vez más altas. A medida que aumentó nuestra habilidad para cometer errores y corregirlos a altas velocidades, nuestra confianza subió. En el cuarto día del curso, yo podía cometer un error terrible a alta velocidad, perder el control del auto en una vuelta, recuperarlo, volver a poner el auto en la pista, pisar a fondo el acelerador y seguir corriendo. Si lo hubiera intentado el primer día, probablemente estaría en el hospital.

Una vez más, menciono esta experiencia porque refleja un contraste entre diferentes escuelas de pensamiento. Mi padre pobre venía de la escuela de pensamiento que se enfocaba en evitar los errores. Por eso era un buen empleado. Mi padre rico venía de la escuela de pensamiento que fomentaba cometer errores. Por eso era un buen empresario.

Cada vez más tonto

Este capítulo se titula "Cada vez más tonto y cada vez más rico" como tributo a Jim Carrey. Quienes hayan visto alguna vez una de sus películas, habrán notado que cuanto más tonto es en la pantalla, más rico se vuelve. Lo mismo es cierto en el mundo empresarial. Si eres una persona que necesita siempre verse bien, sonar inteligente, nunca cometer errores y tener todas las respuestas correctas, entonces ser empleado o autoempleado puede ser un mejor camino para ti.

Cuando empecé por primera vez, me vi como el mayor payaso de la ciudad. Mi negocio solía subir y luego caer hasta estrellarse. Pronto, mi reputación como empresario en la comunidad de negocios de Honolulu era risible. De no haber sido por mi padre rico que me guiaba y animaba a aprender de mis errores y a salir a cometer más, quizá hubiera renunciado en el proceso. Me parecía doloroso desempeñar el papel de los personajes de Jim Carrey en la vida real.

No obstante, conforme los años fueron pasando, los errores fueron más grandes, pero no tan dolorosos; simplemente porque me estaba convirtiendo en un experto en cometer errores. En lugar de ignorar cinco o seis señales de alto, me detenía, pensaba, aprendía, corregía y expandía mi capacidad como empresario antes de seguir adelante. Hoy, puedo decir con honestidad que soy más rico que muchos de mis compañeros, muchos de los cuales tuvieron éxito en la escuela o tuvieron empleos mejor remunerados al principio, simplemente porque estaba dispuesto a ser cada vez más tonto durante años. Eso es parte de pagar el precio del éxito.

Convirtiendo la mala suerte en buena suerte

Cuando acabábamos de entrar a la escuela, mi padre rico enseñó a su hijo y a mí cómo convertir la mala suerte en buena suerte. En esa época, tanto Mike como yo nos estábamos hundiendo rápidamente en nuestro segundo año de preparatoria porque íbamos reprobando inglés. Mike y yo no éramos grandes escritores.

En vez de estar molesto con nosotros, mi padre rico dijo: "Ojalá que este contratiempo escolar los haga más fuertes, no más débiles. Si pueden convertir esta mala experiencia en una buena experiencia estarán mucho más adelante que sus compañeros que pasaron el curso."

"Pero los dos tenemos un cinco en la boleta de calificaciones", protestó Mike. "Ese registro viajará con nosotros hasta la universidad."

"Sí, la calificación viaja con ustedes, pero también la lección de vida. A largo plazo, esta lección de vida puede ser mucho más importante que sus calificaciones si toman este incidente malo y lo convierten en uno positivo."

Mike y yo estábamos realmente enojados con nuestro maestro de inglés. Estábamos deprimidos y nos sentíamos como fracasados. Mirándonos, mi padre rico rió entre dientes y dijo: "Su maestro está ganando. Ustedes, chicos, están perdiendo porque están actuando como perdedores."

"¿Qué podemos hacer?", pregunté. "Él tiene el poder. Ya nos reprobó y toda la escuela lo sabe."

"Él sólo tiene el poder de reprobarlos", sonrió mi padre rico. "Ustedes tienen el poder de tomar su enojo y hacer algo aún más estúpido, como acuchillar las llantas de su auto, lo cual sospecho ha cruzado por su mente, o hacer algo bueno, como tomar su enojo y sacar mejores calificaciones, o tener un buen desempeño en futbol o surfing. Tomen su enojo y conviértanlo en grandeza. Entonces ganarán. Si toman su enojo y acuchillan las llantas del auto del maestro, harán peor una mala situación. Probablemente pasarán un tiempo en la cárcel si hacen lo que están pensando."

El poder de las emociones

Ese día mi padre rico nos enseñó que como seres humanos tenemos cuatro emociones básicas:

1. Alegría
2. Enojo

3. Miedo
4. Amor

También explicó que había muchas emociones más, pero que éstas eran las básicas. Muchas de las otras emociones eran combinaciones de dos o más de las básicas. Por ejemplo, la tristeza a menudo es una combinación de enojo, miedo y amor... y en ocasiones alegría.

Luego nos enseñó que cada emoción podía usarse en dos formas básicas, para bien o para mal. Por ejemplo, yo puedo sentir alegría y usar la alegría para salir a emborracharme hasta caer, lo cual sería usar la emoción de la alegría para un mal propósito. También puedo usar la emoción de la alegría y enviar notas de agradecimiento a todas las personas que me han ayudado en la vida.

Hoy, sigue sin gustarme mi maestro de inglés, no obstante, estoy agradecido de que me haya reprobado. De no haber sido por ese cinco, probablemente yo no habría estudiado más para llegar a la universidad y no me habría convertido en un autor de libros exitosos en ventas a nivel internacional.

En otras palabras, ese cinco a los quince años, combinado con mi primer fracaso de negocios a la edad de nueve, me ha convertido en millonario una y otra y otra vez. Lo mejor de todo es que no sólo aprendí muchas lecciones sobre la vida y sobre mí mismo; aprendí a convertir mi enojo en alegría, y también que ser cada vez más tonto puede hacerme cada vez más rico y feliz.

Ése es uno de los pasos para convertir la mala suerte en buena suerte. Como dijo mi padre rico: "Si puedes convertir la mala suerte en buena suerte, tendrás el doble de suerte y serás el doble de afortunado en el amor, la vida, la salud y el dinero."

Antes de renunciar a tu empleo

Antes de renunciar a tu trabajo, es probable que quieras practicar cómo convertir la mala suerte en buena suerte o cómo convertir en alegría cualquier enojo que puedas tener. Es importante poseer esas habilidades antes de embarcarte en el viaje del mundo de un empleado, donde se evitan los errores, hacia el mundo de un empresario, un mundo donde se cometen errores.

Más adelante explicaremos cómo y cuándo decidí hacer del "cometer errores" mi especialidad. Una razón por la que progresé al fracasar fue simplemente porque estaba fracasando en la escuela. Académicamente, nunca había sido brillante. Aunque hoy en día leo mucho, sigo siendo un lector lento, muevo los labios al hacerlo y, cuando cuento, sigo necesitando los dedos de las manos y de los pies para contar mi dinero. Aunque me gradué en una escuela excelente, a lo largo de mis años en la escuela, siempre fui un estudiante de siete, seis y cinco, y siempre me graduaba entre los más bajos del salón.

Sharon Lechter, quien fundó The Rich Dad Company, con mi esposa y conmigo, es estudiante de dieces, contadora pública y empresaria, y ella complementará las lecciones de este libro con el enfoque inteligente al tema de ser empresario. En otras palabras, ella no siguió el enfoque de cada vez más tonto para ser empresaria, como lo hice yo. Los negocios que ella fundó son más exitosos que los míos. Sin embargo, Sharon tuvo que aprender sus propias lecciones en el camino.

No obstante, si estás pensando en ser empresario o si ya has iniciado tu propio negocio, creo que encontrarás entretenidas y hasta un poco educativas estas lecciones de la vida real.

LA VISIÓN DE SHARON

Lección #2: Aprende cómo convertir la mala suerte en buena suerte

Padre rico decía: "No hay errores, ¡sólo oportunidades de aprendizaje!"

El trabajo del empresario consiste en cometer errores.

El trabajo del empleado consiste en no cometer errores.

Bien puedo decirlo un poco diferente: Un empresario no puede ser disuadido por el miedo a cometer un error. No permitirá que su miedo a cometer un error se interponga.

A nadie le gusta cometer errores. Desde mi perspectiva, no es la meta de un empresario cometer un "error". Sin embargo, la experimentación y las elecciones equivocadas son parte natural de ser empresario. Los empresarios exitosos no tienen miedo a correr el riesgo de estar equivocados y, si cometen un error, aprenden de él y a veces lo ponen a trabajar en su favor y lo aprovechan.

¿HACER UNA ELECCIÓN EQUIVOCADA ES UN ERROR?

Que algo sea un "error" es cuestión de perspectiva. La perspectiva de un empresario es diferente a la de un trabajador / empleado. Probar cosas nuevas, en especial las que otras personas consideran poco probable que funcionen, es parte de la esencia de ser empresario. Como el empresario tiende a seguir caminos nuevos, hay una probabilidad mucho más alta de dar pasos equivocados. La mayoría de los empresarios lo reconocen y aceptan. Experimentación significa probar algo para ver si funciona. Obviamente, no todos los experimentos funcionarán. Si fuera algo seguro, no sería un experimento. A veces las cosas salen mal. A veces haces una elección equivocada. Cuando alguien prueba un experimento que sale mal, ¿es un error haber probado el experimento? Los empresarios generalmente no lo ven como un error, en lo absoluto, sino como mera experimentación, un riesgo calculado. Recuerda la historia de Robert sobre Thomas Edison.

LIDIAR CON LOS ERRORES

Cuando los empresarios cometen un error, comúnmente no se apegan obsesivamente a sus consecuencias. Por lo general no están particularmente preocupados porque cometer dicho error los haga ver mal. El verdadero empresario se enfoca más en aprender del error. ¿Cómo resuelves cualquier problema que resulte del error? ¿Cómo evitas cometerlo en el futuro? ¿Cómo minimizas las consecuencias adversas del error si se repite en el futuro? ¿Hay una forma de aprovechar el error y convertirlo en una ventaja?

¿Cómo aprovechas el error? Me gusta pensar en términos de convertir los problemas en oportunidades. Identificas un problema y encuentras una solución, pero cómo evitar o minimizar las consecuencias de ese error. La solución bien puede ser un activo valioso (a menudo llamado propiedad intelectual) en torno al cual un negocio puede construirse o puede usarse como herramienta para hacer crecer tus negocios existentes. Por supuesto, querrás emplear protecciones legales de modo que tengas derechos exclusivos a esa solución en la mayor medida posible.

Por ejemplo, hagamos un viaje de regreso en el tiempo y supongamos que estuviste en el proceso de desarrollar uno de los primeros radios de transistores. Descubriste de una manera complicada que si cometías un error en la forma de conectar la batería al circuito (revertir la polaridad), los transistores tenían la tendencia a quemarse. En ese punto en el tiempo, los transistores eran muy caros y esto representaba un error costoso. Pero aprendiste del error. Lo identificaste y diste con una solución: un enchufe con una llave que impide que se inserte mal. Supón que eres capaz de obtener una patente de protección por tu solución al problema. ¿Crees que podrías construir un negocio en torno a la solución de ese error?

LA ANATOMÍA DE UN ERROR

En realidad hay dos aspectos principales respecto al miedo a cometer un error: miedo a las consecuencias de un error y miedo a quedar mal (percepción). No estamos diciendo que está mal considerar las consecuencias de una acción. Incluso los empresarios por lo general valoran las consecuencias potenciales de una acción. Ser empresario no significa actuar de manera irresponsable. (No significa que probarías el sistema de frenos de un nuevo vehículo por primera vez corriendo el auto a toda velocidad, a 300 metros de un animal y pisando el freno a la fuerza.) La diferencia entre un empresario y un trabajador/empleado, es que el empresario no está paralizado por consecuencias remotamente posibles, sino que encuentra una forma de minimizar las consecuencias adversas posibles.

El otro aspecto del miedo a cometer un error, el miedo a verse estúpido, es, bueno, estúpido. No es de sorprender que alguien tenga miedo a cometer un error porque pueda verse estúpido. Como hemos discutido en nuestros libros, nuestras escuelas públicas tienden a condicionarnos para tener miedo a parecer estúpidos. Como estudiante de puros dieces, ése era un gran problema para mí. Quería estar en lo correcto y no quería que nunca pareciera que no sabía algo. Incluso sentía que hacer una pregunta sería admitir que no sabía. Me tomó casi veinte años romper con esta barricada mental y darme cuenta de que hacer preguntas es la forma de aprender. Debo admitir que todavía me descubro "queriendo estar en lo correcto". También reconozco ese mismo impedimento mental en muchas personas muy preparadas y me hace sentir triste por ellas. Ser capaz de "verse estúpido" en ocasiones y hacer preguntas libremente abre un mundo completamente nuevo para los mejores estudiantes. Ahora me llamo "estudiante de diez en recuperación" e invito a todos los demás estudiantes de diez a acompañarme.

Dicho esto, hay situaciones donde un empresario debe preocuparse por la credibilidad. Su reputación en su profesión o comunidad de negocios puede verse dañada por demasiados errores. Pero cuando las personas tienen mucho miedo a cometer un error, a menudo simplemente no están dispuestas a correr ningún riesgo y jamás en la vida consideran convertirse en empresarios. Y si inician el proceso, concentran tanto su enfoque en evitar los riesgos que caen víctimas de la "parálisis de análisis", como lo describió Robert. Están tan concentrados en tratar de reunir información e identificar y eliminar todos los riesgos, que nunca se sienten cómodos avanzando con el negocio. La "parálisis de análisis" los detiene en su pista.

No estamos sugiriendo que avance sin tomar en consideración las consecuencias. Necesita actuar de manera responsable y hacer su tarea. Colocar los cimientos de su negocio para evitar que se colapse en el futuro. Necesita planear. Como decía padre rico: "Un negocio exitoso es creado antes de que haya negocio. Pero también debes reconocer el punto donde las ganancias disminuyen. Hay un amplio espectro entre avanzar a ciegas y caer víctima de la "parálisis de análisis". En realidad, nunca serás capaz de eliminar todos los riesgos.

En algún punto, tendrás suficiente información para avanzar y la planeación adicional simplemente es un desperdicio de tiempo. Una vez que hayas identificado la oportunidad y los mayores riesgos, cuando hayas colocado los cimientos y desarrollado un plan de negocios para minimizar los riesgos, avanza e impulsa el plan.

La parálisis de análisis no es el único obstáculo para dar el primer paso al mundo empresarial. También está el factor "inercia". Es fácil no hacer nada, así es que eso es exactamente lo que mucha gente hace... nada. Esto es especialmente cierto si estás cómodo con tu forma de ser. Por lo general hay una especie de molestia que inicia en el viaje hacia el mundo empresarial, algo que hace que deseemos cambiar el statu quo.

El proceso de transición

Veamos las etapas por las que puede pasar al cambiar de empleado a empresario.

Etapa 1: Te vuelves tan infeliz como un empleado

Ahora bien, no estamos diciendo que haya algo malo en ser empleado. Para que este mundo opere, necesitamos personas que estén felices siendo empleadas. El problema con ser empleado es cuando ya no quieres serlo. La tristeza del domingo por la noche se apodera de ti y temes ir a trabajar el lunes por la mañana. Puede que digas o pienses lo siguiente:

1. No quiero ir a trabajar. Además, la descripción de mis obligaciones laborales comienza con las palabras "callejón sin salida".

2. Me gusta mi trabajo, pero no estoy avanzando. Cuando miro hacia arriba en la escalera corporativa, lo único que veo es el trasero de mi supervisor sobre mí.

3. No me están pagando lo que merezco. Sin importar si trabajo duro o si me quedo dormido en el trabajo, no me pagan ni más ni menos. Muchos de mis colegas no trabajan tanto como yo y, no obstante, ganan lo mismo. Para mí,

eso no es justo. Si yo trabajo más duro, quiero ganar más dinero.

4. Antes me gustaba lo que hacía pero ahora estoy aburrido. Quiero un trabajo más desafiante pero mi jefe dice que no estoy calificado. Dice que necesito regresar a la escuela antes de recibir un ascenso.

5. No quiero ir de un trabajo a otro. Además, es tiempo de trabajar para mí mismo y construir mi propio negocio.

6. Tengo demasiada antigüedad como para renunciar. Tendré que empezar desde abajo en una compañía distinta y mi sueldo se verá reducido.

7. La compañía para la que trabajo no va a ningún lado.

8. Yo hago todo el trabajo y mi jefe obtiene el crédito.

9. ¿Por qué estoy trabajando para este tipo, dirigiendo su compañía, enriqueciéndolo? Nunca está aquí. Lo único que hace es jugar golf. Yo debería dirigir mi propio negocio y hacerme rico.

10. ¿Por qué estoy trabajando tan duro para hacer ricos a mis clientes cuando lo único que recibo como pago es una tarifa por horas?

11. Quiero hacer lo mío. Quiero ser mi propio jefe.

12. Ya todo está dicho. Ascendieron a alguien más joven que yo.

13. No puedo darme el lujo de dejar mi trabajo o retirarme. No tengo suficiente dinero en ahorros y mi plan de retiro fue aniquilado en la caída de la bolsa.

Si tienes pensamientos como éstos, puede que sea tiempo de convertirte en empresario. Puede que quieras empezar un negocio de medio tiempo mientras sigues siendo empleado. Pero la palabra importante aquí es "empezar".

Etapa 2: Supera el miedo a empezar

Con el paso de los años, he conocido a muchas personas que querían dejar su trabajo pero estaban aterrorizadas de fracasar. En vez de dejar su trabajo y empezar su propio negocio, siguieron trabajando día tras día, usando excusas como:

1. Lo haré mañana.
2. Lo haré cuando aparezca la oportunidad perfecta.
3. Lo haré cuando tenga dinero.
4. Lo haré cuando sea el momento adecuado.
5. Lo haré cuando tenga más tiempo.
6. Lo haré cuando encuentre el socio adecuado.
7. Lo haré cuando los niños ya no estén en la escuela.
8. Lo haría pero mi esposa quiere que conserve mi empleo.
9. Esperaré a ver si obtengo el próximo ascenso. Si no, entonces empezaré mi propio negocio.
10. Primero regresaré a la escuela y tomaré algunas clases.
11. ¿Qué pasa si fracaso?
12. ¡Estaré demasiado avergonzado si fracaso!
13. No soy lo suficientemente listo!
14. ¿Qué dirán mis amigos?

Etapa 3: ¡Sólo empieza!

Has tomado la decisión de superar el miedo e iniciar tu negocio. Tienes el plan de negocios, el producto o servicio y estás listo para empezar. Comprométete a revisar los pasos que padre rico compartió con Robert lo más rápido posible.

1. Iniciar el negocio.
2. Fracasar y aprender.
3. Encontrar un mentor.
4. Fracasar y aprender.

5. Tomar algunas clases.
6. Seguir fracasando y aprendiendo.
7. Hacer un alto al tener éxito.
8. Celebrar.
9. Contar el dinero, las ganancias y las pérdidas.
10. Repetir el proceso.

Has escuchado el dicho que reza: "Empezar es la mitad de la batalla." Usa tu miedo como un incentivo para el éxito.

¿POR QUÉ NO?

Cuando dejé la contaduría pública, muchos de mis amigos y familiares estuvieron impactados y me preguntaron: "¿Por qué? ¿Por qué razón te arriesgarías a dejar la vía rápida para convertirte en socia en una importante firma de contabilidad a nivel internacional, para hacer algo tan arriesgado como empezar un nuevo negocio?" Realmente pasé mucho tiempo reflexionando. En esa época tenía veinticinco años (y pensaba que lo sabía todo). La contadora conservadora que había en mí decía: "¿Por qué?" Sin embargo, fue la empresaria que había en mí quien dijo: "No te preguntes ¿Por qué? Pregúntate ¿Por qué no?"

Nunca he lamentado la decisión que tomé a los veinticinco años, porque escuché a la empresaria que había en mí: "¿Por qué no?"

Siempre quedaba la posibilidad de conseguir otro trabajo en una firma de contabilidad, pero probablemente no siempre tendría la misma oportunidad de ser dueña de acciones ordinarias en una compañía. Resultó que la compañía en la que me asocié como dueña fue una enorme oportunidad de aprendizaje y realmente aprendí mucho. Un año después yo la había dejado, pero nunca lamenté mi decisión de escuchar a la empresaria de mi cabeza. Mi gran bono fue que conocí a mi marido, Michael, a través de esa compañía.

Cuando hoy veo nuevas oportunidades, me sigo preguntando: "¿Por qué no?" en vez de "¿Por qué?"

Así que te desafío a preguntarte: "¿Por qué no? ¿Por qué no empezar hoy mismo?"

Conoce la diferencia entre tu empleo y tu trabajo

CAPÍTULO 3

¿Por qué trabajar gratis?

Diferencias entre empleo y trabajo

"¿Conocen la diferencia entre su empleo y su trabajo?", preguntó mi padre rico un día.

Desconcertado, pregunté: "¿Qué no son lo mismo? ¿Empleo no es lo mismo que trabajo?"

Mi padre rico negó con la cabeza y dijo: "Si quieren tener éxito en la vida, necesitan conocer la diferencia."

"¿Cuál es la importancia?", preguntó Mike mientras nos encogíamos de hombros y esperábamos la lección que estaba por llegar, ya sea que la quisiéramos o no.

"¿Qué es lo que siempre te dice tu padre respecto a conseguir un empleo?", preguntó mi padre rico.

Pensando un momento, contesté: "Dice: ve a la escuela y trabajo duro para que puedas conseguir un buen empleo."

"Acaso dice: ¿Haz tu tarea para que puedas conseguir un buen empleo?"

"Sí", contesté. "Sí dice cosas así."

"Entonces, ¿cuál es la diferencia entre su empleo y tu trabajo?", preguntó de nuevo mi padre rico.

"No sé", contesté. "A mí todo me suena como trabajo."

"Oh, entiendo lo que estás diciendo", dijo Mike. "Un empleo es algo por lo que me pagan. No me pagan por trabajo como mi tarea. El trabajo es lo que hago para prepararme para mi empleo."

Mi padre rico asintió con la cabeza. "Así es. Ésa es la diferencia entre su trabajo y su empleo. Les pagan por un empleo pero no les pagan por hacer su trabajo." Viéndome, preguntó: "¿Te pagan por hacer labores en el jardín en tu casa o a tu madre le pagan por hacer el quehacer?"

"No", contesté. "No en mi familia. Ni siquiera recibo una mesada."

"¿Te pagan por hacer tu tarea?", preguntó mi padre rico. "¿Tu padre te da dinero por leer libros?"

"No", contesté con un poco de sarcasmo. "¿Estás diciendo que mi tarea es lo que me prepara para mi empleo?"

"Eso es lo que estoy diciendo." Mi padre rico sonrió. "En lo que respecta al dinero, cuanta más tarea hagas, más dinero ganas en tu empleo. La gente que no hace su tarea gana menos dinero, sin importar si son empleados o empresarios."

Pensando durante un rato, finalmente dije: "Entonces, ¿es cierto que si no hago la tarea de la escuela no voy a conseguir un empleo bien remunerado?"

"Sí, diría que es cierto", dijo mi padre rico. "Al menos, si no haces tu tarea no te convertirás en médico, contador o abogado. Si eres empleado, es difícil recibir un ascenso y ganar más dinero si no tienes una habilidad específica o un título universitario."

"¿Y si queremos ser empresarios, necesitamos hacer un tipo de tarea diferente?", pregunté.

Mi padre rico asintió con la cabeza y dijo: "Y muchos empresarios dejan su empleo sin haber hecho la tarea. Por esa razón yo no les estoy pagando a ustedes. Trabajar para mí gratis es hacer su tarea. Muchos empleados no entienden lo que es trabajar gratis. Esperan recibir un pago por cualquier cosa que hacen. Por eso fracasan. Siguen pensando como empleados. Quieren el sueldo."

Muchos trabajos pero nada de empleos

"En muchas zonas pobres de la ciudad, hay mucho trabajo que hacer... pero hay muy pocos empleos", continuó mi padre rico.

Pensando por un momento, finalmente repetí lo que él dijo: "¿Hay mucho trabajo pero no hay empleos?" Para mí era desconcertante y necesitaba pensar más sobre lo que mi padre rico había dicho.

"¿Por qué es así?", preguntó su hijo Mike.

"Bueno, una razón es que en las escuelas nos entrenan a buscar empleos. Si no hay empleos, las personas están desempleadas, aunque haya mucho trabajo que hacer. Cuando una fábrica cierra o se muda, por lo general deja tras de sí un montón de desempleados."

Mi padre rico continuó: "Los empleados no ven empleos así que no hacen nada. Por otro lado, un empresario ve un montón de oportunidades. El empresario sabe que los empleos saldrán si se hace el trabajo."

"Así que necesitan volver a ser entrenados. Necesitan hacer su tarea", agregué. "Ése es el trabajo que se necesita hacer."

"Ésa es parte del trabajo", dijo mi padre rico. "Miren... el punto que trato de dejar claro es que demasiadas personas confunden trabajo y empleo. Demasiadas personas esperan conseguir gratis el empleo para el que están entrenados. Incluso si una personas tiene empleo, demasiados empleados esperan que sus patrones les proporcionen entrenamiento y les paguen al mismo tiempo."

"¿Quieren que la compañía pague por su educación?", dijo Mike. "Es más que un trato financiero, es una actitud pobre hacia el valor de la educación, el entrenamiento y el prepararse uno mismo para tener una habilidad por la que la gente pague."

Mi padre rico estuvo de acuerdo. "He visto empleados que asisten a entrenamientos mirando el reloj a cada rato. Al final de la sesión, brincan y dejan el salón incluso si el instructor no ha terminado la lección. También he visto empleados que están afuera, fumando y chismeando o bebiendo en el bar y viendo los deportes en la televisión o coqueteando con colegas, en vez de asistir a la clase que el patrón les está pagando. Por eso tantas personas no hacen progresos financieros en la vida. Demasiadas personas no van a aprender nada aunque sea gratis o se les pague por aprenderlo. Y esto se aplica tanto a empleados como a empresarios."

Como yo provenía de una familia de educadores gubernamentales que creían en la educación gratuita, pregunté: "¿Explicarías un poco más la relación entre trabajo y empleo?"

Los médicos trabajaron gratis

"Claro", dijo mi padre rico. "Los médicos gastaron mucho dinero y mucho tiempo aprendiendo a ser médicos antes de que se les pagara como médicos. Ésa es una razón por la cual ganan mucho más que la mayoría de las personas."

"Los médicos hicieron su tarea antes de que les pagaran", agregó Mike. "Claro que sí", dijo mi padre rico.

Los atletas profesionales trabajaron gratis

"Pero también vean el caso de grandes atletas que ganan mucho dinero. No conozco a un solo gran atleta a quien le hayan pagado por practicar su deporte. La mayoría de los atletas profesionales empezaron jóvenes, practicaron más tiempo y más duro que el atleta promedio. La mayoría de los profesionales practicaron durante años, muchos pagaron por lecciones e invirtieron muchas horas antes de que les pagaran. Tuvieron que hacer su tarea antes de conseguir empleo como profesionales."

"Por eso tú no nos pagas", dije suavemente. "Trabajamos gratis para ti".

Mi padre rico sonrió. "Hasta los Beatles trabajaron gratis antes de hacerse mundialmente famosos y ricos. Como el médico o el profesionista, pagaron su cuota. Hicieron su tarea. No pidieron un contrato garantizado, un sueldo y prestaciones médicas antes de empezar a practicar."

"He comprado muchos de sus discos", dijo Mike. "He ayudado a hacerlos ricos."

"Ellos mismos se hicieron ricos", dijo mi padre rico con una sonrisa. "Hacer tu tarea se aplica a más que sólo dinero. También se aplica a tu salud. Muchas personas no son saludables porque no entrenan."

"No hacen ejercicio", dije. "De modo que tienen una salud pobre."

"¿Notan la palabra pobre?", preguntó mi padre rico. "Pobres a nivel financiero y pobres a nivel salud. La gente floja y que carece de disciplina a menudo es la gente con la peor salud y las peores finanzas."

"Así que necesitamos hacer nuestra tarea si queremos convertirnos en empresarios", resumí.

"Por eso ustedes, chicos, han trabajado gratis para mí todos estos años. Han hecho su tarea para convertirse en empresarios. Si yo los estuviera entrenando para ser empleados, les estaría pagando por hora."

"Así es que por eso mi padre, un maestro de escuela gubernamental, se enojó tanto cuando me hiciste trabajar gratis para ti", agregué.

Mi padre rico sonrió y asintiendo de nuevo, dijo: "Tu padre piensa como empleado. Por eso piensa que debería pagarte. No entiende lo que significa trabajar gratis. No entiende que estás recibiendo una educación invaluable. Simplemente no es el tipo de educación que él valora. El tipo de educación de un empleado necesita ser diferente del tipo de educación que requiere un empresario."

"Por eso piensa que nos estás engañando", agregué.

"Lo sé", sonrió mi padre rico. "Miren, en unos años, ustedes serán mucho más ricos debido a lo que les estoy enseñando. Lo que están aprendiendo es mucho más valioso que un pequeño cheque."

Antes de renunciar a tu empleo

Antes de renunciar a tu empleo, necesitarás descubrir cuántos empleos diferentes conforman un negocio.

Mi padre rico decía: "Que una persona sea un empleado altamente exitoso (digamos en ventas) no significa que será exitoso en los negocios." La razón de esto según explicó es que vender es sólo uno de muchos empleos requeridos en un negocio. Su otro punto era que un negocio en dificultades es un negocio donde un empleo o varios empleos no están siendo realizados en absoluto o no se hacen correctamente. Decía: "Un empresario puede estar trabajando duro pero sólo trabaja duro en un empleo a la vez. Por eso muchos dueños de negocios autoempleados luchan o terminan por quebrar por exceso de trabajo. Puede que estén trabajando duro pero tal vez no estén cubriendo todos los empleos que requiere el negocio."

Los empleos básicos de un negocio básico

En el tercer libro de la serie de Padre Rico, *Guía para invertir* (Aguilar), se presenta el Triángulo D-I. La D y la I se refieren a los cuadrantes de Dueño de negocios e Inversionista del Cuadrante del flujo de dinero.

Mi padre rico me dijo: "Si vas a ser empresario o inversionista, entender bien el Triángulo D-I es esencial para tu éxito." De adolescente, realmente no creía o apreciaba el respeto que mi padre rico sentía por la importancia del triángulo. Hoy es muy valorado por mí.

Un excelente producto nuevo

Muchas personas dirán: "Tengo una idea para un excelente producto nuevo." Como puedes ver, a partir del Triángulo D-I, el producto es sólo la punta del iceberg.

Los empleos

Puedes pensar en los diferentes aspectos de un negocio como descripciones de obligaciones laborales. Para tener éxito, el empleo necesita a alguien con las habilidades para cumplir cada una de sus funciones. Empezando con el nivel *producto*, verás la lista de empleos requeridos para llevar el producto al mercado. En términos simples, los niveles producto, sistemas legales, comunicaciones y flujo de efectivo, son todos técnicamente empleos requeridos para que un negocio funcione de manera exitosa. Si uno o más de esos empleos no se están cumpliendo, o se están cumpliendo pobremente, el negocio tendrá dificultades y a menudo fracasará.

Cuando el negocio de helados de mi padre pobre comenzó a fracasar, no fue porque él no no estuviera vendiendo un buen producto; de hecho, eran helados excelentes. En mi opinión, la razón por la que el negocio fracasó fue que mi padre no era un buen vendedor o mercadólogo. Era un excelente comunicador como orador, no obstante, fracasó en cumplir con la obligación laboral conocida como comunicaciones.

Llevando un poco más allá la lección del helado de mi padre pobre, mi padre no se daba cuenta de que las ventas y la mercadotecnia incluyen más que simplemente hacer anuncios o ser capaz de vender una bola de helado más a un cliente. Sus problemas comenzaron cuando pensó que la marca de helado era lo único que necesitaba para tener éxito. Cuando rentó un local económico en un centro comercial remoto. Su heladería estaba ubicada en un oscuro rincón de un centro comercial de nivel medio. Eso significaba que frente a su tienda no pasaban peatones ni autos. Nadie sabía dónde estaba su heladería. Pensó que la marca de helado era lo suficientemente fuerte como para atraer a los clientes. Como se afirmó en el capítulo uno, su negocio comenzó a fracasar antes de que hubiera negocio.

Casi lo logró

En retrospectiva, hizo bien respecto a elegir un buen producto. El trabajo legal para la franquicia también se hizo correctamente. El sistema para hacer el helado era excelente. El franquiciante se aseguró de que hubiera un buen paquete de contabilidad como parte del negocio, de modo que la obligación laboral del flujo de efectivo estaba cubierta. Simplemente no había suficiente efectivo que contar. Así que mi padre hizo un buen trabajo cubriendo cuatro de cinco empleos. Casi lo logró.

Donde mi padre pobre hizo un trabajo deficiente fue en el nivel de comunicaciones del Triángulo D-I. No entendió las complejidades de las ventas y la mercadotecnia. Cuando no hubo ventas, el negocio entero comenzó a fracasar. En vez de reducir sus pérdidas y rentar un mejor local de inmediato, mi padre hizo lo que mucha gente hace cuando bajan las ventas y el dinero es poco: redujo el personal. Redujo los anuncios. Hizo las cosas con menos dinero en vez de invertir más.

Cuando gastó dinero, lo hacía en honorarios legales, culpando al franquiciante por su problema. Pocas cosas son un mayor desperdicio de dinero que una demanda. No obstante, es lo que sucede cuando las personas culpan en lugar de aprender. En vez de analizar sus acciones y tomar responsabilidad personal por el error, mi padre insistía en que estaba en lo correcto. Al final se fue a la bancarrota. Hay un poema que describe a la gente que está dispuesta a morir estando en lo correcto. Dice lo siguiente:

> *Aquí yace Juan Lazo.*
> *Murió defendiendo su derecho de paso.*
> *Tiene la razón... su caso es fuerte*
> *Pero está muerto*
> *Como si no hubiera estado en lo correcto*

Cada vez que veo gente tomándose su tiempo en un cruce, esperando que todos los autos se detengan mientras cruzan una calle transitada, pienso en este poema. Cuando conozco personas que necesitan estar en lo correcto, que habitualmente culpan a otras cuando las cosas salen mal, que preferirían discutir a escuchar, que conocen todas las respuestas, y personas que piensan que son el centro del universo, pienso en este poema. También lo repito para mis adentros cada vez que me convierto en Juan Lazo.

El triángulo del éxito financiero

El triángulo D-I se aplica a más que simplemente el lado D e I del Cuadrante del Flujo de Dinero. Al ver el cuadrante que está a continuación, puedes darte cuenta de que hay un triángulo en cada uno de los cuadrantes:

Por ejemplo, si un empleado es recepcionista en un negocio, su producto se define como teléfono bien contestado. Ése es el producto de su empleo. En mi opinión, el recepcionista de una compañía tiene uno de los empleos más importantes de esta empresa. Si el recepcionista hace bien su trabajo, la compañía camina con mayor tranquilidad. Si el recepcionista entrega un mal producto, por ejemplo, al ser grosero en el teléfono, entonces su valor para la compañía disminuye. El recepcionista debería ser asesorado, reentrenado o despedido. Estoy seguro de que todos nos hemos topado alguna vez con un recepcionista grosero.

El recepcionista también tiene derechos legales. Si la compañía viola esos derechos, el recepcionista puede entrar en acción. El recepcionista es una parte esencial del sistema de negocios completo. En casa el recepcionista debe ser el líder de un sistema conocido como hogar y familia. Si la vida en el hogar es feliz, entonces las probabilidades indican que el recepcionista hará un mejor trabajo en su empleo. Si los sistemas en el hogar se están colapsando, por ejemplo, si no hay calefacción, ni agua, si hay goteras o problemas con miembros de la familia, los sistemas defectuosos en el hogar pueden afectar los sistemas en el trabajo.

Como el recepcionista es un lazo integral en el sistema de comunicación de un negocio, si tiene habilidades de comunicación pobres, una vez más el sistema de negocios completo se ve afectado. Volver a entrenar o quitar de su puesto a esa persona es esencial. Si el recepcionista tiene comunicaciones amorosas en el hogar, esto se refleja en la vida del recepcionista. Si las comunicaciones en casa son abusivas, eso puede afectar en gran medida el desempeño en su empleo.

Manejar flujo de efectivo en el hogar es muy importante. Si el recepcionista gasta demasiado dinero, esto no sólo afecta la vida en el hogar, también afecta su actitud frente al trabajo. La razón número uno de discusiones en un matrimonio es el dinero. Tristemente, muchos divorcios son ocasionados por problemas en el flujo de efectivo de la familia.

La tarea de un empresario

Antes de renunciar a su empleo, el empresario debe hacer su tarea. Eso significa asegurarse de que estén cubiertos los cinco empleos del Cuadrante del Flujo de Dinero.

1. Producto
2. Legal
3. Sistemas
4. Comunicaciones
5. Flujo de efectivo

Si el empresario es débil en cuanto a cubrir uno de los cinco empleos, el negocio puede fracasar o tener dificultades financieras o puede no crecer. Por eso la lección del capítulo 1 es: Un negocio exitoso se crea antes que haya negocio.

Una simple lista de cosas por hacer

Un negocio es mucho más complejo que esta lista demasiado simplificada de cinco empleos. No obstante, esta sencilla lista ha funcionado bien con el paso de los años. A menudo uso esos cinco empleos como lista de cosas por hacer. Cada vez que un negocio comienza a tener problemas, esta lista de cinco empleos puede ayudar a analizar e identificar dónde pueden estar los problemas.

Tengo una idea para un nuevo producto

Cada vez que alguien dice: "Tengo una idea para un nuevo producto", esta sencilla lista puede usarse para traer un poco de realidad respecto a lo que podría necesitarse para llevar el producto al mercado. En la mayoría de los casos, las personas que quieren convertirse en empresarias renuncian a su idea porque no están dispuestas a hacer su tarea. Pronto se dan cuenta del por qué un nuevo producto es sólo la punta del iceberg, o, en este caso, la punta del Triángulo D-I.

Por qué desisten

Una razón por la que tantas personas que quieren convertirse en empresarias desisten, es porque empiezan a darse cuenta de que sólo están entrenadas para cumplir con uno de los cinco empleos. Por ejemplo, un artista creativo probablemente sólo esté entrenado a nivel formal en el diseño de productos. Un abogado probablemente sólo esté entrenado a nivel formal en cuanto a las cuestiones legales de un negocio. Un ingeniero probablemente sólo lo esté en cuanto a productos o sistemas, pero no en otros niveles. Una persona con un título en ventas y mercadotecnia probablemente sólo esté entrenada para el nivel de comunicaciones. Y un contador probablemente sólo esté preparado para el nivel de flujo de efectivo.

Cuando los que quieren ser empresarios analizan los cinco niveles de empleo, a menudo descubren que tienen más tarea por hacer antes de que su maravilloso producto nuevo los haga ricos.

Autoempleado profesional

Profesionistas altamente preparados a menudo tienen una tasa más alta de éxito porque su educación frecuentemente los prepara para más de un nivel. Por ejemplo, considere el negocio de un abogado en términos del Triángulo D-I:

1. *Producto*: el abogado es el producto. Contratas abogados para realizar servicios para los que han sido entrenados a desempeñar.
2. *Legal*: los abogados tienen licencia (la cual los protege de competidores sin licencia). Por lo general, hay acuerdos que definen los derechos y obligaciones de los miembros de la

firma de abogados y sus relativas compensaciones. Además, la mayoría de los abogados establecen acuerdos de compromiso (cartas) para definir su relación con los clientes.

3. *Sistemas*: los abogados son entrenados para establecer sistemas de negocios para realizar servicios, facturar y reunir pagos por ellos. En la profesión legal, se prueban y emplean sistemas para apalancar la experiencia de abogados más experimentados. Por ejemplo, para proporcionar investigación legal eficiente y efectiva en cuanto a costos, abogados menos experimentados y que cobran honorarios más modestos hacen la investigación inicial para encontrar la ley aplicable a un problema, la cual luego se proporciona a un abogado más experimentado con el fin de que la analice. A menudo se emplea paquetería de software disponible comercialmente para implementar sistemas de facturación y cobranza.

4. *Comunicaciones*: los abogados entienden que para tener éxito deben mantener una buena reputación y una provechosa relación con sus clientes. La mayoría de las firmas legales venden a través de recomendaciones, aunque algunas están actualmente recurriendo a la publicidad. La mayoría de las personas entienden lo que hace un abogado, lo cual significa que necesitan comunicar o explicar menos.

5. *Flujo de efectivo*: la gente espera pagar por los servicios de un abogado. Sin embargo, esto no significa que un abogado pueda ignorar temas de flujo de efectivo. Con frecuencia los servicios se facturan hasta el final del mes en el que se realizan y los clientes suelen pagar con retraso los honorarios de los abogados. No es poco común que pasen 90 ó 120 días desde el momento en que se envía una factura por un servicio antes de que se reciba el pago. Mientras tanto, el abogado tiene que cumplir con su nómina y pagar cuentas.

Lo anterior es una simplificación excesiva. No obstante, explica por qué personas como los abogados, contadores, médicos, dentistas, plomeros, electricistas, conductores de camiones, taxistas y niñeras pueden tener menos dificultades al iniciar un negocio. Hay un mercado necesitado de sus servicios y dispuesto a pagar por ellos.

Para profesionistas como maestros de escuela y trabajadores sociales, el camino para convertirse en empresarios autoemplados altamente remunerados puede ser un poco más duro. Es una triste realidad que alguien estará más dispuesto a contratar y a pagar por los servicios de un abogado autoempleado que por los de un maestro de escuela autoempleado.

Una razón por la que personas altamente educadas como mi padre pobre, maestro de escuela, sufren como empresarios es porque su educación profesional no los preparara para los múltiples niveles del Triángulo D-I. Muchos como bomberos, enfermeras, bibliotecarios o secretarias son entrenados para llevar a cabo servicios esenciales pero no servicios requeridos por los cinco niveles de empleo de un negocio. Antes de renunciar a tu empleo, te recomiendo hacer tu tarea.

No tienes que ser el primero en ganar

Muchas personas piensan que Thomas Edison fue la primera persona en inventar la bombilla eléctrica y que haber sido el primero lo ayudó a fundar General Electric. Los hechos indican que él no fue el primero. Los registros muestran que en realidad él fue el número treinta y uno en la lista de personas que inventaron bombillas eléctricas que funcionaban. Entonces, ¿por qué la historia lo reconoce como el inventor y por qué su compañía se convirtió en la más grande del mundo? La respuesta se encuentra una vez más en el Triángulo D-I, en su vida y en los cinco niveles de empleo de un negocio.

1. Edison nació en 1847.
2. De los doce a los quince años trabajó en el ferrocarril vendiendo bocadillos e imprimiendo su propio periódico.
3. De los quince a los veintidós años, trabajó para la compañía de telégrafos.
4. En 1869, a los veintidós años, recibió su primera patente.
5. En 1876 construyó su propio laboratorio en Nueva Jersey.
6. En 1878 inventó el fonógrafo de aluminio.
7. En 1879 inventó la luz eléctrica.
8. En 1882 instaló un sistema eléctrico completo en la ciudad de Nueva York.

Reunir dinero: comunicaciones

Probablemente notaste que en lugar de asistir a la escuela, desde los doce años hasta los quince, Edison trabajó en ventas. Solía subir y bajar del tren vendiendo dulces y un periódico que él imprimía. Estaba trabajando en el nivel de comunicaciones.

Cuando dejé la Marina, en 1974, mi padre rico dijo: "Debes conseguir un empleo en ventas. Ser capaz de vender es una herramienta básica de todos los empresarios." En 1974, entré a trabajar en la Corporación Xerox y sufrí durante dos años porque era tímido y odiaba el rechazo. Pero entre 1977 y 1978, habitualmente estaba entre los cinco primeros vendedores.

Hoy, conozco a muchas personas que quieren ser empresarias que tienen una excelente idea para un nuevo producto o negocio. El problema para la mayoría es que no pueden vender, lo que significa que no pueden reunir dinero. La incapacidad para reunir dinero puede ser la principal razón por la que la mayoría de los que quieren ser empresarios se rinden y regresan a sus empleos.

Si no puedes vender no puedes ser empresario: flujo de dinero

Si no puedes vender, no puedes ser empresario. Si no puedes vender, no puedes reunir dinero. Si pensar en ventas te aterra, consigue empleo en una tienda departamental y empieza ahí. O consigue trabajo en una compañía como Xerox que te exija que vayas a negocios y toques puertas. A medida que aumentes tu valor, es probable que quieras probar una compañía de mercadeo en red o ventas directas que esté dispuesta a entrenarte.

Un empresario reúne dinero de las siguientes formas:

1. De amigos y familiares.
2. De bancos y organizaciones que apoyan a empresarios.
3. De clientes.
4. De proveedores.
5. De inversionistas.
6. De mercados públicos.

Michael Lechter escribió un libro en la serie *Advisors* de Padre Rico titulado *OPM: Other People's Money*. Es muy importante para los empresarios. Cubre cada una de las diversas formas que existen para reunir el capital necesario para el negocio.

En otros libros que he leído sobre Thomas Edison, dice que su habilidad para vender le permitió tener un flujo constante de capital de riesgo en sus proyectos. Afirma que se adelantó a su época en cuanto a entender e integrar los conceptos de la autopromoción. Su habilidad para promoverse a sí mismo es una de las razones por las que se le da el crédito de haber sido el primero en inventar la bombilla eléctrica, cuando insisto, en realidad fue el número treinta y uno.

¿Quién es dueño de la compañía?

Por lo general la persona que reúne el dinero o pone el dinero para empezar el negocio, es dueña de la parte más grande de éste. Así que aprende a vender y sigue aprendiendo. Para mí, aprender a vender fue muy parecido a aprender a conducir autos de carreras. Era mi propio miedo lo que tenía que superar.

Me entristece el miedo en los ojos de personas que quieren ser empresarias, pero les da miedo vender.

Asegura la patente: legal

En 1869, Thomas Edison recibió su primera patente a la edad de veintidós años. Estaba haciendo su trabajo al proteger legalmente su activo. Más adelante explicaré por qué este paso es tan importante para cualquier empresario.

Trabaja para la compañía de telégrafos: sistema

Al trabajar para la compañía de telégrafos, Thomas Edison aprendió a entender el poder de un sistema. Por eso, al inventar su bombilla eléctrica, también estaba diseñando el sistema eléctrico que daría poder a sus bombillas. De no haber trabajado para la compañía de telégrafos, probablemente no habría conocido la importancia de este sistema.

Otra palabra para sistema es red. Por eso las personas más ricas de la Tierra controlan redes: de televisión, de radio, de gasolina, de mercadeo en red y de negocios de distribución.

Una gran diferencia entre el dueño de un negocio pequeño y el propietario de un sistema o red, es la comprensión de la importancia de un sistema o red. Analizando solamente The Rich Dad Company, nuestro éxito en gran medida se debe a sistemas de red. Por ejemplo, Warner Books distribuye nuestros libros a través de su sistema en red de vendedores de libros. Nuestros programas de TV viajan a través de las ondas de cadenas de televisión de todo el mundo. Nuestros seminarios de inversión son sociedades conjuntas con grandes cadenas de radio.

Muy simple

Como puedes ver, esto simplifica la importancia de asegurarse de que se cumpla con los cinco empleos del Triángulo D-I. Una vez más, si no se está llevando a cabo uno o más de los cinco empleos, el negocio sufre. Si un empresario diseña un negocio y olvida uno de los cinco empleos, el negocio padece o hasta fracasa. El negocio tiene éxito o fracasa antes de que haya negocio. Por eso es importante que hagas tu tarea, incluso si implica trabajar gratis.

Antes de renunciar a tu empleo

A medida que sigas con este libro, desarrollaremos con más detalle el Triángulo D-I. Antes de renunciar a tu empleo, es importante que analices a fondo cada nivel de empleo del Triángulo D-I. Esto no significa que tienes que ser un experto en cada nivel. Significa que como empresario no tienes sólo un empleo, tienes cinco. Así que antes de renuncia, dedica tiempo a aprender un poco más sobre cada nivel.

LA VISIÓN DE SHARON

Lección #3: Conoce la diferencia entre tu empleo y tu trabajo

Padre rico decía: "Trabaja para aprender, no para ganar." Con ese consejo le estaba diciendo a Robert que hiciera su tarea, que aprendiera las habilidades que le ayudarían a construir un Triángulo D-I fuerte en torno a su negocio. Padre rico animó a Robert para que aprendiera a vender.

¿Cuáles son las habilidades que tienes? Ve los cinco empleos del Triángulo D-I y evalúate en cuanto a cuáles puntos eres más fuerte y en cuáles más débil.

- Producto
- Legal
- Sistemas
- Comunicaciones
- Flujo de efectivo

¿Qué pasa si descubres que careces por completo de alguna de las habilidades anteriores? Un inversionista conocedor reconocerá si falta una de las áreas anteriores y preferirá no invertir contigo, sin importar qué tan buen "trabajo de ventas" hagas con él. ¿Acaso eso significa que estás destinado al fracaso? ¡Por supuesto que no! Puedes incluir en tu equipo a alguien que tenga las habilidades que a ti te faltan. Esa persona puede ser un miembro accionista (dueño en parte) de tu negocio, puede ser un empleado o un asesor. Nadie puede ser experto en todo. Al planear tu negocio, conforma un equipo que cubra los cinco empleos para asegurar un Triángulo D-I fuerte. Por eso "Equipo" es parte del marco del Triángulo D-I.

En The Rich Dad Company, nuestra sociedad fue excelente porque todos llevamos a la mesa diferentes habilidades. Robert, Kim y yo éramos empresarios fuertes, con habilidades en los cinco empleos. Pero fue la combinación de nuestras fortalezas lo que impulsó el negocio hacia delante.

Producto: el juego *Cashflow* fue el producto original de diseño exclusivo junto con *Padre Rico, Padre Pobre*, escrito como el "folleto" del juego. Robert y Kim crearon el juego y Robert y yo escribimos *Padre Rico, Padre Pobre* y la serie de libros *Padre Rico*. Aunque esos dos productos siguen siendo nuestros productos medulares, seguimos produciendo servicios y productos multimedia adicionales para complementarlos. La serie de libros de Asesores de Padre Rico fue creada para compartir contigo los consejos que recibimos de nuestros asesores y de los cuales puedes beneficiarte al construir tu propio equipo.

Legal: Ninguno de los fundadores de The Rich Dad Company éramos abogados, así que confiamos en nuestros asesores para llenar esa función. Michael Lechter es parte integral de nuestro equipo y protegió nuestros derechos sobre los productos a través de patentes, derechos de autor, marcas y acuerdos fuertes y firmes con nuestros distribuidores y socios, como se describió en su libro *Protecting Your #1 Asset*. Además, Michael nos ayudó a desarrollar la sociedad conjunta y estrategias de permisos internacionales que usamos y seguimos utilizando en la actualidad. Nuestro crecimiento ha sido a través de concesión de permisos y sociedades estratégicas empleando el dinero y los recursos de otras personas. Esta estrategia se cubre en el libro de la serie *Advisors* de Padre Rico escrito por Michael y titulado *OPM: Other People's Money*.

Garrett Sutton es nuestro abogado corporativo y autor de los libros de la serie *Advisors* de Padre Rico: *Own Your Own Corporation* y *How to Buy and Sell a Business*, que corresponden a la sección legal del Triángulo D-I. Es imperativo que elijas la estructura de entidad adecuada para tu negocio. Los libros de Garrett te ayudarán a entender tus opciones de modo que puedas discutir las alternativas con tu propio abogado corporativo.

Invertir tiempo y dinero para establecer tu negocio y proteger tus activos es al inicio crucial. Como Robert aprendió en su negocio de carteras, puede que no se tenga una segunda oportunidad. Tratar de ahorrar dinero en esos pasos importantes al principio puede terminar costando mucho más después.

Sistemas: yo tenía experiencia en el diseño y construcción de los sistemas de negocios necesarios para sostener a la compañía. Como tenía años de experiencia en la publicación de libros y juegos, sabía cómo crear los sistemas de producción, encargo, inventario, ventas, servicio al cliente y contabilidad para hacer que el negocio operara sin problemas y para posicionar a la compañía y generar crecimiento. También encontramos socios estratégicos que ya tenían los sistemas en ciertos mercados para apoyarnos de modo que no tuviéramos que crearlos.

Comunicaciones: Robert es un comunicador brillante. Puede tomar temas complejos, como contabilidad e inversiones, y hacerlos fáciles de entender. Puede hablar frente a un grupo de veinticinco mil personas y cada una de ellas sentirá que ha tenido una conversación personal con él. Robert y Kim tenían años de experiencia en la creación e impartición de seminarios de inversión. Kim supervisaba el brazo de relaciones públicas y promociones del negocio, asegurándose de que estuviéramos en el ojo del público lo más posible. Yo supervisaba las comunicaciones con nuestros socios, y los socios de alianza estratégica. Los tres éramos vendedores fuertes.

Para leer más sobre ventas, consulta el libro de Blair Singer dentro de la serie *Advisors* de Padre Rico, titulado *Vendedores perros* (Aguilar). Blair revisa los distintos tipos de vendedores y cómo cada uno puede volverse más efectivo en su ramo.

Además, aceptamos la importancia de las marcas registradas y su reconocimiento. Las marcas registradas son los símbolos para comunicarnos con nuestros clientes que los productos y servicios de Padre Rico nos han originado. Las marcas unen la reputación de la compañía y la buena voluntad para con sus clientes con sus productos y servicios.

Confiamos en nuestros asesores para desarrollar y proteger nuestras marcas registradas. Hoy, la imagen comercial y las marcas de Padre Rico se reconocen como elementos que identifican productos y servicios de Padre Rico en todo el mundo. Eso no sucedió por accidente.

Mantenerse en comunicación con los clientes es importante. A través de nuestro sitio de internet: www.richdad.com, proporcionamos información gratuita, tanto una comunidad gratuita como una por suscripción, e información sobre nuestros clubes *Cashflow*, promociones especiales y próximos eventos.

Flujo de efectivo: como contadora por formación y empresaria en espíritu, yo manejaba el flujo de efectivo de la compañía. Los tres compartíamos la filosofía de que no se debía gastar dinero sino hasta que supiéramos de dónde vendrían los nuevos ingresos para pagar los gastos. Fue esta filosofía compartida la que hizo que nuestras sociedades se consolidaran. Ninguno de los tres necesitaba dinero ni recibió salario durante los primeros años de la compañía, hasta que el flujo de efectivo fue lo suficientemente fuerte como para sostenerlo. La sección de flujo de dinero del Triángulo D-I es en extremo importante porque el flujo de efectivo de un negocio es similar a la necesidad que tiene un cuerpo humano de oxígeno para el torrente sanguíneo. Una falta de flujo de efectivo suficiente es una de las razones más comunes por las que fracasa un negocio.

¿CÓMO COMFORMO MI EQUIPO DE TRABAJO?

Ésta es, por mucho, una de las preguntas más frecuentes que escucho. La mejor forma de construir tu equipo es empezar por analizar los cinco empleos del Triángulo D-I. No necesitas hacer que los miembros de tu equipo sean socios en el negocio, pero necesitas tener a bordo las habilidades para completar el Triángulo D-I.

¿CÓMO LES PAGO?

En las primeras etapas de tu negocio, puede que necesites ser creativo respecto a cómo conformar tu equipo de trabajo. Puede que aceptes pagar a un asesor más de lo que pida, si él acepta cobrar hasta que las ventas puedan sustentar el pago. Puedes añadir el talento a través de una junta de asesores en vez de contratar a la persona de tiempo completo. En algunos casos, puede que necesites mostrar estoicismo y buscar el dinero ahora para pagar la guía y protección legal apropiadas.

Cuando busques socios o socios estratégicos, es importante que estés abierto a los acuerdos financieros. Trata de buscar socios que no estén "financieramente necesitados". La necesidad financiera ha llevado a muchas sociedades maravillosas a un final abrupto y amargo.

LOS EMPRESARIOS Y SUS EQUIPOS

Padre rico decía: "Los negocios e inversiones son deportes en equipo." Es muy divertido tener el equipo adecuado, la misión adecuada y la gente adecuada para cubrir los cinco empleos del Triángulo D-I. Cuando todos esos papeles estén cubiertos por las personas adecuadas, tu negocio tendrá una gran posibilidad de tener éxito.

En la escuela nos enseñan a ser jugadores individuales. Pero en el mundo de los negocios, lo más importante es tener el equipo adecuado y cooperar para impulsar el negocio hacia delante.

(Para más información sobre la construcción de un equipo fuerte, lea el libro de Blair Singer dentro de la serie *Advisors* de Padre Rico titulado *El ABC para crear un equipo de negocios exitoso* (Aguilar).

CÓMO USAR EL DINERO Y LOS RECURSOS DE OTRAS PERSONAS PARA CONSTRUIR TU NEGOCIO

Como mencioné, un empresario es un maestro en el uso del dinero y los recursos de otras personas para construir un negocio. Hay varios tipos y fuentes distintas de DOP (dinero de otras personas). El concepto de DOP incluye más que los mecanismos tradicionales para dar fondos a un negocio: obtener un préstamo o vender intereses de acciones a inversionistas. También incluye formas no tradicionales, como contribuciones en especie y empresas cooperativas. Al elegir estratégicamente los tipos apropiados de DOP y al cronometrar los esfuerzos para recaudar fondos, puedes construir tu negocio y seguir minimizando tu pérdida de control.

NUEVA ADMINISTRACIÓN

A medida que The Rich Dad Company ha crecido, también lo ha hecho nuestra necesidad de una nueva administración. Aunque Robert, Kim y yo como dueños siempre seremos los responsables de la compañía, reconocimos la necesidad de incluir liderazgo y administración nuevos para supervisar cada una de las áreas del Triángulo D-I. A medida que tu compañía crezca, también crecerá tu necesidad de un equipo y asesores adecuados. Es importante reconocer cuándo necesitas hacerte a un lado para garantizar el crecimiento de tu negocio.

MANOS A LA OBRA

Regresa a la evaluación personal de tus habilidades y cómo se relacionan con el Triángulo D-I de tu negocio. ¿Tienes un equipo para cubrir las habilidades esenciales de cada empleo del Triángulo D-I? Si no, empieza por buscar el resto de tu equipo. Si ya lo tienes, estás un paso más cerca de la creación de un negocio exitoso.

El éxito revela tus fracasos

Capítulo 4

El éxito revela tus fracasos

Las buenas calificaciones en el mundo real

"Si me va bien en la escuela, ¿me irá bien en el mundo real?", pregunté a mi padre rico.

"Eso depende de qué sea para ti el mundo 'real'."

El Triángulo D-I se volvió más significativo para mí después de que mi padre pobre cerró su franquicia de helados. A los cincuenta y tantos años había usado el dinero de su retiro prematuro y los ahorros de toda su vida y lo había perdido todo. En vez de recuperarse, cosa que hacen muchos empresarios después de perder un negocio, mi padre parecía ir cuesta abajo.

En vez de iniciar un nuevo negocio, tomó un empleo como jefe del Sindicato de Maestros y persiguió a su exjefe, el gobernador de Hawai, pidiendo mejores sueldos y prestaciones para los maestros. En vez de continuar, de aprender de sus errores y convertirse en un mejor empresario, una vez más se convirtió en empleado y abogado de los derechos de los empleados.

Una razón por la que no se recuperó fue que no tenía dinero. En lugar de aprender a reunir capital para su siguiente negocio, simplemente tomó un empleo. En efecto, estaba empezando de nuevo, haciendo lo que sabía hacer; trabajar y ahorrar dinero, en vez de aprender algo nuevo, por ejemplo, reunir dinero. Así que regresó al mundo de los empleados donde se sentía más cómodo.

Mi educación continúa

Al darme cuenta de que había sido la falta de habilidad en el nivel de las comunicaciones lo que había derribado a mi padre, solicité empleo en el departamento de ventas de IBM y en la Corporación Xerox. La razón por la que busqué ese empleo no fue el sueldo sino el entrenamiento en ventas. Mi padre rico me había dicho que si quería ser empresario, más valía que hiciera mi tarea en el nivel de comunicaciones del Triángulo D-I.

Después de dos entrevistas, era obvio que IBM no era la compañía adecuada para mí y estoy seguro de que yo no era el empleado adecuado para ellos. Sin embargo, después de cinco entrevistas, yo estaba en la corta lista de diez candidatos que habían llenado solicitud para cuatro puestos en la Corporación Xerox. La entrevista final fue con el gerente de la sucursal de Honolulu. Ese día, seis de los diez finalistas estábamos sentados afuera de su oficina, una escena muy similar a las del exitoso programa de televisión de Donald Trump, *El aprendiz*. Los otros cuatro candidatos ya habían sido entrevistados.

Al momento de la entrevista, yo seguía dentro de la Marina y llevaba mi uniforme. Sentado afuera de la oficina del gerente de la sucursal, inspeccioné nerviosamente a mi competencia. Todos eran más jóvenes que yo, recién salidos de la universidad, hombres y mujeres muy atractivos y vestidos como ejecutivos corporativos.

La guerra de Vietnam continuaba y era muy mal vista en algunos círculos, lo que significaba que los hombres de uniforme también eran mal vistos en esos círculos. Estar fuera de la base militar y en el centro de Honolulu entre civiles no era divertido. Nunca me escupieron encima pero muchas veces escupieron al verme. De modo que me sentía realmente fuera de lugar, sentado junto a esos jóvenes en traje de negocios, llevando el uniforme de la Marina, que consistía en una camisa caqui de manga corta, pantalones flojos color verde, cabello corto e insignias militares.

Finalmente, la secretaria me notificó que el gran jefe estaba listo para hablar conmigo. Al entrar a su oficina, me senté frente a él. Estirándose sobre el escritorio para estrechar mi mano, no desperdició tiempo para decir lo que tenía: "He revisado su expediente. Usted está altamente recomendado por el resto de mi personal que lo ha entrevistado. Creen que podría ser un activo valioso para nuestro equipo de ventas."

Con eso tomé un respiro profundo pero silencioso y esperé las buenas o malas noticias. Aunque el gerente estaba diciendo cosas buenas, noté que tenía problemas para mirarme. Sus ojos constantemente se enterraban en el fólder con mis referencias.

Finalmente alzó la vista y dijo: "Odio decirle esto pero yo seré quien lo rechace." Poniéndose de pie, extendió la mano y dijo: "Gracias por solicitar el empleo."

Me puse de pie y estreché su mano, mi sangre estaba hirviendo. Quería saber por qué. ¿Por qué me estaban rechazando? Pensando que no tenía nada que perder, pregunté: "Con el debido respeto, señor, ¿le importaría decirme por qué me rechaza? Ni siquiera me ha dado la cortesía de una entrevista. ¿Puede darme una razón específica de por qué está tan seguro de que no soy el candidato?"

"Ahora no es el momento", dijo el gerente de la sucursal. "En este momento, tenemos diez prospectos excelentes y sólo cuatro puestos disponibles. Desearía tener más puestos pero no es así,

¿Por qué no espera un año y vuelve a ingresar su solicitud? Tal vez entonces sus posibilidades sean mejores. Ahora, si me disculpa, necesito seguir entrevistando a los demás candidatos."

Mirándolo directamente dije: "Sólo deme una razón. ¿Cómo puede decir cuál de nosotros es mejor sin una entrevista? Además, creo que es una forma muy grosera de tratarme. Me ha hecho venir hasta aquí y luego ni siquiera tiene la cortesía de entrevistarme. Así que sólo dígame cómo tomó la decisión sin una entrevista. Eso es lo único que deseo saber."

"Está bien, si debe saberlo, usted es el único solicitante que no tiene una maestría en administración de negocio. Sólo tiene el título de preparatoria." Con eso, el gerente de la sucursal caminó hacia la puerta para mostrarme la salida.

"Sólo un minuto", dije. "Después de graduarme de la Academia de la Marina Mercante, donde obtuve mi título de preparatoria, he pasado cinco años en la Marina, peleando en una guerra en la que nadie quería pelear. Debo decirle que no tenía que ir a la guerra, porque estaba navegando para la industria petrolera. Me empleó Standard Oil, lo cual me exentaba de la llamada a las filas, no obstante, me ofrecí como voluntario. ¿Y ahora usted me está diciendo que no me va a contratar porque no regresé a la escuela a estudiar una maestría? Tenía otras cosas que hacer. Había una guerra que pelear. ¿Y usted me está diciendo que prefiere contratar a quienes evadieron la llamada a las filas por regresar a la escuela?"

"No estamos aquí para discutir eso. No estamos aquí para discutir la guerra ni nuestras inclinaciones políticas", dijo el gerente, que tenía aproximadamente mi edad. "Y sí estoy contratando gente que regresó a sus estudios. El mercado de trabajo es estrecho. Tenemos muchos solicitantes calificados así que podemos darnos el lujo de ser exigentes. En este momento, sólo estamos contratando solicitantes con maestría en administración de negocios. Así es como tomamos nuestra decisión. Vaya, obtenga su maestría, y quizá entonces hablaremos."

"Entonces, ¿por qué no me dijeron esto antes?", pregunté. "¿Por qué me dejaron pasar por este proceso sólo para decírmelo ahora?"

"Hacemos excepciones por personas excepcionales", dijo el gerente. "Aunque usted no tenía una maestría, nuestros entrevistadores pensaron que podía tener otras cualidades que estamos buscando. Hasta ahora, mis demás gerentes pensaron que usted era bueno, pero no excepcional."

En ese momento, decidí volverme excepcional, o por lo menos memorable. El gerente, manteniendo abierta la puerta, volvió a extender la mano para un débil apretón con una frágil sonrisa. Negándome a estrechar su mano, en voz alta dije: "Dígame algo. ¿Qué tiene que ver un título universitario con las ventas?" Con esas palabras, todos los demás prospectos con sus maestrías giraron la cabeza y se quedaron mirando en dirección a la puerta abierta.

"Muestra carácter. Muestra dedicación y un alto grado de inteligencia."

"¿Y qué tiene que ver un título universitario con las ventas?", repetí.

"Está bien", dijo el gerente. "¿Qué le hace pensar que puede vender, señor *marine*? ¿Qué le hace pensar que está mejor calificado para vender que estos prospectos que tienen más educación que usted?"

"Que he pasado cinco años obteniendo un tipo de educación diferente, una educación que no se puede encontrar en la escuela. Mientras estos chicos estaban llenos de exámenes, yo estaba volando un helicóptero sobre los nidos de ametralladoras del vietcong. Mi educación ha sido en liderazgo, para sacar lo mejor de mis tropas a pesar de que todos estábamos aterrados. No sólo hemos sido entrenados en salones de clases para pensar bajo presión, hemos tenido que pensar bajo presión en combate real. Lo más importante es que he sido entrenado para pensar en la misión antes de pensar en mí, he pensado en mis hombres antes de pensar en mí mismo. Estos chicos universitarios han sido entrenados simplemente para lamer botas y obtener una calificación más alta."

Para mi sorpresa, el gerente de la sucursal estaba escuchando. Tenía su atención. En ese momento, decidí cerrar:

"Aunque yo no tengo una maestría en administración de negocios, sé que tengo las agallas, el valor y la habilidad para pensar bajo presión. Lo sé porque he sido probado, no en el salón de clases sino en el campo de batalla. Sé que su trabajo es vencer a IBM, así como mi trabajo era vencer al vietcong. Durante un año he dirigido mi helicóptero cañonero en contra del vietcong, un competidor mucho más duro y más decidido a ganar que cualquier representante de ventas de IBM. Mi entrenamiento durante los últimos cinco años me ha permitido vencer al vietcong. Por eso, aunque no tengo una maestría, mi educación en la Marina, me ha preparado para vencer a IBM. Si usted piensa que un programa de maestría entrena a esos chicos a vencer a IBM en la calle, por supuesto contrátelos. Pero yo no tengo dudas respecto a mí. Si puedo vencer al vietcong, sé que puedo vencer a un representante de ventas de IBM, incluso si tiene una maestría y yo no."

Toda el área de la oficina estaba en silencio. Al mirar la fila de esperanzados prospectos, con los portafolios cuidadosamente colocados a su lado o sobre sus piernas, pude ver las maestrías temblando un poco. Habían escuchado todo lo que había dicho.

Volteando hacia el gerente de la sucursal, estreché su mano y le di las gracias por haber escuchado. Había dicho lo que tenía que decir. Sonriendo, dije: "Creo que iré a trabajar para su competencia."

"Sólo un segundo", dijo suavemente el gerente. "Por favor vuelva a entrar a mi oficina. Tengo el poder de hacer una excepción a pesar de nuestra política de contratación actual."

Nada que perder

Después de haber sido contratado, fui a la oficina de mi padre rico para contarle la noticia. También le dije lo que había dicho cuando supe que no me iban a contratar. Sonrió y dijo: "A veces ganamos más cuando no tenemos nada que perder." También dijo: "La parte difícil para la mayoría de las personas es no conseguir nada. La mayoría preferiría esperar un poco y no conseguir nada."

Cuatro años de miseria

Aprender a vender me resultó mucho más difícil que aprender a volar. De hecho, hubo muchos días en los que desee estar de regreso en Vietnam volando contra los nidos de ametralladoras del vietcong en vez de estar en las calles de Honolulu, tocando puertas. Básicamente, soy una persona muy tímida. Incluso ahora, las fiestas y eventos sociales me resultan tortuosos. Así que tocar a la puerta de extraños era una experiencia aterradora.

Durante dos años, fui el peor vendedor del equipo de ventas de Xerox. Cada vez que veía al gerente de la sucursal en el pasillo, me sentía avergonzado. Al verlo, recordaba el discurso del héroe de Vietnam que le había dado para conseguir el empleo. En mis revisiones semianuales, mi gerente de sucursal siempre me recordaba que me había contratado por fe y que su fe en mí se estaba quebrantando.

Finalmente, al borde del despido, llamé a mi padre rico y le pedí una reunión. Durante el almuerzo, le expliqué que estaba fracasando. Mis números de ventas estaban bajos, mi ingreso también y siempre estaba al final de la lista de vendedores. "¿Cuál crees que sea mi problema?"

No estás fracasando lo suficientemente rápido

Mi padre rico rió con su risa habitual. Su risa era su forma de dejarme saber que yo estaba bien, que sólo estaba atorado en el proceso de aprendizaje. "¿Cuántas llamadas 'en frío' haces en un día?", preguntó.

"Tres o cuatro en un buen día", contesté. "La mayor parte del tiempo, estoy haciendo trabajo inútil en la oficina o escondiéndome en alguna cafetería, reuniendo el valor para ir a tocar otra puerta. Odio hacer llamadas de ventas 'en frío'. Odio el rechazo."

"No conozco a nadie a quien le guste el rechazo ni hacer llamadas 'en frío'", dijo mi padre rico. "No obstante, conozco personas que han aprendido a superar su miedo al rechazo y su miedo a hacer estas llamadas. Se han vuelto personas muy exitosas a pesar de sus miedos."

"Entonces, ¿cómo puedo dejar de fracasar?", pregunté.

De nuevo, mi padre rico rió y dijo: "La forma de dejar de fracasar es fracasar más rápido."

"¿Fracasar más rápido?", lloriqueé. "¿Me estás tomando el pelo? ¿Por qué querría fracasar más rápido?"

"Si no fracasas más rápido, fracasarás de cualquier manera", sonrió mi padre rico. "Mira, estás en mitad de un proceso de aprendizaje. El proceso requiere que cometas muchos errores y aprendas de ellos. Cuanto más rápido cometas errores, más rápido pasarás por el proceso y estarás del otro lado. O puedes renunciar. Entonces el proceso te escupe hacia fuera."

Mi padre rico estaba diciendo lo mismo que dijo Thomas Edison sobre fracasar mil veces antes de inventar la bombilla eléctrica. También me decía lo mismo que me decía mi instructor cuando estaba aprendiendo a manejar un auto de carreras a alta velocidad. Estaban diciendo que si quería pasar por el proceso más rápido, tenía que estar dispuesto a fracasar más rápido.

Fracasar en fracasar

Durante algunas semanas, tomé al pie de la letra el consejo de mi padre rico e hice mi mayor esfuerzo por hacer más llamadas "en frío". Toqué puerta tras puerta a gran velocidad. El problema era que seguía sin estar frente a la persona con quien necesitaba hablar. Sus secretarias eran muy hábiles para impedir que vendedores molestos como yo se acercaran a sus jefes.

Al fracasar en fracasar más rápido, llamé a mi padre rico de nuevo y le pedí consejo. Lo llamé porque me daba cuenta de que estaba fracasando incluso en fracasar. De nuevo rió y dijo: "Conserva tu empleo diurno y busca un empleo de ventas por la noche. Pero busca un empleo de ventas que te permita fracasar más rápido."

Naturalmente lloriqueé y me quejé. No quería trabajar por la noche. Era soltero y vivía en Hawai. Quería estar en los clubes nocturnos de Waikiki. No quería estar vendiendo en la noche. Después de escuchar cómo me lamentaba y quejaba, mi padre rico simplemente preguntó: "¿Qué tanto quieres ser empresario? La habilidad número uno de un empresario es su habilidad para vender. Si no logras pasar por esta parte del proceso, estarás mejor como empleado. Es tu vida, es tu futuro, es tu decisión. Puedes fracasar ahora o más tarde."

Era una vieja lección. Había escuchado la misma lección antes. El tema cambió (esta vez era el tema de las ventas) pero la lección seguía siendo la misma. La lección era que si quería tener éxito, tenía que estar dispuesto a fracasar.

Con el fracaso de mi propio padre aún fresco en mi mente, sabía que esta lección de ventas era especialmente importante. Sabía que si quería convertirme en empresario del cuadrante B, tenía que aprender a vender. Pero odiaba tocar puertas. Le tenía pavor día y noche. Un día, tras escuchar cuatro respuestas: "No estamos interesados" y una: "Si no sale de mi oficina, llamaré a la policía", toqué el fondo de la depresión. Fui a casa en vez de regresar a la oficina. Sentado en mi pequeño departamento en Waikiki, pensé en renunciar. Incluso pensé en regresar a la escuela y obtener mi título de derecho, pero me recosté, tomé un par de aspirinas y la idea pronto pasó. Era momento de fracasar más rápido y en una nueva forma.

Trabajar gratis

En vez de buscar un empleo por la noche, recordé el consejo de mi padre rico de que era más fácil buscar trabajo si estás dispuesto a trabajar gratis. Encontré una organización caritativa que necesitaba gente que marcara el teléfono para conseguir dinero durante la noche. Cuando salía de trabajar en Xerox, iba al centro y marcaba para pedir dinero desde las 7:00 a.m. hasta las 9:30 p.m. Durante dos horas y media, fracasaba lo más rápido posible por teléfono. En vez de hacer sólo de tres a siete llamadas de ventas al día, a veces hacía más de veinte llamadas en dos horas y media por la noche. Mis tasas de rechazo y de fracaso aumentaron. Pero, curiosamente, a medida que mi tasa de fracaso aumentó, también aumentó mi éxito en recaudar dinero. Cuantas más llamadas hacía, mejor me volvía en el manejo del rechazo. Aprendí lo que funcionaba en las llamadas que tenían éxito y comencé a modificar mi discurso con base en los rechazos y los éxitos. Cuanto más rápido fracasaba por la noche para la obra de caridad, más éxito tenía en Xerox durante el día. Pronto ascendí en la lista de vendedores. Aunque no me pagaban por la noche, mi ingreso estaba aumentando.

Trabajar esas horas extras tuvo un impacto en mis horas de diversión. Cuanto más alto fuera el número de rechazos en la obra de caridad, más me divertía en los clubes nocturnos de Waikiki. De pronto ya no me daba miedo hablarles a las mujeres hermosas de los bares. Era menos torpe, menos aterrorizado respecto a ser rechazado. Hasta me estaba volviendo popular y las mujeres salían conmigo. Después de cuatro años en una escuela militar de puros hombres y diez años en la Marina, estar alrededor de tantas mujeres hermosas era un gran regalo. Era mucho mejor que ser el *nerd* solitario al final de la barra que mira a las mujeres hermosas desde lejos.

Desde las 10:00 p.m. hasta la una de la mañana, yo era el alma de la discoteca, justo como John Travolta en la película *Fiebre de sábado por la noche*. Hasta tenía un traje blanco, camisas de cuello largo, botas para disco y conchas alrededor del cuello. Dondequiera que fuera, caminaba al compás de la canción "Staying Alive" de los Bee Gees que sonaba dentro de mi cabeza. Mis horas eran ridículas y estoy seguro de que lucía ridículo, pero funcionaba. Estaba fracasando rápido y estaba haciendo mi tarea para el nivel de comunicaciones del Triángulo D-I.

Fracasar da frutos

En mi tercer y cuarto años en Xerox, en vez de estar al final del equipo de ventas, estaba en la cima. También estaba ganando mucho dinero. Mi fracaso daba frutos. En el cuarto año, yo era consistentemente el número uno en la lista. Una vez que llegué a la cima, supe que era tiempo de seguir adelante. Mi escuela de ventas diurna había terminado. Era tiempo de aprender algo nuevo. Pero poco sabía que mi éxito en las ventas me depararía el mayor fracaso de negocios de mi vida.

Las cuatro escuelas de negocios

Mi padre rico nos explicó a su hijo y a mí que hay cuatro tipos diferentes de escuelas de negocios:

1. *Las escuelas de negocios tradicionales.* Éstas se encuentran ubicadas en colegios y universidades acreditados y ofrecen programas con títulos, como un programa de maestría en administración de negocios.
2. *La escuela de negocios familiar.* Muchos negocios familiares, como el negocio de mi padre rico, son excelentes lugares donde obtener educación de negocios, si eres miembro de la familia.
3. *La escuela de negocios corporativa.* Muchos negocios ofrecen programas internos para jóvenes estudiantes prometedores. Después de la graduación, la compañía los contrata y luego guía el desarrollo de su carrera. En muchos casos, la compañía paga la colegiatura, incluso otorga tiempo para que la persona realice estudios. Después de recibir una educación formal, los empleados prometedores a menudo son rotados a través de diferentes divisiones de la compañía, de modo que logran ver el negocio completo y obtener experiencia de primera mano.
4. *La escuela de negocios de las calles.* Es la escuela a la que asisten los empresarios cuando dejan el manto de seguridad de la escuela, la familia o el mundo corporativo. Es allí donde se desarrollan los listos de la calle.

Asistir a la escuela

Las cuatro escuelas tienen sus méritos, sus fortalezas y debilidades. No estoy aquí para decir cuál es mejor. En mi vida, he sido lo bastante afortunado como para asistir a las cuatro, en una u otra forma.

Una escuela de negocios tradicional

Mientras estaba en Xerox, asistí a una universidad local por la noche, con el intento de obtener mi maestría en administración de negocios. Eso duró menos de un año. No era para mí. Los instructores eran empleados de la escuela o bien empleados de una corporación. Los estudiantes, en su mayoría, querían convertirse en empleados bien remunerados y bien preparados, justo como sus instructores. Deseaban subir por la escalera corporativa, mientras que yo quería construir y ser dueño de escaleras corporativas. Era una cultura diferente y un currículo distinto, así que me fui.

Una escuela de negocios familiar

Mi amistad con Mike me permitió asistir a una escuela de negocios familiar mediante los negocios de mi padre rico. Fue una excelente escuela para mí, porque duró años y mi padre rico no sólo era un empresario exitoso en el mundo real, sino también un excelente maestro.

Una escuela de negocios corporativa

A través de la corporación Xerox, asistí a uno de los mejores programas de entrenamiento en ventas corporativas del mundo. Poco después de que me contrataron, en 1974, la compañía me envió en un vuelo en primera clase de Honolulu a Leesburg, Virginia, a pasar dos semanas en sus instalaciones de entrenamiento en ventas. Fue fantástico. Después de recibir nuestro entrenamiento en el salón de clases, de inmediato íbamos a la calle a practicar lo que habíamos aprendido en el salón. Nuestros gerentes de ventas eran excelentes maestros y mentores. Nos mantenían en el camino dándonos teoría en el salón de clases que luego aplicábamos a los desafíos del mundo real que se encuentran en la calle. Estudiamos mucho y no sólo aprendimos habilidades de ventas también estudiamos los productos y estrategias del competidor. Teníamos un objetivo en ese momento y era vencer a IBM. Ellos eran competidores duros y un oponente respetable, así que sabíamos que teníamos que estar a la altura del desafío.

La escuela de negocios de las calles

Sin embargo, la escuela de negocios más dura para mí fue la escuela de negocios de las calles. Cuando dejé Xerox y salí a las calles, me encontré en dificultades. La escuela de negocios de las calles era horrible, una maestra dura y exigente en cuanto a calificaciones. Muchas veces me enfrenté cara a cara con mis mayores miedos y las profundidades de la duda personal. No obstante, también fue la mejor escuela de negocios para mí. Era justo lo que necesitaba. En vez de calificaciones de diez o nueve, las calificaciones de la calle se miden en dinero ganado o perdido.

El día de graduación

En 1978, me "gradué" en la escuela de negocios corporativa de Xerox y entré en la escuela de negocios de las calles. Fue una transición emocionalmente difícil para mí. Pasé del mundo de volar en primera clase, tener bellas oficinas, un sueldo y todo pagado por parte de la compañía a un mundo donde yo pagaba todo, incluyendo los clips para papel, viajes, sueldos y prestaciones de otras personas. Antes de dejar la escuela de negocios corporativa, no tenía idea de cuánto cuesta dirigir un negocio. Durante dos años, para reducir gastos, mis dos socios y yo no tuvimos sueldo. Una vez más, estaba trabajando gratis y sabía por qué mi padre rico había insistido en que su hijo y yo trabajáramos gratis para él. Nos estaba preparando para el mundo empresarial, un mundo donde a toda la gente se le paga primero y a ti se te paga al último... si es que se te paga.

Lección #4: El éxito revela tus fracasos

Otra de las lecciones de mi padre rico fue "el éxito revela tus fracasos." En otras palabras, tus fortalezas revelarán tus debilidades. De nuevo, yo no supe a qué se refería hasta que mi propio negocio se había vuelto exitoso.

Nuestro negocio de carteras de nylon para surfista era exitoso en dos de los cuatro niveles. Nosotros éramos exitosos en el nivel de comunicaciones y de producto. Los tres socios habíamos entrenado durante años para ser brillantes en esos niveles. El problema es que estábamos demasiado bien entrenados en los dos niveles y nuestro éxito fue demasiado grande y demasiado pronto. Fue como conectar una manguera de plástico para jardín a un extintor. En cuanto nuestro éxito internacional ejerció presión en el sistema, todo el negocio voló. Nuestros puntos fuertes volaron a través de los puntos débiles. Nuestras fortalezas habían revelado nuestras debilidades. Nuestro éxito había revelado los fracasos. Habíamos fracasado en fortalecer los niveles: legal, sistemas y flujo de efectivo del Triángulo D-I. Los teníamos cubiertos, pero fracasamos en fortalecerlos a medida que aumentó nuestro éxito.

De regreso al pizarrón

Después de que nuestra empresa colapsó, dos de mis socios dejaron el negocio. Yo también quería renunciar, pero mi padre rico dijo: "Reconstruye el negocio. Será la escuela de negocios que has estado esperando."

Durante los siguientes seis años, regresé a los pizarrones muchas veces. Cada fracaso era menos doloroso y la recuperación, más rápida. Cada vez que fracasaba, sabía en qué trabajar. Sabía qué debía estudiar a continuación. La escuela de negocios de las calles me estaba guiando. Cada fracaso en realidad me haría más listo y más seguro de mí mismo. Con cada fracaso temía menos al fracaso y me emocionaba más respecto a aprender lo que necesitaba. Cada fracaso era un reto, la puerta hacia un nuevo mundo. Si tenía éxito, la puerta al siguiente mundo se abría. Si fracasaba y el reto me vencía, la puerta se cerraba en mi cara. Si la puerta se cerraba en mi cara, significaba que tenía que volverme más listo. Necesitaba pensar más. Necesitaba usar mi creatividad para encontrar una forma de llegar a la siguiente puerta. En muchas formas, era como ser un vendedor en la calle de nuevo, tocando puertas una vez más.

Cuando la gente me pregunta cómo sobreviví a lo largo de esos años sin dinero, mi respuesta es: "No sé. Simplemente lo tomaba un día a la vez." Después de que se fueron mis primeros dos socios y las cosas se veían más negras, aparecieron dos nuevos socios y uno de ellos fue mi hermano Jon. Trajeron algo de dinero, pero, lo más importante, aportaron vitalidad y nuevas habilidades. Un nuevo socio, Dave, aportó experiencia en el nivel de sistemas del negocio. Era excelente en fabricación. Mi hermano Jon llegó para encargarse del nivel de flujo de efectivo. Era muy bueno para mantener contentos a nuestros acreedores y suplicando a nuestros proveedores. También llevamos un nuevo asesor, un auditor retirado de una firma de contabilidad, para ayudarnos a enderezar nuestro desastre. Él estaba feliz de trabajar con nosotros puesto que su esposa lo quería fuera de la casa de cualquier manera. Estaba feliz de tener una oficina. Yo también creía que encontraba entretenidos nuestros esfuerzos. Él solía reír mucho entre dientes mientras mis dos nuevos socios y yo nos quejábamos y lamentábamos respecto a nuestros problemas. Además de trabajar gratis y arreglar nuestro desastre, también nos ayudó a reunir más capital al enseñarnos cómo hacerlo en una forma más profesional.

Como dije: "Sobrevivimos tomándolo un día a la vez." Lo único que yo sabía era que no quería regresar a un empleo como lo había hecho mi padre pobre, cuando su negocio de helados fracasó. En muchas formas, mi filosofía era: "He ido demasiado lejos como para dar vuelta atrás."

Mi padre rico tenía razón. Fue la mejor escuela de negocios de diez años a la que pude haber asistido. Empezando en Xerox en 1974 y finalmente habiendo construido un negocio para 1984, fue un proceso de diez años de construcción, fracaso, corrección, reconstrucción y fracaso. Para mí, fue la mejor manera de aprender. Muchas veces sentía como si estuviera construyendo un auto de carreras en vez de un negocio. Nuestro equipo trabajaba en el negocio, lo sacaba a la pista, lo llenaba de combustible, quemaba un motor o línea hidráulica y regresaba al taller.

Un sistema de sistemas

En muchas formas, construir un negocio es muy similar a construir un auto. Un auto tiene un sistema de sistemas. Un auto está conformado por un sistema eléctrico, un sistema de combustible, un sistema de frenos, un sistema hidráulico y así sucesivamente. Si uno de los sistemas falla, el auto deja de funcionar o se vuelve inseguro.

El cuerpo humano también es un sistema de sistemas. Tenemos los sistemas: circulatorio, respiratorio, digestivo, óseo y más. Si uno de ellos falla, el cuerpo también puede dejar de funcionar.

En muchas formas, aprender a ser un empresario es como ir a la escuela para convertirse en mecánico automotriz o médico. De la misma manera en que un médico dictamina mediante rayos X o análisis de sangre, un empresario analiza el Triángulo D-I para evaluar la salud y vitalidad generales de su negocio.

Después de construir y reconstruir mi negocio de carteras de nylon varias veces, y de construir y reconstruir otros negocios, analizar negocios se volvió cada vez más fácil. Hoy, en vez de miedo, hay emoción; en lugar de grandes riesgos veo grandes oportunidades. Hoy sé que si pierdo todo puedo reconstruirlo. Por eso haber pasado por las cuatro escuelas de negocios, ganando habilidades escolares así como habilidades de la calle, fue una gran educación.

¿Cuál es más importante?

A menudo me preguntan: "¿Qué es más importante para un empresario, las habilidades escolares o las habilidades de la calle?" Hoy, mi respuesta es ambas. Para ser un empresario exitoso, tú y tu equipo necesitan tener habilidades de la escuela y habilidades de la calle. Cuando miras el Triángulo D-I, puedes ver por qué. Aunque los cinco niveles requieren de habilidades de la calle, los niveles legal y de flujo de efectivo en realidad requieren de un profesional con preparación escolar. Obviamente, para el nivel legal querrás un abogado y, para el nivel de flujo de efectivo, desearás un contador, de preferencia un contador público asociado. Por obvio que suene esto, te sorprendería cuántas personas acuden a mí pidiendo consejos sobre cómo construir un negocio sin tener un contador o un abogado en su equipo.

Habilidades de equipo

Un empresario necesita saber la diferencia entre habilidades de escuela y habilidades de calle. Más importante, un empresario necesita tener habilidades de equipo, lo que implica encontrar la mejor combinación de personas requerida para la tarea a mano. Para ganar en los negocios, al final, son las habilidades de equipo las que ganan.

En el exitosos libro de Jim Collins, *Good to Great* publicado en 2001, él habla sobre la necesidad de tener a la gente adecuada en el autobús y de que estén en los asientos correctos. Es importante tener un equipo con el talento necesario para todos los empleos del Triángulo D-I. Más importante, Jim habla sobre lo fundamental que es bajar del autobús a las personas equivocadas.

Tres grandes errores

En lo que respecta a profesionistas legales y de contabilidad, he notado tres errores básicos que cometen los empresarios:

1. El empresario no tiene o no busca consejo legal o de contabilidad adecuado antes de iniciar su negocio.
2. El empresario escucha demasiado a su contador o abogado. Muchas veces he preguntado al empresario quién estaba dirigiendo el negocio: el empresario, el contador o el abogado. Siempre recuerda, incluso si ellos son más listos que tú en ciertos temas, eres tú quien paga sus honorarios. Tú necesitas decidir el curso de tu negocio.
3. El empresario tiene un contador o abogado que no forma parte del equipo del empresario. Esto no significa que los tenga que emplear tiempo completo. Simplemente significa que necesita confiar en ellos. Necesitan saber todo y quieren saber todo. Debes ser abierto. Mi padre rico solía decir: "Tener un contador o abogado de medio tiempo es como tener un esposo o esposa de medio tiempo."

La diferencia entre habilidades de escuela y habilidades de calle

Pensador A	Pensador C
Habilidades analíticas/ pensamiento crítico	Pensador creativo/lógica flexible
Pensador T	Pensador P
Habilidades técnicas/ experiencia	Habilidades de socialización/ liderazgo personal

En el lado izquierdo se encuentran características que por lo
general se asocian con gente que posee habilidades escolares.
El lado derecho por lo general se asocia con gente que posee
habilidades de la calle. Mi padre rico decía: "Si vas a desarrollarte como empresario, necesitarás desarrollar las cuatro áreas
de ti mismo."

Me referiré de nuevo a los rasgos anteriores y deben quedar
más claros con cada ejemplo. Por ahora, explicaré brevemente
cada cuadrante.

Pensador A: Todos conocemos personas con excelentes habilidades críticas. Les gustaba resolver problemas de matemáticas en la escuela. Si ofreces una nueva idea ellos probablemente serán críticos o cínicos, más que abiertos ante la nueva
idea. En lugar de tomar una decisión rápida, por lo general
pensarán y analizarán la situación durante un largo período antes de decidir. Antes de tomar una decisión regresarán a ti y
pedirán más detalles.

Pensador C: Todos conocemos personas que son artistas
creativos en su trabajo. Esto no significa que son artistas que
pintan. Es sólo que son creativos. Podrían ser contadores o
abogados. Les gusta ver el panorama completo. Piensan fuera del molde. Los pensadores C a menudo vuelven locos a los
pensadores A. Su lógica flexible significa que son flexibles
en lo que tiene sentido para ellos. Por ejemplo, cuando digo:
"Puedo ganar más dinero cuando el mercado esté quebran-
do", los pensadores C pueden ser capaces de entender esa
lógica más que los pensadores A. En otras palabras, los pensadores C pueden tomar algo ilógico y hacer que encaje en
su lógica. Tienen una mente más abierta. Los pensadores A
con frecuencia rechazan todo lo que no encaja en su manera
de pensar.

Pensador T: Todos conocemos personas que son magos de
la tecnología. Pueden ser magos de las computadoras que ha-

blan un lenguaje que sólo se encuentra en Marte. O pueden ser motociclistas que piensan que todo el mundo sabe cómo quitar una transmisión y arreglarla. Los pensadores T a menudo son el opuesto exacto a los pensadores P. ¿Por qué? Porque los pensadores T parecen estar más cómodos con personas que disfrutan los mismos temas técnicos que ellos. Asisten a convenciones de computación sólo para conocer a otros fanáticos de la computación. Visitan tiendas de autopartes sólo para conocer a alguien con quien hablar.

Pensador P: En la preparatoria, los pensadores P más fuertes a menudo se postulaban para presidentes estudiantiles o recibían el título de "El más popular". Son personas que pueden iniciar una conversación con cualquiera, a diferencia del pensador T. En una fiesta, los pensadores P son las estrellas. Todo el mundo los invita a sus fiestas porque hacen que la fiesta sea divertida. En los negocios, el personal y los empleados aman a esa persona. Harán cualquier cosa por un pensador P. En los negocios, los pensadores P pueden ser excelentes líderes si también poseen las habilidades de negocios necesarias. Cuando hablan, la gente los escucha.

Diferente pensador, diferente empresario

Como es probable que ya hayas adivinado, cada tipo diferente de pensador se verá atraído por diferentes tipos de negocios empresariales. Por ejemplo, un motociclista pensador T puede disfrutar al abrir una tienda de autopartes. Un abogado pensador A puede disfrutar si abre un bufete de abogados. Un médico pensador C puede querer convertirse en cirujano plástico. También pueden convertirse en ministros, guiando a su rebaño. O pueden ser animadores, donde les pagan por ser el centro de atención.

Los cuatro son importantes

Mi padre rico decía: "Los cuatro tipos de pensadores son importantes para un negocio. Los negocios pequeños lo siguen siendo o fracasan porque carecen de uno o más tipos de pensadores." Una de las razones por las que mi negocio de carteras de nylon fracasó fue que éramos demasiado fuertes en las categorías C y P y muy débiles en las categorías A y T.

Muchos empresarios autoempleados son muy fuertes en las categorías A o T. Una persona puede ser un gran abogado en la categoría A o un gran electricista en la categoría T. Esas personas son muy hábiles y expertas en un nicho de mercado y trabajan mejor por su cuenta. Pueden tener dificultades para crecer porque son débiles en la categoría C o P.

En el mundo de las inversiones, una persona A o T invertirá de manera diferente a una persona C o P. Las personas A y T quieren una fórmula precisa que seguir. Quieren ver los números y analizarlos repetidamente. Los inversionistas C o P están más interesados en tratos exóticos o quieren saber quiénes son los demás jugadores en el trato. Note la palabra jugador, lo cual significa que las personas son importantes en la ecuación de inversión. Esto es importante para los pensadores P.

Cuando doy mis clases de inversión, a menudo un grupo de personas me pregunta: "Dígame qué hacer. ¿Cuál es la fórmula que usted siguió?" Cuando escucho esas preguntas, sé que probablemente son pensadores A o T. El grupo enloquece cuando digo: "Sólo creamos la inversión. Nos reunimos con un grupo de personas, establecimos un trato e hicimos mucho dinero." Estas palabras los trastornan porque nuestra forma de invertir no encaja con su sistema de lógica. Es fácil para los pensadores A y T seguir una fórmula como: "Ahorre dinero, salga de deudas, invierta a largo plazo y diversifique." Esta fórmula alivia su necesidad de tener una fórmula. Puede que se frustren con mis fórmulas puesto que tal vez no tienen mentes que permitan una lógica flexible.

Consejo de mi padre rico

Mi padre rico estaba preocupado sobre mi transformación en empresario porque yo era débil en las cuatro categorías. No era tan fuerte como un pensador A, T, P o C. Dijo: "Tienes que encontrar una categoría y volverte bueno en ella."

En la libreta legal, escribió los cinco empleos del Triángulo D-I:

- Producto
- Legal
- Sistemas
- Comunicaciones
- Flujo de efectivo

Luego dijo: "No creo que tengas una oportunidad realista en los niveles legal, de sistemas o de flujo de efectivo del Triángulo D-I. No te ha ido bien en la escuela y probablemente nunca te irá bien. No pienso que vuelvas a la escuela para convertirte en abogado, contador o ingeniero. Eso deja los niveles de producto y comunicaciones. Elige uno y compromete el resto de tu vida a ser el mejor en ese nivel." Y así es como decidí dejar la Marina y trabajar para la Corporación Xerox. En 1974, decidí que mi mejor oportunidad de tener éxito como empresario era ser un experto en comunicarme con las personas. Yo no era un pensador P nato, pero decidí que era una categoría que estaba dispuesto a estudiar por el resto de mi vida.

Hoy, tengo un enorme respeto por las personas con habilidades de escuela, personas creativas, capaces de diseñar productos o mentes legales que han hecho del estudio de la ley su vida o ingenieros excelentes en sistemas. Tengo un enorme respeto por contadores inteligentes que saben cómo llevar registro de dónde fluye el efectivo.

Por qué convertirse en experto en un solo nivel

Cuando pregunté a mi padre rico por qué debía convertirme en experto en un nivel su respuesta fue: "Si quieres tener el mejor equipo a tu alrededor, necesitas ser el mejor en algo. Si sólo eres mediocre en comunicaciones, entonces nunca necesitarás los mejores abogados, ingenieros, diseñadores o contadores. Sólo necesitarás colaboradores mediocres porque tú eres mediocre."

Un experto en todos los niveles

Algunas de esas personas autoempleadas no tienen tanto éxito como podrían porque sienten que tienen que ser expertas en los cinco niveles. A menudo son listas, y buenas en los cinco niveles, pero quizá no sean fuertes en todos ellos. Ésa puede ser la razón de por qué a menudo se quedan en el cuadrante A. Si quieres ser un éxito en el cuadrante D, necesitas ser el mejor en uno de los niveles y luego construir un equipo de expertos a tu alrededor que llene el resto de los niveles.

Al superar mi timidez, diría que me volví bastante bueno en ventas, mercadotecnia, escritura, oratoria y creación de productos informativos. De no haber sido por años de entrenamiento en el nivel de comunicaciones en los que desarrollé mis habilidades, dudo que The Rich Dad Company se hubiera vuelto tan exitosa como lo ha hecho.

Hoy, The Rich Dad Company tiene sólidos equipos de diseño de productos, equipos legales agresivos e inteligentes y sistemas de distribución internacional establecidos, así como sistemas internos, sistemas de comunicación y mercadotecnia en todo el mundo y un equipo de contabilidad de primera que mantiene al dinero fluyendo. Como negocio, tenemos miles de personas en todo el mundo que trabajan para nosotros o para nuestros productos. Como dice el viejo dicho: The Rich Dad Company fue un éxito de la noche a la mañana, pero nos tomó años llegar ahí.

Antes de renunciar a tu empleo

La escuela de negocios de las calles es una escuela muy dura. Todavía tengo recuerdos de cuando me la pasaba caminando por la ciudad de Nueva York, sin dinero, tocando puertas, esperando encontrar a alguien que dijera "sí" a mis carteras de nylon. Me encanta la ciudad de Nueva York, no obstante, siempre sé que puede ser una ciudad muy cruel si eres pobre, poco exitoso y desconocido.

Aunque las oficinas de The Rich Dad Company están en Scottsdale, Arizona, los motores del negocio se encuentran en la ciudad de Nueva York y en urbes de todo el mundo. Es emocionante tener acceso a las oficinas de algunas de las compañías más poderosas del mundo, compañías como Time Warner, Viacom, American Express, ABC, NBC, CBS, *Fortune*, la revista *Businessweek*, las revistas *Forbes*, el *New York Times*, *New York Post* y CNN. Es aún más emocionante hacer, o proponer hacer, negocios con ellos. No obstante, por exitosos que hayamos sido durante los últimos ocho años, siempre recuerdo las calles de Nueva York, y lo fría que puede volverse la ciudad si uno de los niveles del Triángulo D-I se vuelve débil.

Entonces, antes de renunciar a tu empleo, debes saber que tu trabajo más importante es desarrollarte. Si te dedicas a convertirte en un gran empresario te parecerá más sencillo encontrar excelentes personas para integrarlas a tu equipo. Si puedes reunir un equipo excelente, te parecerá más sencillo ser exitoso dondequiera que estés. Así que no es cuestión de qué tipo de habilidad es más importante. Sólo recuerda que es fundamental esforzarse por ser lo más inteligente posible, tanto en las habilidades de la calle como en las de la escuela.

LA VISIÓN DE SHARON

Lección #4: El éxito revela tus fracasos

Como explicó Robert, su padre rico describió cuatro tipos de escuelas de negocios:

1. La escuela tradicional de negocios
2. La escuela familiar de negocios
3. La escuela corporativa de negocios
4. La escuela de negocios de las calles

Aunque las cuatro pueden proporcionar un entrenamiento valioso, como en el caso de Robert, ¿tienes que tener las cuatro para lograr éxito como empresario? La respuesta es: "Depende". Aunque cada una de las cuatro proporciona educación y entrenamiento valiosos, no son rrequisitos para el éxito. Sin embargo, ¿cómo tener éxito sin ellas?

Si no tienes experiencia en una escuela de negocios tradicional, puedes trabajar para obtener la preparación a través de métodos alternativos. Las universidades comunitarias ofrecen programas empresariales y de negocios. La Asociación de Negocios Pequeños en Estados Unidos ofrece seminarios y hay organizaciones locales que brindan seminarios y servicios de monitoreo para los empresarios.

Hay muchos libros y recursos en línea para apoyar el deseo de educación de un empresario.

ENFÓCATE EN LOS CINCO EMPLEOS DEL TRIÁNGULO D-I

Si no cuentas con la formación en una escuela de negocios tradicional, buscar y usar estas otras fuentes puede acelerar tu camino hacia el éxito. Al enfocar tu educación específica en desarrollar las habilidades de los cinco empleos del Triángulo D-I, puedes prepararte mejor para construir un equipo que pueda apoyarte.

CONVIÉRTETE EN EXPERTO EN UN EMPLEO

Como padre rico aconsejó a Robert, tal vez quieras enfocar tus esfuerzos en convertirte en experto en uno de los cinco empleos. Al igual que Robert, quizá desees enfocarte en el nivel de comunicaciones. Por lo general, el empresario será el vendedor más apasionado y efectivo de su compañía. Ser capaz de vender es esencial para convencer a inversionistas para invertir en tu compañía así como par vender los productos a los clientes. Como aconsejan tanto padre rico como Robert, saber vender es una herramienta muy importante para un empresario.

ASESORES EXPERTOS

Como hemos discutido en muchos casos, puedes apalancar la experiencia y educación de tus asesores par llenar áreas en las que tal vez eres débil. Por ejemplo, durante mis años como contadora pública, estuve expuesta a muchas compañías exitosas así como a muchas compañías que no eran tan exitosas. Esta experiencia, combinada con mi formación como contadora, ha sido invaluable en los negocios que he empezado para compartir contigo y con tu negocio esa experiencia.

Busca y contrata buenos asesores, luego escúchalos. Formula la cantidad de preguntas que quieras, esas preguntas son la clave para asegurarte que el asesor toma en consideración todos los aspectos importantes al proporcionar su asesoría, pero asegúrate que el consejo de los expertos se incluya en tu decisión. Uno de los errores que he visto cometer a empresarios es ignorar cualquier consejo que no les gusta. No tiene sentido pagar buen dinero por consejos y luego ignorarlos. Puede que no siempre sigas los consejos, pero siempre deben ser parte de tus consideraciones. Al final, es tu trabajo tomar la decisión, pero es trabajo del asesor asegurarse de que la decisión que tomes sea informada. Es tu trabajo como empresario determinar si asumes el riesgo. Es trabajo del asesor es asegurarse de que entiendes el riesgo que estás asumiendo.

También recomiendo que reúnas a varios asesores con regularidad para sesiones de lluvia de ideas. Aunque esto puede parecer obvio, muchos dueños de negocios consultan a sus asesores de manera independiente. La mejor forma de apalancar la educación y experiencia de tus asesores es reunirlos y aprender cómo aborda cada uno una oportunidad o reto y cómo integra las ideas de los demás. Al final, es más beneficio para ti. Tú sigues siendo el líder y el responsable final de tu compañía.

HABILIDADES DE LA CALLE

Aun con mi formación y experiencia en contaduría pública, tenía mucho por aprender de la experiencia de negocios de la vida real. No hay nada como aprender de los errores para darse cuenta de lo mucho que hay por saber en cuanto a construir y dirigir un negocio exitoso. Simplemente descubres lo importante que es construir el equipo adecuado a tu alrededor. Como dijo padre rico: "No es sólo lo que conoces, sino a quién conoces." Cuando se enfrenta un problema en los negocios, es un gran alivio saber a quién llamar para obtener una ayuda instantánea. Es a través de cooperación y colaboración como serán construidos los negocios exitosos de mañana.

HABILIDADES DE EQUIPO

La combinación de habilidades escolares y habilidades de la calle te ayudarán a construir un negocio exitoso. Pero "habilidades de equipo" es la verdadera fórmula del éxito. Combina habilidades escolares y habilidades de la calle para todo tu equipo. Toda la experiencia y educación compartidas de tu equipo combinadas para trabajar en tu negocio lo impulsarán.

El proceso es más importante que la meta

CAPÍTULO 5

El dinero habla

¿Éxito?

"Fuimos ricos durante seis meses", dije. "El dinero estaba llo-viendo y luego el techo se desplomó."

"Bueno, por lo menos fueron millonarios, aunque sea du-rante seis meses", dijo mi padre rico, riendo entre dientes. "Muchas personas nunca sabrán lo que se siente ser ricas."

"Sí y ahora estoy arruinado económicamente", me lamenté. "Seis meses de éxito y años para pagar por él."

"Bueno, por lo menos tuviste una probadita de la buena vida." Mi padre rico sonrió, haciendo su mejor esfuerzo por animarme. "La mayoría de las personas nunca sabrá lo que se siente construir un negocio internacional y ser un éxito en el mundo. La mayoría de las personas nunca sabrá lo que se siente tener dinero lloviendo en su puerta."

"Y la mayoría de las personas nunca sabrá lo que se siente ser un fracaso internacional con dinero que llueve en la puer-ta", dije, ahora comenzando a reír.

"¿Y por qué te estás riendo?", preguntó mi padre rico.

"En realidad no lo sé", contesté. "Me imagino que me estoy riendo porque por doloroso que sea ahora, no cambiaría esta experiencia por nada. Como dijiste, me asomé a un mundo diferente, un mundo que muy pocas personas verán, un mundo que me gustaría volver a ver. Todo fue tan emocionante, por un rato."

Mi padre rico se inclinó en su silla. Durante un largo período, parecía estar ahí sentado en silencio reflexionando sobre su vida, las batallas ganadas y las perdidas. Finalmente salió de sus pensamientos y dijo: "La mayoría de las personas corren de la casa al trabajo buscando seguridad de ese mundo. Para muchas, el trabajo y la casa son lugares donde se esconden de las duras realidades de un mundo competitivo. Lo único que quieren es un sueldo y un lugar que puedan llamar hogar, lejos de casa." Mi padre rico volvió a hacer una pausa y luego dijo: "Y otros buscan algo más."

"¿Quieres decir algo más que sólo seguridad y dinero?", pregunté.

Con un toque melancólico en la mirada, mi padre rico dijo: "Sí. Si lo único que yo quisiera fuera un trabajo seguro, un sueldo y un hogar lejos de casa, nunca me habría vuelto empresario."

"¿Y qué estás buscando?", pregunté. "Más allá de seguridad y dinero."

"Un mundo diferente... una forma distinta de vivir. Como tú sabes, yo vengo de una familia muy pobre. Quería más que sólo mucho dinero. Más que sólo una casa grande y autos bonitos. Quería una vida que pocas personas llegan a tener. Sabía que enfrentaba mayores probabilidades de fracasar que de tener éxito. Sabía que habría altibajos como empresario. Y como todos los demás, estaba preocupado por los altibajos. No obstante, fue la idea de acceder a una vida diferente lo que hizo que los riesgos parecieran valer la pena. No se trataba sólo de hacer dinero, se trataba de la aventura de una vida." Luego mi padre rico hizo otra larga pausa, atendiendo sus pensamientos personales.

Finalmente continuó: "Cuando mi vida termine, sé que los altibajos se convertirán en recuerdos de una gran aventura, de tratos ganados y tratos perdidos, de amistades consolidadas y amistades perdidas y de dinero ganado y perdido. Serán recuerdos de perfectos extraños que cruzan tu puerta, sólo para unirse a tu siguiente aventura y que salen por ella una vez que la aventura ha terminado. Y, en el camino, con suerte, encuentras ese lugar, un lugar con la calidad y belleza de la vida que en tu corazón sabías que existía, que en tus sueños sabías que se haría realidad."

"¿Y has encontrado tu lugar?", pregunté.

Mi padre rico simplemente asintió con la cabeza y sonrió con satisfacción.

Un vistazo a tu futuro

Después de estas revelaciones no había mucho más de qué hablar. Sabía lo que tenía que hacer. Tenía acreedores con quienes debía hablar, un negocio que reparar y reconstruir. Todavía tenía muchas cosas por aprender, así que sabía que era tiempo de volver a trabajar. Recogí mis cosas, estreché la mano de mi padre rico y me dirigí hacia la puerta.

"Una cosa más", dijo mi padre rico.

Dándome vuelta desde la puerta, pregunté: "¿Cuál es?"

"¿Ves esos seis meses en los que estuviste en la cima del mundo?"

"Sí", contesté.

"Fue un vistazo a tu futuro."

"¿Un vistazo?", repetí. "¿A qué te refieres? ¿Un vistazo de qué futuro?"

"En 1974, cuando decidiste seguir mi consejo en vez del de tu padre, comenzaste un viaje, un proceso. El proceso tiene un comienzo y un final. Puede tomar años, pero sí tiene un final. Algún día esta dificultad en la que te encuentras de pronto terminará y comenzará una nueva vida y un nuevo proceso. Ganarás si permaneces fiel a ese proceso. Durante este proceso habrá muchos más retos y más lecciones que aprender. El proceso te está probando al igual que enseñando. Si pasas el examen y aprendes la lección, podrás pasar al siguiente proceso. Si repruebas el examen y renuncias en lugar de volver a presentarlo, el proceso te escupe fuera. Así que esos seis meses de buena vida te estaban dando un vistazo a tu futuro, un vistazo al mundo que buscas, un vistazo a un mundo que te está esperando. Un vistazo a tu futuro y una forma de decirte: 'Sigue adelante. Estás en el camino correcto.' Este tiempo es una inyección de valor para enfrentar el proceso por venir y la motivación para seguir adelante y seguir aprendiendo."

"¿Y cómo lo sabes?", pregunté. "¿Tú también recibiste un vistazo a tu futuro cuando lo necesitabas?"

Una vez más, mi padre rico simplemente asintió con la cabeza y sonrió.

Un proceso de diez años

La lección de mi padre rico en el tema del proceso ha demostrado ser muy importante en mi vida. Viendo en retrospectiva, parece que mis procesos personales tienen ciclos aproximados de diez años, cada década conlleva un proceso diferente. Por ejemplo:

1. *1974 a 1984.* El proceso de aprendizaje: éste fue el período en que estaba aprendiendo las habilidades del mundo real de un empresario. Los días de salón de clases habían terminado y la escuela de negocios de las calles estaba

realizando una enseñanza excelente. Yo cometía muchos errores grandes simplemente porque tenía demasiado que aprender. Durante ese lapso, practiqué mis habilidades empresariales construyendo una compañía que fabricaba carteras de nylon en el Lejano Oeste y las vendía en todo el mundo. También diseñamos productos para bandas de rock como Duran Duran, Van Halen, Judas Priest, Pink Floyd y Boy George. En ese momento, estaba aprendiendo lo más posible de todos los niveles del Triángulo D-I. Era la escuela de negocios del mundo real a la que hice referencia en páginas anteriores.

2. *1984 a 1994.* El proceso de ganancia: durante este período, comencé a ganar mucho dinero y construí una base de riqueza. Las lecciones aprendidas de los errores estaban dejando dinero. Invertir ese dinero en bienes raíces nos dio a Kim y a mí no sólo un cimiento de activos que generan ingreso pasivo sino también más experiencia como inversionistas en bienes raíces. Durante ese período estaba siguiendo mi pasión, que era enseñar temas empresariales y de inversión. Nuestra compañía realizó cursos titulados la Escuela de negocios para empresarios y la Escuela de negocios para inversionistas. En ese punto, estaba combinando la profesión de mi padre pobre, la enseñanza, con las lecciones de mi padre rico en materia de negocios e inversión. Ése también fue mi momento de perfeccionar mis habilidades en el nivel de comunicación del Triángulo D-I al aprender a enseñar en formas muy diferentes los métodos de enseñanza tradicionales. Como se dijo en un capítulo previo, tuve que decidir en qué nivel quería ser experto. Después de aprender lo básico de los cinco niveles, decidí que mi mejor oportunidad para desarrollar mis habilidades era en el nivel de comunicación. Al ser el mejor posible en este nivel, tendría una mejor posibilidad de atraer un equipo de mejor calidad en otros niveles.

3. *1994 a 2004*. El proceso de devolver: después de que Kim y yo tuvimos suficiente dinero como para sobrevivir sin trabajar, supe que era momento de devolver. Al vender nuestro negocio de educación, tomé tiempo para diseñar un negocio que pudiera enseñar las lecciones de mi padre rico a más personas a precios más bajos. Ésa fue la concepción de The Rich Dad Company. En vez de enseñar a través de seminarios, a los que a veces costaba cinco mil dólares asistir, decidí crear el juego *Cashflow*. Durante ese lapso, mi enfoque cambió de hacer dinero a hacerme la pregunta: "¿Cómo puedo servir a más personas?" Irónicamente, he hecho más dinero al enfocarme en servir a más personas en vez de enfocarme en cómo hacer más dinero. En 2004, Kim, Sharon y yo decidimos que habíamos llevado el negocio a un punto en el que necesitábamos administración adicional para ubicarlo en el siguiente nivel... y el negocio tiene mucho más que dar. Nuestro trabajo como empresarios está hecho.

Los ciclos de diez años no fueron planeados. Sólo sucedió de ese modo. Fue sólo al mirar en retrospectiva cuando advertí el patrón de diez años.

Alcanzando mi futuro

Hoy, estoy viviendo la vida de la que tuve un vistazo en 1978. El proceso había mantenido su promesa conmigo.

¿Quién quiere ser millonario?

LECCIÓN #5: El proceso es más importante que la meta.

La mayoría de nosotros hemos escuchado que es importante fijar metas. No obstante, mi padre rico tenía un enfoque distinto con relación con las metas. Decía: "Las metas son importantes, pero el proceso de obtener una meta es mucho más importante que la meta." Explicaba: "Si preguntan a mucha gente: '¿Quién quiere ser millonario?', la mayoría de las personas levantaría la mano. Eso significaría que tienen la meta de convertirse en millonarias, pero ahora necesitan elegir el proceso para alcanzar esa meta. Hay muchas formas en que una persona puede alcanzar su meta de convertirse en millonaria."

Diferentes procesos para convertirte en millonario

Mi padre rico decía: "La razón por la que el proceso es más importante que la meta es que éste determina en quién te conviertes al alcanzar tus metas". Algunos ejemplos son:

1. Puedes hacerte rico al heredar dinero. Pero la mayoría de nosotros sabemos si vamos a heredar dinero... y encontrar una persona rica dispuesta a adoptarte puede resultar muy difícil.
2. Puedes hacerte rico al casarte con alguien por dinero. El problema es que todos sabemos quién y en qué te conviertes en el proceso. Es la profesión más antigua del mundo.
3. Puedes hacerte rico al ser tacaño. El problema es que, si te vuelves rico al ser tacaño, al final del proceso sigues siendo tacaño... y el mundo odia a la gente rica tacaña. De hecho, este tipo de gente da mala fama a la gente rica.
4. Puedes hacerte rico al ser un delincuente. El problema es que al final del proceso eres un delincuente rico con amigos delincuentes. A la gente rica honesta no le gusta la gente rica delincuente.
5. Puedes hacerte rico al tener suerte. Hay muchas formas de

186 ROBERT T. KIYOSAKI

tener suerte y de hacerte rico. Puedes nacer con un gran talento, como muchos atletas y actores, puedes ganarte la lotería, puedes nacer siendo rico o simplemente puede que estés en el lugar adecuado en el momento justo. El problema es que si pierdes el dinero, tienes que depender de la suerte para recuperarlo.

6. Puedes hacerte rico al ser un empresario inteligente. Para convertirte en un empresario rico necesitas convertirte en un empresario inteligente. La razón por la que me gusta este proceso para hacerse rico es que requiere de que seas inteligente y volverse inteligente es mucho más importante que hacer dinero. Si pierdes tu dinero, este proceso te enseñará cómo recuperarlo y volverte aún más inteligente en el proceso.

El dinero no te hace rico

Los premios de lotería con frecuencia son de millones de dólares simplemente porque hay millones de personas que quieren hacerse ricas al tener suerte. Me parece interesante que este proceso de hacerse rico no sólo es el más arriesgado de todos los métodos con las más bajas probabilidades de ganar, sino que es un proceso que no incrementa en lo absoluto tu inteligencia financiera. De hecho, ganar la lotería a menudo revela lo baja que es en realidad la inteligencia financiera de una persona. Las siguientes son historias recientes del sitio de internet de MSN sobre personas que usaron el proceso de la suerte para hacerse millonarias.

Ganó dos veces la lotería y vive en un trailer

"Ganar la lotería no siempre es lo que se cree que es", dice Evelyn Adams, quien ganó la lotería de Nueva Jersey no sólo una, sino dos veces (1985 y 1986), por la cantidad de 5.4 millones de dólares. Hoy todo el dinero ha desaparecido y Adams vive en un trailer.

"Gané el sueño americano pero lo perdí también. Fue una caída muy dura. Se llama tocar fondo", dice Adams.

"Todo el mundo quería mi dinero. Todo el mundo tenía la mano extendida. Nunca aprendí una palabra sencilla del idioma 'No'. Desearía tener la oportunidad de hacerlo de nuevo. Sería mucho más lista al respecto está vez", dice Adams.

Un pobre chico que tuvo suerte

Ken Proxmire era mecánico cuando ganó un millón de dólares en la lotería de Michigan. Se mudó a California y entró al negocio de autos con sus hermanos. En cinco años, había caído en bancarrota.

"Simplemente fue un pobre chico que ganó la lotería", explica el hijo de Ken, Rick.

Viviendo de cupones para alimentos

William "Bud" Post ganó 16.2 millones de dólares en la lotería de Pensilvania en 1988 pero ahora vive del seguro social.

"Desearía que nunca hubiera ocurrido. Fue una absoluta pesadilla", dice Post.

Una antigua novia lo demandó con éxito por una parte de sus ganancias. No fue su única demanda. Un hermano suyo fue arrestado por contratar a un golpeador para matarlo, en espera de heredar una parte de las ganancias. Otros hermanos suyos lo molestaron hasta que accedió a invertir en un negocio de automóviles y en un restaurante en Sarasota, Florida... dos negocios que no dieron dinero e hicieron aún más tensa la relación con su familia.

Post incluso pasó tiempo en la cárcel por disparar sobre la cabeza de un cobrador.

Un año después tenía una deuda de un millón de dólares. Post admite que fue tonto y descuidado, tratando de complacer a su familia. Ahora vive modestamente con 450 dólares al mes y cupones para alimentos.

¿Qué pasaría si perdieras mil millones de dólares?

Hace años, un reportero preguntó a Henry Ford, un millonario, cuando un billón de dólares valía mucho más que ahora: "¿Qué pasaría si perdiera todo?"

La respuesta de Ford fue: "Lo recuperaría en menos de cinco años."

Cuando comparas la respuesta de Henry Ford con las respuestas de los ganadores de la lotería, creo que obtienes la diferencia entre el proceso de convertirse en millonario por suerte y el de convertirse en millonario al ser empresario.

Una pregunta para reflexionar

Después de leer sobre la respuesta de Henry Ford, a menudo me pregunto: "Si perdiera todo, ¿cuánto recuperaría en cinco años?" Si mi pasado sirve como indicador, cada vez que llego a cero (y llegué a cero varias veces) termino haciendo mucho más dinero del que perdí. No he conseguido un billón de dólares, como hizo Henry Ford, pero mis negocios han logrado ingresos de cientos de millones de dólares. Así que el proceso para convertirse en empresario, en mi opinión, es el mejor para hacerse rico porque también es un proceso educativo para alcanzar gran riqueza, si tienes el corazón, la mente y el vigor para ello.

Construir los cimientos

El proceso educativo para convertirse en empresario exige al empresario aprender y ganar experiencia en los cinco niveles del Triángulo D-I. Una vez que una persona se vuelve suficientemente competente en los cinco niveles, la vida es bastante buena. Como dije antes, me tomó alrededor de diez años como estudiante de la escuela de negocios de las calles alcanzar un nivel básico de competencia. ¿Puede una persona alcanzar competencia en los cinco niveles más rápido? Por supuesto. Una de las razones para escribir este libro era informarte sobre los niveles. Si sabes sobre ellos, es más fácil enfocar tus actividades de aprendizaje y desarrollo personal, nivel por nivel.

Por qué el flujo de efectivo es el nivel base

Muchas personas que quieren ser empresarias se enfocan en el nivel del producto, el nivel de la punta del Triángulo D-I. Aunque el producto es importante, al ver el Triángulo D-I notas que el flujo de efectivo es el nivel base con el área más grande asignada en el diagrama.

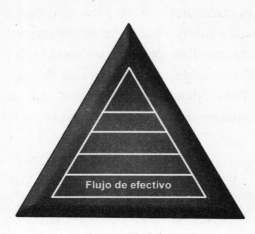

Cuando me inicié por primera vez como empresario profesional, solía emocionarme al ver nuevos productos o ideas. Así es como me enganché en el negocio de las carteras de nylon. La cartera de nylon era sólo una de cincuenta ideas de productos diferentes que tomamos en cuenta. Algunas de las demás ideas eran rompecabezas de madera, paquetes de azúcar con imágenes hawaianas empacados en una caja de cañamazo, una revista y hasta dulces en forma de bala empacados en una caja con la leyenda "Muerde la bala". Como podrá advertirse, nuestra habilidad de Pensadores C era ilimitada.

En cuanto decidimos que la cartera de nylon sería nuestro producto, los tres comenzamos a diseñar su empaque. De nuevo, esto requería de Pensamiento C, del cual disfrutábamos todos. No pasó mucho antes de que estuviéramos en la calle buscando inversionistas. La mayoría de los inversionistas potenciales eran amables y se tomaban tiempo para ver nuestro producto y su envoltura. Luego, si estaban interesados, todos hacían las mismas preguntas: "¿Puedo ver sus números? ¿Cuáles son sus proyecciones?" Cuando no los teníamos, nos rechazaban una y otra vez rápidamente.

191 EL DINERO HABLA

Incluso mi padre rico nos rechazó, pero no lo hizo amablemente. Estaba furioso. Sacó a mis dos socios de su oficina, cerró la puerta tras ellos y me dio una de las reprimendas más severas que he recibido de cualquiera de mis dos padres. He escrito sobre este incidente en otros libros, así que no volveré a contar los detalles de la historia, no obstante, vale la pena repetir la lección. Ésta es que para los inversionistas y personas de negocios, los números son muy importantes.

Hoy, más viejo, más sabio y mucho más rico, cada vez que me piden evaluar un nuevo producto o negocio, hago lo mismo que me hicieron esos inversionistas hace años: pido los números

Esto no significa que soy mucho mejor en leer o producir números hoy de lo que era en 1978. La diferencia es que los pido y luego le pido a alguien que esté entrenado en leer números que los revise conmigo. Mi nivel de experiencia es el nivel de comunicaciones y reviso con mucho cuidado esa parte del plan de negocios. Que sea bastante bueno en el nivel de comunicaciones y no tan bueno en el nivel de flujo de efectivo no es una excusa para mí para ignorar el nivel de flujo de efectivo, ni de hecho ningún nivel. Como empresario e inversionista, necesito conocer el negocio completo, no sólo las partes en las que estoy interesado.

Si una persona que quiere ser empresaria pide mostrarme un nuevo producto, la primera pregunta que hago es: "¿Tiene proyecciones financieras?" O, si el negocio es un negocio establecido, pregunto: "¿Tiene estados financieros?" De nuevo, hago esas preguntas no porque sea excelente con números, las hago como una prueba al conocimiento de quien quiere ser empresario respecto a lo que se necesita para ser empresario.

Si la persona que quiere ser empresaria tiene números o proyecciones, le pido a alguien como mi socia Sharon, contadora pública entrenada y excelente inversionista, que venga a interpretar los números. Éstos cuentan una historia y necesito a alguien que pueda leerlos e interpretarlos para contarme la historia. Como empresario, creo que es muy importante contar tu historia en los números.

Antes de renunciar a tu empleo

Si piensas seriamente en convertirte en empresario, un ejercicio interesante es contratar a un contador experimentado para ayudarte con un análisis de flujo de efectivo y del presupuesto. La razón por la que es un ejercicio importante, incluso si no continúas con el producto o el negocio, es que el ejercicio te dará una mejor idea de lo que cuesta iniciar y dirigir un negocio. Una vez que conozcas tu presupuesto, tendrás una idea de cuánto tendrás que vender, el nivel de comunicaciones, para sustentar el negocio. La experiencia también puede señalar gastos que tal vez no conozcas. Desearía haber hecho este ejercicio antes de haber iniciado mi negocio de carteras de nylon para surfista. Tal vez no hubiera perdido tanto dinero. El costo de contratar a un contador entrenado para guiarme hubiera sido una gota en el mar en comparación con el dinero que perdí. Lo más importante es que el dinero que gastes en un contador será invaluable en tu desarrollo educativo como empresario.

Si preguntas a la mayoría de los contadores, estoy seguro que te dirán que casi todos los empresarios carecen de conocimiento de las leyes y prácticas contables y son horribles para llevar registros. Su falta de precisión con números puede terminar por meterlos en problemas. Es esta falta de conocimiento lo que al final les cuesta más dinero. En otras palabras, págales un poco a tiempo en vez de pagarles mucho, después.

Por qué creé el juego de mesa

Una de las razones principales por las que creé el juego de mesa *Cashflow* es la reprimenda que mi padre rico me dio en los setenta. Durante la mayor parte de mi vida, mi padre rico había estado enfatizando la importancia de los números y yo sinceramente pensé que los entendía. No fue sino hasta que me regañó severamente por perder tanto dinero, cuando empecé a entender por qué ponía tanto énfasis en los números. Hoy entiendo.

El juego sirve como un puente de comunicación entre tú y tu contador. No te convertirá en contador. El juego te dará la ventaja de estar más familiarizado con el pensamiento T y con la lógica del pensamiento A de la profesión de contabilidad.

Si eres como yo, débil en el tema de contabilidad y números, te sugiero que uses los juegos *Cashflow* como herramienta educativa. Por favor visita nuestro sitio de Internet www.richdad.com y descubre más sobre estos juegos *Cashflow* y los clubes *Cashflow* en todo el mundo.

Una vez más, antes de renunciar a tu empleo para iniciar un negocio, te recomiendo que te sientes con un contador experimentado y repases un presupuesto sobre lo que puede costar iniciar y operar tu negocio. Si los números te sorprenden, simplemente toma un profundo respiro y medítalo durante una noche o dos. Date tiempo para expandir tu mente respecto a los costos. El costo de iniciar, construir o hacer crecer un negocio a menudo es más del imaginado originalmente.

Conserva tu empleo

Si tus costos te asustan, entonces tal vez ser empresario no es para ti. Los costos elevados son un desafío cotidiano en los negocios. Aceptar ese desafío es uno de los empleos más importantes de un empresario. Requiere de mucho poder de pensamiento A, T, P y C resolver dichos desafíos. Personalmente, no me gustan los desafíos, pero cada vez que los he aceptado, me he vuelto un empresario mejor, más sabio y más seguro de mí mismo.

Muéstrame los números

Cuando personas que quieren ser empresarias llaman en busca de dinero, entran en dos categorías:

1. Las que tienen un plan de negocios y proyecciones financieras.
2. Las que no tienen nada.

Si una persona llega con las manos vacías, significa o que está muy al principio del proceso o que no tiene ni idea de lo que hace, o las dos. Hablar sólo sobre el producto sin proyecciones financieras indica que esa persona realmente no ha meditado el proceso. Si estoy interesado, puedo sugerir que regrese al pizarrón, siga el Triángulo D-I como guía y luego contrate a un contador para realizar un plan de negocios, que incluya números.

(Quienes quieran aprender más sobre cómo escribir un plan de negocios, Garret Sutton ha escrito el libro perfecto para usted. Es el libro de la serie *Advisors* de Padre Rico *The ABC's of Writting Winning Business Plans.*

Un paso para reunir dinero

Cada vez que alguien pregunta: "¿Cómo consigo dinero para mi negocio?", respondo preguntando: "¿Tiene un plan de negocios?" Un buen plan de negocios con una excelente presentación puede conseguir el dinero que necesitas. Un mal plan de negocios con una mala presentación puede hacerte perder dinero.

Esto no significa que los números de un plan de negocios sean palabra divina. Los resultados financieros de la mayoría de los negocios que están empezando por lo general no siguen el plan ni cumplen las proyecciones al pie de la letra. El proceso de creación de un plan de negocios con números es un proceso de pensamiento A y T que hace que el empresario piense en la empresa con más detalle y luego ponga las ideas en papel. Como se dijo en el capítulo 1, un negocio exitoso es creado antes de que haya un negocio. Éste es el proceso de creación puesto en papel.

El plan no tiene que ser elaborado. Puede ser muy simple. Un plan simple deja ver al inversionista potencial las ideas que hay dentro de la mente del empresario. Además, permite que el inversionista sepa si la persona es seria respecto al negocio propuesto.

De nuevo, si el negocio no toma forma, el proceso de pensar la creación de un negocio, ponerlo en papel y empatarlo con los números que cuentan la misma historia es una estrategia educativa excelente y un elemento para verificar si el proyecto es realizable en el plano real. Comienza a equilibrar habilidades escolares y habilidades de la calle.

Cuéntame una historia

Hace algunos años, un joven me llamó y pidió una cita. Cuando pregunté cuál era el objetivo, dijo: "Tengo una propuesta de negocios que me gustaría presentarle."

"¿Está buscando dinero de inversión?", pregunté directamente.

Trastabilló y a tropezones dijo: "Sí. Así es."

Normalmente no veo negocios en esa etapa temprana, no obstante, sentía curiosidad y acepté verlo para almorzar.

Una semana después lo vi en un restaurante local. Estaba muy bien vestido y tenía un plan de negocios que lucía impresionante. Como dije, no soy bueno para leer números, no obstante, hago mi mejor esfuerzo por escuchar la historia que los números y el plan me están contando. Lo primero que veo es la línea de sueldos y salarios de las proyecciones financieras. Para mí, ahí es donde comienza la historia.

Este joven se incluía con un salario de 120 000 dólares al año. Mi primera pregunta fue: "¿Por qué necesita ese salario de un negocio que no existe?"

"Bueno, eso es lo que me pagan actualmente en mi empleo", contestó un poco indignado. "Además, tengo esposa y tres hijos en la escuela. Es lo mínimo con lo que puedo vivir."

"Está bien", dije y continué viendo el plan de negocios. Como dije, el plan de negocios y las proyecciones financieras cuentan una historia. La línea de requerimiento de salarios me estaba presentando al personaje principal, el héroe de la historia. Estaba teniendo un vistazo de su cerebro, de cómo pensaba, cómo gastaba dinero y de las prioridades de su vida personal.

En mi mente, al ver sus requerimientos de salario y al entrar en su cabeza, sentí que seguía pensando como empleado, buscando un empleo bien remunerado. En lo que a mí tocaba,

el almuerzo había terminado. Había visto suficiente con sólo
conocer al héroe de la historia para saber que no quería invertir
en su negocio.

La relación entre un estado financiero y el Triángulo D-I

Como todavía no habíamos ordenado, y tenía que ser amable,
vi los demás gastos del negocio y cómo se relacionaban con el
Triángulo D-I. En otras palabras, mi primer paso fue utilizar
mi mente con pensamiento P. Necesitaba darme una idea de
quién era la persona que estaba frente a mí. Mi segundo paso
fue acudir a mi pensamiento C, A y T y crear una relación
entre el estado financiero y los cinco niveles de empleo del
Triángulo D-I. El diagrama en mi mente se veía de la siguiente
manera:

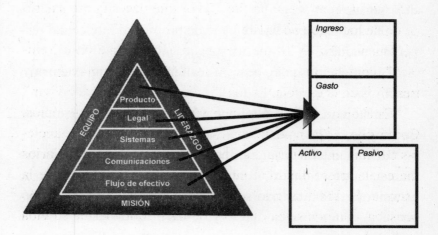

Mi siguiente pregunta fue: "¿Qué es lo que hace para su patrón actual? ¿En qué trabaja?"

"Soy ingeniero mecánico entrenado", contestó. "Trabajo en servicio al cliente, rastreando órdenes de clientes a través de nuestro sistema. Ahí es donde desarrollé mi producto. Déjeme hablarle al respecto."

"Sólo un momento", dije. "Sólo tengo unas cuantas preguntas sobre sus proyecciones." Señalando la línea titulada Publicidad y Promoción, pregunté: "¿Qué es este gasto de 10 000 dólares al mes? ¿Cuál es su plan de mercadotecnia?"

"Oh, todavía no lo he pensado mucho. Mi plan es contratar a una agencia y dejar que ellos se encarguen de nuestra mercadotecnia."

"¿Usted ha tenido mucha experiencia en ventas o mercadotecnia?", pregunté.

"No", dijo. "He pasado la mayor parte de mi carrera trabajando en los sistemas internos de un negocio. Ahí es donde obtuve mi idea para mi nuevo producto. Revolucionará el rastreo de órdenes."

"¿Ha hablado con un abogado de propiedad intelectual respecto a su idea?"

"Bueno, he buscado, pero en realidad todavía no encuentro uno."

"En su plan, usted sólo tiene 4 000 dólares para honorarios de abogados. ¿Por qué?"

"Bueno, quería mantener bajos mis gastos. Más adelante, cuando entre el dinero, contrataré más abogados. Por ahora, pienso que 4 000 dólares son adecuados para hacerme despegar."

"¿Y quién le ayudó con estas proyecciones?", pregunté. "No veo una línea para gastos de contabilidad."

"Oh, tiene razón. Olvidé ese gasto. ¿Cuánto cree que debería destinar para honorarios de contabilidad?"

"No sé", dije. "Yo no soy contador. Si realmente quiere saber pregúntele a uno".

"¿Cómo encuentro un buen contador?"

"Puede llamar al mío, pero es muy caro y puede ser más de lo que usted necesita en esta etapa."

"Oh", dijo el empresario. "Estoy tratando de mantener bajos mis costos. Buscaré un contador más económico."

Escuché suficiente de la historia

Aunque difícilmente era un análisis a profundidad del negocio, ya había escuchado suficiente de la historia. Al final sí eché un vistazo a su producto, lo cual nunca habría pasado si él hubiera tenido el consejo de un abogado de propiedad intelectual. No me dio a firmar ningún documento indicando que yo mantendría el producto como un secreto, un indicador muy claro de la falta de experiencia del mundo real de este joven con deseos de ser empresario.

Mi propia lección

Si me hubiera gustado el producto, simplemente hubiera podido tomar su idea y llevarla al mercado. ¿Cómo lo sé? Dolorosamente, conozco esta lección porque yo había cometido el mismo error que él tiempo atrás. En 1977, debí haber patentado mi cartera de nylon para corredores, pero decidí ahorrar unos cuantos dólares así que no contraté un abogado de patente.

Por eso, después de tener la idea para el juego de mesa *Cashflow 101*, no le conté a nadie al respecto excepto a Kim y a mi ingeniero detrás del juego. La primera persona que busqué fue un abogado de propiedad intelectual. La persona que contraté fue Michael Lechter, uno de los abogados de propiedad intelectual más respetados del mundo. Además, es el esposo de Sharon Lechter, quien, como sabes, se convirtió en coautora de todos los libros de la serie Padre Rico y en socia mía y de Kim en The Rich Dad Company.

Ése es un ejemplo más de convertir la mala suerte en buena suerte. Mi mala suerte, ocasionada por inexperiencia y tacañería al no patentar mi cartera de nylon y la pérdida subsiguiente de millones de dólares, se convirtió en buena suerte cuando aprendí de ese error. También convertí el error en una lección. Kim y yo fuimos recompensados primero al conocer a Mike y luego a Sharon y al hacer que se uniera a Kim y a mí para iniciar el siguiente negocio. De no ser por ese horrible error en 1977, la sociedad entre Kim, Sharon y yo nunca habría sucedido en 1997.

Michael Lechter es un excelente abogado pero también es muy caro. Es la prueba fehaciente de que obtienes lo que pagas. Por eso le pedimos que escribiera el libro de la serie *Advisors* de Padre Rico titulado *Protecting Your #1 Asset*. En su libro, aprenderás cómo puedes proteger tus ideas, productos, marcas y logotipos de piratas que acechan en el mundo real de los negocios. De cualquier manera, necesitarás buscar tu propio abogado de propiedad intelectual. Pero, al usar el libro de Michael para educarte y prepararte para la reunión con tu abogado, puedes ahorrar miles de dólares. Su segundo libro en la serie *Advisors* de Padre Rico, *OPM: Other People's Money*, comparte las estrategias de empezar y hacer crecer su propio negocio usando dinero y recursos de otras personas. De no haber sido por la inteligencia y los años de experiencia de Michael, nuestro negocio no sería tan valioso como lo es hoy.

Una razón por la que el nivel legal se encuentra justo debajo del nivel del producto en el Triángulo D-I es que las ideas del empresario a menudo son los activos más importantes de la compañía. El trabajo del abogado es proteger la compañía, sus productos y su propiedad intelectual... antes de que haya un producto o un negocio. Si eres un pensador T, necesitas conseguir los libros de Michael Lechter y proteger tus ideas, tu activo más importante. Sus libros deberían ser parte de la biblioteca de todo empresario. Cada vez que tengas una nueva idea, verifica con un abogado o asesórate con los libros de Michael antes de que la compartas o hables de ella con alguien más.

Decir "no"

El joven ingeniero se veía bien. Tenía la apariencia de un líder de negocios exitoso. Su nuevo producto se veía prometedor. No obstante, dije "No, no creo que vaya a invertir en su negocio." El nivel de flujo de efectivo del Triángulo D-I había revelado sus fortalezas y debilidades como empresario. Al final, yo no estaba diciendo "no" a su producto o ideas. Estaba diciendo "no" a él. Todavía tenía mucha tarea que hacer.

Aunque el producto se veía prometedor, la historia del empresario no. Podía llegar a tener éxito, pero yo tenía mis dudas. Si tenía éxito, dudo de que tuviera la habilidad para hacer crecer el negocio a un punto en el que, como inversionista, yo pudiera recuperar mi dinero. Así que dejé pasar la oportunidad de invertir con él.

No hay malas inversiones

Mi padre rico a menudo decía: "No hay malas inversiones, pero hay malos inversionistas." También decía: "No hay malas oportunidades de negocios, pero hay muchos malos empresarios." En mi opinión, este joven ingeniero tenía una gran idea para un nuevo producto. Sin embargo, sus ideas sobre los negocios no eran adecuadas.

Lo que mi padre rico quería meternos en la cabeza era que el mundo estaba lleno de oportunidades multimillonarias. El problema es que hay más oportunidades que empresarios multimillonarios. Por eso el nivel de flujo de efectivo del Triángulo D-I es tan importante. Cuenta la historia, no de la oportunidad, sino del empresario. Esto es especialmente cierto en la fase de creación del negocio, cuando todavía no es un negocio.

Banderas rojas

Una razón por la que su banquero no le pide su boleta de calificaciones de la escuela o su promedio ni le pregunta en qué materia era mejor, es que el banquero está buscando su nivel de inteligencia financiera, el cual indica su nivel de responsabilidad financiera, cuánto gana, en qué gasta su dinero y cuánto conserva. Al ver proyecciones financieras, o mejor aún, los números financieros reales de un negocio ya existente, he aprendido a buscar indicadores similares. Al ver los números, de predicción o reales, hay ciertos puntos que son banderas rojas para mí.

Bandera roja: Salarios más que un cheque fijo. Puede que ya hayas notado que vi esa línea primero. Me dice mucho sobre el empresario. Una cosa que me dice es qué es lo más importante para dicho empresario: los negocios o su vida personal. Muchas, muchas veces, he conocido empresarios que ultrajan, matan de hambre y torturan sus negocios en lugar de alimentarlos y nutrirlos. Un amigo mío asesoró a una compañía de mantenimiento de edificios que tenía problemas de flujo de efectivo en Denver. El negocio tenía excelentes contratos con oficinas y departamentos para mantener los lugares de estacionamiento barridos en el verano y libres de nieve en el invierno. Con costos operativos bajos y márgenes altos de ganancia, sin duda la compañía iba bien. Por el contrario, el negocio siempre estaba en problemas financieros.

En una inspección más detallada, mi amigo descubrió que el dueño tenía costosos chalets para esquiar en Vail y Aspen con los accesorios (frivolidades) que hacen juego. Por si fuera poco, la compañía tenía autos ostentosos y ofrecía fiestas fastuosas, todo a cuenta de la empresa. Para empeorar aún más las cosas, el dueño entonces mentía al servicio interno fiscal y al departamento fiscal estatal y sus acciones estaban empezando a rayar en la evasión en vez de la reducción fiscal.

Cuando mi amigo recomendó que vendiera sus casas y autos, redujera sus gastos y contratara una firma de contabilidad prestigiosa para suplicar misericordia, fue despedido. El dueño seguía pensando que había algo malo en el negocio. Éste es un ejemplo extremo de un empresario que pone sus necesidades por encima de las necesidades del negocio. Los números del negocio contaban la historia tanto del negocio como del empresario.

Bandera roja: Gastos buenos y gastos malos. Ésta es una de las lecciones más importantes de mi padre rico. Dijo: "La razón por la que muchas personas son pobres es que son pobres para gastar. En otras palabras, hay gastos buenos y gastos malos." También dijo: "Los ricos son ricos porque tienen gastos que los hacen ricos. Los pobres son pobres porque tienen gastos que los hacen pobres." Respecto al tema de los empresarios, dijo: "La mayoría de las personas no son buenos empresarios porque son ahorradores en lugar de gastadores inteligentes."

Una de las caídas de mi negocio de carteras de nylon para surfista fue mi deseo de ahorrar dinero y no gastar 7 000 dólares en honorarios de abogados de patente. Ese ahorro de algunos miles de dólares me costó un negocio multimillonario. Mi

204 ROBERT T. KIYOSAKI

lección consistía en aprender a gastar dinero que me hiciera ganar dinero.

Una amiga de un amigo siempre ha tenido dificultades en su trabajo. Durante el almuerzo me dijo que estaba gastando 50 000 dólares para redecorar su departamento. Cuando le pregunté si era dueña del departamento, dijo: "No. No tengo suficiente dinero para un enganche así que simplemente rento." Cuando la interrogué sobre por qué gastaba tanto dinero en una propiedad que no era suya se enojó. "Bueno, necesito un buen lugar donde vivir." En ese momento, creo que tuve un vistazo de lo que estaba ocasionando las dificultades de su negocio. Simplemente gasta dinero a lo tonto.

Una de las razones por las que el Triángulo D-I recibe el nombre de los cuadrantes D e I del Cuadrante de Flujo de Dinero es que, del lado derecho del cuadrante, un individuo debe saber cómo gastar dinero y recuperarlo con una ganancia respetable. Una de las razones por las que las personas del lado E y A del cuadrante tienen dificultades como empresarios es porque simplemente saben cómo trabajar por dinero, pero no saben cómo gastar dinero y luego hacer que el dinero regrese con más dinero. Esta habilidad para gastar dinero y hacer que regrese con más dinero es esencial para empresarios e inversionistas de lado D e I del cuadrante.

Entre 1997 y 2005, el mercado de bienes raíces floreció. A pesar de esto, conocí a muchos individuos que invirtieron en bienes raíces y no lograron obtener nada de dinero, ningún ingreso pasivo. Para mí, ésa es una señal de que esa persona no sabe cómo gastar dinero y hacer que regrese con más dinero. Esas personas quizá no sean buenos empresarios o necesitan trabajar más en sus habilidades de negocios. Cuando veo los números de un negocio, busco esta habilidad, la habilidad de gastar dinero y hacer que el dinero regrese con más dinero. Es una habilidad esencial.

Bandera roja: El dinero habla. Mi padre rico decía: "Hay una gran diferencia entre un negocio y una ocupación. La razón por la que la mayoría de las personas no son buenas empresarias es que están ocupadas, trabajan duro, pero no ganan nada de dinero". Un empresario debe hacer dinero y ese dinero se refleja en el nivel de flujo de efectivo del Triángulo D-I.

Hace unos años, leí un artículo sobre una pareja donde ambos fueron despedidos el 11 de septiembre. Eran ejecutivos de mercadotecnia muy bien pagados, con un ingreso combinado de más de 250 000 dólares, en una importante firma de Nueva York. Después de un año en su propio negocio como expertos de mercadotecnia, su ingreso por el negocio era de menos de 26 000 dólares. ¿Por qué? Yo sospechaba que una razón era que como empleados corporativos muy bien pagados, nunca fueron responsables de la línea de resultados de la compañía para la que trabajaban. Como empresarios, dueños de su propio negocio, tenían que ser muy responsables. Descubrieron que sus habilidades de mercadotecnia en el mundo corporativo no se traducían en éxito financiero en las calles.

De pronto, descubrieron que ser dueños de un negocio no es simplemente trabajar duro y estar ocupado. Tener un negocio significa que tus actividades se reflejan directamente en la línea de resultados como dinero ganado y dinero perdido. Mi padre rico solía decir: "A un empleado se le puede pagar por estar ocupado. A un empresario se le paga por resultados." Éstos a menudo se conocen como línea de resultados. Por eso el nivel de flujo de efectivo es la base del Triángulo D-I. Como decía mi padre rico: "No necesitas una caja de depósito segura para excusas."

Para mí, ciertas banderas rojas indican que el empresario está atorado en una parte del proceso de desarrollo. ¿Acaso el empresario aprenderá del proceso y seguirá adelante mientras sigue levantando las mismas banderas rojas?

Las banderas rojas ocurren en la vida así como en un negocio. Cada vez que alguien se atora en el proceso, he notado que la vida envía sus propias banderas rojas. Pueden ser advertencias como mala salud, mala suerte o malas relaciones. Mi padre rico decía: "Las banderas rojas son advertencias. Podemos elegir entre la advertencia y aprender o ignorar la advertencia. Si no atiendes la advertencia el proceso puede cambiar de dirección y tal vez surja un nuevo proceso."

Mi padre real fumaba dos o tres cajetillas de cigarros al día. Las banderas rojas estuvieron ondeando durante gran parte de su vida. No atendió las advertencias y al final le diagnosticaron cáncer de pulmón. Terminó por dejar de fumar, pero era demasiado tarde. Un proceso terminó y uno nuevo comenzó. Su siguiente proceso fue una batalla por la vida, una batalla que perdió un año después.

Antes de renunciar a tu empleo

Hay una afirmación muy común que dice: "El dinero habla." Donde lo hace más fuerte es en un estado financiero, en la línea de resultados. Como empresario, no tienes que ser contador, pero tienes que ser alguien con quien se pueda contar. Antes de renunciar a tu empleo, por favor recuerda dos cosas:

1. Los empleados y asesores no son responsables de la línea de resultados. Los empresarios sí.
2. Cuando ves el Cuadrante de flujo de dinero, las personas que se encuentran en el lado E y A del cuadrante no se les pide tener estados financieros. Sin embargo, los estados financieros son requeridos por personas del lado D e I. ¿Por qué? Porque el dinero habla y la historia que cuenta es la de

la visión financiera del individuo en el cuadrante D o I. Esos individuos se miden por su éxito financiero en los cuadrantes D o I.

Piensa como un director ejecutivo de finanzas

Si te gustaría mejorar tus habilidades financieras en el nivel de flujo de efectivo del Triángulo D-I, te recomiendo que consigas el juego *Cashflow* y lo practiques con frecuencia. El juego te enseña a pensar como un director de finanzas ejecutivo, un miembro importante de cualquier equipo empresarial.

Empresarios que pasan la bolita

Un director ejecutivo o empresario no puede pasar la bolita. Dar excusas o culpar a los subordinados nunca es bien visto. La bolita se queda con el empresario o director ejecutivo. Por eso el nivel del flujo de efectivo es el nivel base del Triángulo D-I. Ahí es donde se detiene la bolita. Como empresario, tú eres la persona responsable del Triángulo D-I completo. Así que antes de renunciar a tu empleo, siempre recuerda dónde se detiene la bolita y no olvides que el dinero habla.

LA VISIÓN DE SHARON

Lección #5: El proceso es más importante que la meta

¿EN DÓNDE ESTÁS HOY?

Mi propio padre una vez me dijo que puedes tener un gran mapa con tu destino marcado, pero, si no sabes de dónde partes, el mapa no te va a ayudar a llegar a tu destino.

Para convertirte en empresario, necesitas ser honesto contigo mismo cuando evalúes dónde estás. Como mencioné en un capítulo anterior, debes determinar dónde estás en cuanto a nivel de habilidad en cada uno de los cinco niveles del Triángulo D-I y rodearte de un equipo que complemente tus debilidades.

EL DINERO ES EL REY

Entender el flujo y el manejo del efectivo es una necesidad esencial para cualquier empresario o dueño de negocios. A fin de cuentas el empresario es el responsable de la línea de resultados. Iniciar un negocio casi siempre cuesta más de lo que el empresario espera.

APRENDE EL CICLO DE EFECTIVO TÍPICO EN LA INDUSTRIA DE TU NEGOCIO

¿Cuáles son tus fuentes de efectivo?

- ¿Cuánto dinero estás invirtiendo?
- ¿Cuánto dinero esperas reunir de las inversiones?
- ¿Pides dinero prestado para iniciar el negocio?

- ¿Tienes un socio de empresa conjunta dispuesto a producir el producto con su dinero y recursos por una parte de las ganancias?
- ¿Tu cliente pagará al momento de una venta? ¿O necesitas extender crédito?
- Si necesitas extender crédito al cliente, ¿cuánto tardará reunir tus cuentas por cobrar?
- ¿Qué nivel de deudas malas debes esperar de tus clientes?
- ¿Cuántos ciclos de producción serán necesarios antes de que empieces a ver un flujo de efectivo positivo?
- ¿Puedes dar licencia sobre tu producto a otras compañías que estén en diferentes industrias, de modo que no compitan contigo y reunir dinero por regalías?
- ¿Puedes dar licencia sobre tu producto a otras compañías que estén en diferentes territorios geográficos, para que no compitan contigo y reunir dinero de regalías?

¿En qué usas el efectivo?

- ¿Tienes una idea para un producto?
- ¿Proteges tu producto?
- ¿Planeas el negocio alrededor de la idea o producto?
- ¿Necesitas pagar a tus asesores?
- ¿Necesitas comprar un prototipo?
- ¿Necesitas buscar tu fuente de materias primas, tus proveedores?
- ¿Puedes negociar términos de pagos con tus proveedores?
- ¿Necesitas una oficina? ¿Un almacén? ¿Un vehículo?
- ¿Qué tipo de suministros de oficina necesitas?
- ¿Qué tipo de equipo de oficina necesitas? ¿Computadoras? ¿Fotocopiadoras?
- ¿Cuánto tiempo te tomará fabricar tus productos?

- ¿Cuántos empleados necesitarás, con qué niveles de sueldo y en qué etapa de desarrollo?
- ¿Cuánto requieren de salario tú y tu equipo durante la etapa inicial del negocio?
- ¿Cuánto dinero necesitarás para fabricar los productos y cuándo lo necesitarás?
- ¿Cómo vas a empacar tu producto?
- ¿Cuánto costará?
- ¿Cómo vas a promover tu producto?
- ¿Vas a crear un sitio en internet?
- ¿Tienes una instalación de cobro por tarjeta de crédito para las órdenes de tus clientes?
- ¿Cuánto costarán tus materiales de mercadotecnia?
- ¿Dónde almacenarás tu inventario?
- ¿Cuánto costará llevar el inventario a tu almacén?
- ¿Cuánto debe tardar el ciclo de producción para volver a abastecer tu inventario?
- ¿Tomarás pedidos?
- ¿Enviarás pedidos?
- ¿Qué tipos de seguro necesitas? ¿Cuánto costará este seguro?
- ¿Cómo procesarás las ganancias de tu producto?
- ¿Cómo manejarás el servicio al cliente relacionado con tus productos?
- Si tienes deudas, ¿cuántos intereses o servicio por deudas tendrás?
- ¿Por cuántos ciclos de producción pasarás antes de empezar a ver cobros por sus ciclos de ventas?

Planea el ciclo de efectivo

Sé que estas preguntas pueden parecer abrumadoras, pero es necesario que cualquier empresario serio las considere. Un inversionista potencial querrá ver las respuestas a esas preguntas completamente examinadas y planeadas para determinar las necesidades de efectivo del negocio como parte integral del plan de negocios. Aquí es donde la habilidad de un excelente contador será invaluable para ayudarte a crear el plan adecuado para tus requerimientos de efectivo.

He visto muchos negocios exitosos entrar en crisis porque no planearon adecuadamente el intervalo entre los gastos de producción de su producto y el cobro de deudas por pagar por parte de sus clientes.

En una de las compañías de libros electrónicos para niños que dirigí, este intervalo fue de más de catorce meses, porque teníamos que pagar la producción de un componente electrónico que tomó seis meses construir. Se llevó otros dos meses enviar el producto de Asia a Estados Unidos y seis meses más vender y cobrar. Tener un ciclo de efectivo de catorce a dieciséis meses fue desafiante y el ciclo de ventas tenía que ser monitoreado constantemente. Un retraso en cualquiera de los ciclos podía resultar en una crisis de efectivo. Trabajamos de manera diligente con nuestros proveedores para acortar el ciclo cuando fuera posible.

Industrias enteras pueden cambiar en menos tiempo del que a nosotros tomó construir, vender y cobrar por las ventas de nuestro producto.

Cuando el efectivo escasea

Cuando esto ocurre, el empresario pierde concentración en construir el negocio y sólo piensa en la supervivencia.

1. Es viernes y no logro juntar la nómina.
2. Tengo que pagarle a mi proveedor antes de que embarque mi mercancía, y no tengo suficiente dinero.

3. Tengo enormes cuentas por cobrar, pero ni un centavo en el banco.

4. El banco acaba de suspender nuestros depósitos de tarjetas de crédito.

5. También ocurre que su esposa llama y dice: *"Necesitamos un sueldo".*

Cuando empiezo a escuchar estas afirmaciones en una compañía, sé que son las banderas rojas de las que mi padre rico habló a Robert. El empresario entra en un momento crítico para su negocio si no puede impedir que este tipo de emergencias de efectivo distraigan su concentración de la construcción del negocio.

El tiempo es dinero

Como empresario, pregúntate cómo inviertes tu tiempo. Al inicio, todo tu tiempo se invierte en el futuro... desarrollando el producto y los sistemas para crear y lanzar el negocio. Es un momento muy emocionante que llena de energía a la mayoría de los empresarios.

A medida que crece el negocio, la demanda del tiempo del empresario automáticamente cambia. ¿Pero debe ser así? Las operaciones diarias se vuelven importantes. Deben atenderse aspectos legales y de contabilidad. Un día el empresario puede descubrir que ha perdido concentración en el futuro de su compañía. Es primordial rodearse del equipo adecuado de personas que puedan apoyarlo en esas diversas necesidades de la compañía.

He incluido un maravilloso ejercicio que aprendí de un amigo que a su vez lo aprendió en un seminario. Me encantaría dar crédito a la fuente, pero no sé donde se originó. Hazte las siguientes preguntas:

En lo que respecta a tu negocio

¿Cuánto tiempo estás invirtiendo en tu futuro?   __ __ %
¿Cuánto tiempo estás invirtiendo en el presente?   __ __ %
¿Cuánto tiempo estás invirtiendo en el pasado?   __ __ %
Tiempo total   100%

Si analizara tu tiempo, identificaría las siguientes tareas y cómo se pueden categorizar:

Futuro: mercadotecnia, relaciones públicas, investigación y desarrollo, sociedades estratégicas, licencias, tratos nuevos, proyecciones y requerimientos de efectivo, aspectos legales buenos. (*Ver cuadro*: Honorarios legales buenos *versus* Honorarios legales malos.)

Presente: tomar órdenes, enviar y recibir mercancía, servicio al cliente, requerimientos de efectivo.

Pasado: contabilidad, aspectos legales negativos, acatar requerimientos con gobiernos federales, estatales o locales, o agencias reguladoras, revisión de empleados.

¿Cuál es la respuesta correcta?

Como estudiante de dieces, reconozco de inmediato el deseo de obtener la respuesta "correcta". Por desgracia, la respuesta correcta para tu negocio puede no ser la misma para mi negocio. Por lo general, animo a los empresarios a pasar más de la mitad de su tiempo trabajando en el futuro de su negocio y construyendo un equipo fuerte para concentrarse en los aspectos presentes y pasados del negocio. En algunos casos, el empresario puede gastar más del 80 por ciento de su tiempo concentrándose en el futuro. Cuando surja un aspecto que requiera que concentres tu atención en aspectos presentes o pasados, ten planeado un proceso que permita que otras personas de tu equipo incrementen su concentración en el futuro.

Honorarios legales buenos versus *honorarios legales malos*

Robert mencionó que hay pocas cosas donde se desperdicie más dinero que una demanda. Sin embargo, debe hacerse una distinción entre honorarios legales desperdiciados o litigio innecesario, y honorarios pagados para implementar el elemento legal del Triángulo D-I.

Así como hay una diferencia entre "deuda buena" y "deuda mala", hay una diferencia entre tipos de cuentas legales.

Un préstamo que te permite adquirir un activo que genera flujo de efectivo en exceso de los pagos del préstamo, es una deuda buena. Por analogía, las cuentas legales que te permiten construir los cimientos de un negocio, formar una entidad, crear contratos precisos, meditados y sin ambigüedades, establecer derechos de propiedad intelectual y crear sociedades de negocios fuertes son cuentas legales "buenas". Gastar ese dinero te hará ahorrar dinero o quizá te dé dinero en el futuro.

Tomar un préstamo que te permita gratificación instantánea respecto a la compra de algun gasto superfluo es una deuda mala. Por analogía, las cuentas por servicios legales que no te harán ahorrar dinero o que no te darán dinero en el futuro son cuentas legales "malas". Por ejemplo, las cuentas por litigios, en un contexto de negocios, por lo general no son cuentas legales "buenas" en el sentido de que el litigio *per se* rara vez te dará dinero.

Por supuesto, puede haber circunstancias en las que gastar dinero en litigio tiene absoluto sentido y, de hecho, puede ser absolutamente necesario para la supervivencia de un negocio. Por ejemplo, hay veces en que un litigio es necesario para impedir la pérdida de derechos valiosos (y la pérdida del ingreso generado a través de esos derechos); en ese sentido ésas son cuentas legales "buenas". Sin embargo, el litigio no es algo a lo que se pueda entrar con ligereza, en particular cuando se reconoce que con frecuencia es puro gasto que no agregará nada a la línea de resultados. El litigio es en extremo costoso y no es algo que puedas iniciar y de lo que luego simplemente te puedas salir si las cosas se ponen difíciles. Después de pasar años como abogado litigante, puedo afirmar que el "litigio es el deporte de los reyes" y "el litigio es como un vuelo en avión, una vez que despega más vale que estés dispuesto a pagar la tarifa de todo el camino hasta el final del vuelo."

Volvamos a nuestra analogía entre deuda y cuentas legales. Hay circunstancias donde tomar una "deuda" para adquirir o mantener un activo que no produce ingresos ("deuda mala" según nuestra definición) tiene perfecto sentido. Por ejemplo, adquirir una hipoteca para comprar una casa donde puedan vivir tú y tu familia puede tener sentido, aunque la hipoteca sea una "deuda mala", según nuestra definición. Lo mismo resulta cierto respecto a adquirir un préstamo a corto plazo para comprar una medicina o pagar el tratamiento médico necesario que de otra manera no puede costear para un familiar enfermo. O supongamos que tienes hijos pequeños y adquieres un préstamo para colocar una reja alrededor de tu jardín que impida que los niños salgan a la calle o para dejar fuera de tu jardín y lejos de tus hijos a animales peligrosos (u otros tipos malos). Aunque el préstamo no entra en nuestra definición de "deuda buena", desde luego tiene sentido gastar lo necesario para proteger a tus hijos. Es importante reconocer, y saber, qué tipo de deuda estás adquiriendo.

Lo mismo resulta cierto respecto a algunas cuentas legales que no entran en nuestra definición de cuentas legales "buenas". Hay veces en que tienes que hacer cumplir tus derechos por principio o como una necesidad estratégica. Por ejemplo, a veces la única forma de lidiar con un toro es torearlo. Si no enfrentas al toro cara a cara, la embestida será frecuente. A veces iniciar un litigio es la única forma de detener a un competidor "pirata".

Michael Lechter
Asesor de Padre Rico, autor de *Protecting Your #1 Asset*
y *OPM: Other People's Money*

¿CUÁL ES EL PROCESO?

Regresando a la Lección #5 de padre rico: El proceso es más importante que la meta: el proceso que he comentado en esta sección es el proceso de tu administración del efectivo y el de tu administración del tiempo. Mantenlos bajo control y concentrados en el futuro y tu negocio continuará moviéndose hacia su meta.

¿Lo piensas en serio?

Si realmente piensas en convertirte en un empresario exitoso, te recomendamos que estudies con cuidado el Triángulo D-I. En *You Can Choose to Be Rich* de Padre Rico^{MR}, proporcionamos un análisis más detallado del Triángulo D-I.

Ofrecemos diferencias entre cómo piensan los ricos, los pobres y la clase media... y luego te dejamos a ti la decisión de qué camino quieres seguir. Puedes elegir ser rico de Padre Rico^{MR}, esto es imprescindible para cualquier persona que piense seriamente en convertirse en empresario exitoso. Para más información sobre este producto, por favor visita:

www.richdad.com/choosetoberich

Las mejores respuestas están en tu corazón... no en tu cabeza

CAPÍTULO 6

Los tres tipos de dinero

"¿Qué aprendiste en Vietnam?", preguntó mi padre rico.

"Aprendí la importancia de una misión, del liderazgo y del equipo", contesté.

"¿Cuál fue lo más importante?"

"La misión."

"Bien." Mi padre rico sonrió. "Serás un buen empresario."

Un *marine* verde

A comienzos de 1972, mi trabajo era pilotear un helicóptero cañonero Huey UH-1 en Vietnam. Después de dos meses en la zona de guerra, mi copiloto y yo habíamos volado en varias misiones pero todavía no había encontrado el fuego enemigo. Esta situación cambiaría muy pronto.

Un día finalmente conocí al enemigo, las cosas ya estaban muy tensas para mí. Volábamos con las puertas abiertas y el viento golpeaba la aeronave. Mirando el transportador, nuestro hogar, una vez más recordé que ésta era una zona de guerra y que mis días de escuela habían terminado. Durante dos años había entrenado para esta misión.

Sabía que, cada vez que cruzábamos la playa y volábamos sobre la tierra, había enemigos de carne y hueso con pistolas y balas reales esperándonos. Volviéndome para ver a mi tripulación de tres personas, dos soldados ametralladores y un jefe de tripulación, pregunté por el intercomunicador: "¿Están listos?" Sin decir nada, simplemente me mostraron los pulgares levantados en señal de que lo estaban.

Mi tripulación sabía que yo estaba verde y sin experiencia; que podía volar pero no sabían cuál sería mi desempeño bajo la presión del combate.

En un inicio había dos helicópteros en nuestra pelea. Cerca de veinte minutos después de comenzada la pelea, la aeronave principal tuvo que regresar. Aparentemente, presentaba problemas eléctricos. Nos dijeron que debíamos permanecer en el transportador para continuar y que nos quedáramos en el área. Se podía sentir cómo subía la tensión en nuestra aeronave porque la aeronave principal tenía a los pilotos más experimentados. Habían estado en combate durante más de ocho meses. Además, su aeronave llevaba cohetes aéreos. La mía sólo tenía ametralladoras. A medida que la aeronave principal se daba vuelta y se dirigía hacia el barco, mi ansiedad era creciente. A ninguno nos gustaba estar ahí solos.

Pasamos sobre algunas de las playas más hermosas del mundo y nos dirigimos hacia el norte. A la izquierda teníamos arrozales verde oscuro, a la derecha el océano verdiazul y debajo de nosotros playas de arena blanca. De pronto, por radio, dos helicópteros del ejército transmitieron que necesitaban nuestra ayuda. Estaban en una batalla con una ametralladora calibre cincuenta en las colinas, por encima de los arrozales. Como estábamos cerca, respondimos y comenzamos a volar hacia allá. Mientras volábamos justo encima de las nubes, de pronto vimos los helicópteros del ejército en un fuego cruzado con la ametralladora de tierra. También había muchos disparos provenientes de armas pequeñas de tropas enemigas en el área. Era fácil distinguir entre las rondas de las pistolas calibre treinta que llevaban las tropas y las rondas más pesadas, calibre cincuenta, provenientes de la ametralladora. El fuego de las armas pequeñas, calibre treinta, lucía como manchas rojo anaranjado subiendo contra el cielo verde oscuro. Los disparos de la calibre cincuenta lucían como botellas de cátsup volando por el cielo. Tomé un respiro muy profundo y seguí volando.

Mientras observaba la batalla a medida que nos acercábamos, seguía esperando que los helicópteros del ejército destruyeran la ametralladora y no necesitaran nuestra ayuda. Pero no tuvimos suerte. Cuando uno de los helicópteros del ejército fue alcanzado y cayó del cielo, supe que íbamos a ser parte de la batalla. Mientras el helicóptero humeante caía en espirales, la tensión subió aún más en nuestra aeronave. Mirando a mi tripulación, dije: "Despejen las plataformas. Preparen las armas. Vamos a entrar." No sabía lo que íbamos a hacer. Simplemente sabía que teníamos que estar preparados para lo peor.

El segundo helicóptero del ejército salió de la batalla y bajó a recoger a la tripulación del primer helicóptero. Eso nos dejó a nosotros (una sola aeronave con tan solo pistolas calibre treinta, a punto de enfrentar a quince tropas con pistolas y una ametralladora calibre cincuenta). Yo quería dar media vuelta y huir. Sabía que eso era lo inteligente. No obstante, como no quería parecer un cobarde frente a mis hombres, seguí volando hacia la ubicación de la ametralladora calibre cincuenta. Volaba con pura bravuconería y esperando lo mejor.

Con los dos helicópteros del ejército fuera del camino, el fuego de tierra se volvió hacia nosotros. Aunque estaba lejos, ver rondas de fuego reales disparadas hacia mí fue una experiencia que nunca olvidaré. Los días de escuela definitivamente habían terminado.

Mi tripulación había estado antes en esta situación. Su silencio me indicaba que era un momento particularmente malo. A medida que las primeras rondas calibre cincuenta comenzaron a acercarse a nuestra aeronave, mi jefe de tripulación me golpeó en el casco, jaló y giró mi casco de manera que quedáramos frente a frente y dijo: "Oiga, teniente, ¿sabe qué es lo malo de este trabajo?"

Agitando la cabeza dije débilmente: "No."

Mostrando su amplia sonrisa, el jefe de tripulación, en su segunda visita a Vietnam, dijo: "El problema con este trabajo es que no hay segunda vez. Si lo decide peleamos, o volvemos a casa hoy mismo; o bien, esos chicos que están en tierra vuelven a casa. Pero no vamos a volver ambos. Uno de nosotros está a punto de morir. Depende de usted decidir quién... ellos o nosotros."

Mirando a mis soldados ametralladores de nuevo, dos jóvenes de diecinueve y veinte años, volví a hablar por el intercomunicador y dije: "¿Están listos?" Ambos levantaron los pulgares en señal de que lo estaban, cosa que todos los buenos *marines* están entrenados a hacer. Estaban listos. Estaban entrenados para seguir órdenes, sin importar si su líder era competente o no. Darse cuenta de que su vida estaba en mis manos no los hacía sentir mejor. En ese momento dejé de pensar sólo en mí y comencé a pensar en todos nosotros.

Grité para mis adentros: "Piensa. ¿Debemos dar vuelta y correr o debemos pelear?" Luego mi mente comenzó a alimentarme con excusas respecto a por qué debíamos dar vuelta y correr: "Son una sola aeronave. Por lo menos debería haber dos. ¿No hay una regla que indica que no se puede pelear a menos que haya dos aeronaves? Los pilotos principales se han ido. Ellos tenían los cohetes. Nadie nos culpará si nos damos vuelta y corremos. Quizá podemos bajar y ayudar a los pilotos del Ejército. Sí, vayamos a ayudarlos. Entonces no tenemos que hacer nuestro trabajo. Entonces tenemos una excusa para no pelear. Estábamos en una misión de rescate. Salvamos a algunos pilotos del ejército. Sí, eso suena bien."

Entonces me pregunté: "¿Y si ganamos milagrosamente? ¿Y si vencemos a esa calibre cincuenta y vivimos? ¿Qué obtendremos?".

La respuesta vino: "Todos recibiremos alguna medalla por valentía. Seremos héroes."

"¿Y si perdemos?"

La respuesta vino: "Moriremos o nos capturarán."

Al volver a ver a los dos jóvenes ametralladores, decidí que sus vidas valían más que una medalla en un listón. La mía también, admití para mis adentros. Ser valiente y estúpido estaba descartado.

Las rondas de calibre cincuenta estaban volando más cerca de nosotros. La ametralladora de tierra estaba aumentando su precisión con cada disparo. En la escuela de vuelo, aprendimos que una ronda calibre cincuenta tenía un mayor rango de acierto que una ronda calibre treinta.

Nosotros teníamos ametralladoras calibre treinta. Eso significaba que ellos podrían alcanzarnos mucho antes de que pudiéramos llegar a su ametralladora. De repente, un estallido de rondas calibre cincuenta zumbó cerca de mi ventana. Sin pensarlo, me incliné a la izquierda y me zambullí hacia la tierra para incrementar la distancia entre el ametrallador enemigo y nosotros. Como no tenía idea de lo que estaba haciendo, decidí que era momento de pensar. Volar directo a la ametralladora era una muerte segura. Mientras mi aeronave estaba zambulléndose hacia tierra en un ángulo agudo, usé mi radio y transmití a cualquiera que estuviera en la zona: "Éste es un helicóptero de los *marines*, Yankee- Tango-96, calibre cincuenta localizada. Necesito ayuda."

De la nada, una voz fuerte y segura se escuchó en mis audífonos: "Yankee-Tango 96, vuelo de cuatro *marine* A-4 RAB (regresando a la base) tenemos ordenanza y combustible extra a bordo. Indíquenos su posición y les daremos una mano."

El alivio invadió a la tripulación mientras yo enviaba por radio nuestra posición a los pilotos de los jets de la Marina. En unos cuantos minutos, pude ver cuatro manchas volando bajo hacia la tierra en nuestro auxilio. Al vernos, el líder de vuelo transmitió por radio: "Antes de acercarnos demasiado, vuele de regreso hacia Charlie y vea si puede marcar su fuego. Una vez que veamos sus rastros, nos encargaremos del resto." Con eso, nos dimos vuelta y una vez más volamos hacia la ametralladora calibre cincuenta. Cuando sus rastros comenzaron a volar de nuevo hacia nosotros, el líder de ala de los cuatro jets transmitió por radio: "Objetivo a la vista." En menos de cinco minutos la ametralladora calibre cincuenta ya no era un problema. Mi tripulación y yo fuimos quienes regresamos a casa esa noche.

Diferentes equipos, una misma misión

He reflexionado muchas veces en silencio respecto a ese día. Aunque dije "gracias" por radio cuando la batalla terminó, sigo deseando haber tenido la oportunidad de conocer a esos chicos en persona, de estrechar su mano y decir "gracias". Éramos de equipos diferentes, de barcos diferentes, pero todos compartíamos la misma misión.

Todas las guerras son horribles. La guerra es simplemente ver a la humanidad en su peor momento. La guerra es un momento en el que usamos nuestra mejor tecnología y nuestra gente más valiente para matar a otros seres humanos. Durante mi año en Vietnam, vi lo peor de la humanidad. Vi escenas que desearía no haber visto nunca. También tuve vistazos de poder espiritual, de dedicación a un llamado más alto que nunca habría presenciado de no haber ido a la guerra. Cuando el término "hermanos de sangre (título en español de la serie *Band of brothers)* se usa para describir el lazo entre soldados, me pregunto si alguien que nunca ha combatido en una guerra puede llegar a saber cómo se siente ese lazo. Para mí, es un lazo espiritual dedicado a un llamado más alto... algo conocido como misión.

Frases de misión

En los negocios hoy en día, está muy de moda ofrecer en una frase la misión propia del negocio... El propósito motor para formar el negocio. Después de mi experiencia en la Marina y en Vietnam, he permanecido escéptico cada vez que alguien dice: "La misión de nuestro negocio es..." Mi escepticismo me hace preguntarme qué tanto la palabra misión es justo eso... sólo una palabra.

La misión más fuerte gana

Un día estaba volando cerca de la ZDM, la zona desmilitarizada, que solía separar Vietnam del Norte de Vietnam del Sur. Al mirar hacia abajo y descubrir la carnicería que se desplegaba, noté algo que me perturbó profundamente. Al regresar al transportador esa noche, levanté la mano durante la sesión informativa y pregunté: "¿Por qué los vietnamitas enemigos pelean más que nuestros vietnamitas? ¿Estamos peleando para el lado equivocado? ¿Estamos peleando por una causa equivocada?"

Sobra decir que fui amenazado con la corte marcial por pronunciar palabras que sonaban tan traidoras como ésas. Según yo, no estaba siendo traidor, sólo estaba haciendo una pregunta. Simplemente expresé una observación, algo que había notado desde que llegué a Vietnam. Me parecía que el vietcong y los soldados de Vietnam del Norte peleaban más fuerte, más duro y con mayor tenacidad que nuestros soldados vietnamitas. Desde mi perspectiva, esos soldados vietnamitas de nuestro lado no parecían pelear tan duro. Personalmente, no sentía que contáramos con ellos. A menudo me preguntaba si les dejáramos de pagar, ¿seguirían peleando?

Para ser justo, había muchos soldados norteamericanos que tampoco estaban ahí para pelear. Muchos eran reclutas que fueron lo bastante desafortunados para ser enlistados. Si les hubieran ofrecido la opción de un boleto de avión con destino a casa o quedarse y pelear, muchos habrían estado en ese avión.

A mitad de camino en mi recorrido, descubrí que no ganaríamos. No íbamos a ganar aunque estábamos mejor equipados, teníamos la mejor tecnología, una potencia de fuego abrumadora, la paga más alta y hombres y mujeres bien entrenados. Yo sabía que no venceríamos simplemente porque nuestro lado, los soldados de Vietnam del Sur así como los norteamericanos, carecían de una misión suficientemente fuerte, un llamado más alto, una razón para pelear. Habíamos perdido el corazón. Por lo menos, yo había perdido el mío. Ya no quería matar. Ya no era un buen *marine*.

Mi experiencia en Vietnam me demostró que la misión más fuerte gana. Lo mismo sucede en un negocio.

Un voto de pobreza

La mayoría de nosotros sabemos que los hombres y mujeres de fe religiosa han hecho votos de pobreza en apoyo de su misión espiritual. Cuando era un niño, mi padre me explicó que su amigo, un sacerdote católico, había hecho votos de pobreza. Al preguntarle qué significaba eso, me dijo: "Ha dedicado su vida a Dios y a las obras de Dios. Eso significa que el dinero no debe ser una parte de su vida. Vive una vida austera al servicio de Dios."

"¿Qué significa austera?", pregunté.

Cansado de las miles de preguntas que hace un niño, la respuesta de mi padre fue: "Olvida lo que significa 'austera'. Lo descubrirás más adelante."

Varios años después, descubrí lo que significa 'austera'. Sentado en un salón de clases para nuevos oficiales de marina, el instructor explicó al grupo que, a lo largo de la historia, hombres y mujeres de guerra también han hecho votos de pobreza. El instructor dijo: "En la época feudal, muchos caballeros hacían un voto de pobreza para ser fieles a su llamado. No querían que el dinero o el deseo de bienes terrenales interfiriera con su dedicación a Dios y al rey."

Antes de unirme a la fuerza de infantería de marina, era oficial de barco petrolero para Standard Oil de California, con un sueldo de 4 000 dólares al mes, que en 1969 era mucho dinero. Aunque estaba exento de ser reclutado porque trabajaba para la industria petrolera, una clasificación conocida como industria vital de no defensa, mis dos padres me animaron a servir a mi país en época de guerra. Como oficial de los *marines* mi paga bajó a menos de 300 dólares al mes. Sentado en ese salón de clases, escuchando al instructor recordarnos que, a lo largo de la historia, hombres y mujeres de guerra tomaron votos de pobreza, finalmente encontré mi definición de la palabra austero, la definición que mi padre no me dio años antes.

Los tres tipos de dinero *versus* ingreso

En libros anteriores escribí sobre los tres tipos de ingreso, los cuales son:

1. Ingreso ganado.
2. Ingreso de portafolio.
3. Ingreso pasivo.

Mi padre pobre trabajaba por ingreso ganado, el ingreso que paga más impuestos de los tres. Mi padre rico trabajaba principalmente por ingreso pasivo, el ingreso que paga la menor cantidad de impuestos.

Estos términos para los tres tipos de ingreso en realidad vienen del Servicio Interno Fiscal. El departamento de impuestos cobra impuestos a los tres ingresos en diferentes tasas. Un empresario tiene la oportunidad de trabajar para obtener los tres tipos de impuesto y necesita saber las diferencias porque las distintas tasas pueden marcar una enorme diferencia en la línea de resultados. Menciono estos ingresos ahora, no para confundirte sino para que los distingas de la discusión sobre los tres tipos diferentes de dinero que explicaré.

Aunque estábamos en preparatoria, mi padre rico nos enseñó a su hijo y a mí que las personas trabajan por tres tipos de dinero:

1. Dinero competitivo.
2. Dinero cooperativo.
3. Dinero espiritual.

Dinero competitivo

Para explicar el dinero competitivo, mi padre rico dijo: "Aprendemos a competir temprano en la vida. En la escuela competimos por calificaciones, competimos en deportes y competimos por la persona a quien amamos. En el trabajo, aprendemos a competir por empleos, aumentos, ascensos, reconocimiento y supervivencia. En los negocios, las compañías compiten por clientes, participación en el mercado, contratos y buenos empleados. La competencia es la supervivencia del perro mejor preparado o del perro que se come a los demás perros. La mayoría de las personas trabajan por dinero competitivo."

Dinero cooperativo

Para explicar el dinero cooperativo mi padre rico dijo: "En los deportes, la cooperación se conoce como trabajo en equipo. Los empresarios más ricos, más poderosos, han construido los mayores negocios del mundo a través de la cooperación. Se vuelven más competitivos debido a la cooperación de su equipo. La mayoría de los empresarios de negocios grandes son excelentes líderes de equipos."

Dinero espiritual

Explicar el dinero espiritual fue un poco más difícil. Mi padre rico dijo: "El dinero espiritual se crea al hacer la obra de Dios, la obra que Dios quiere que se haga. Es la obra que se hace en respuesta a un llamado más alto."

Como no entendía lo que mi padre rico quería decir, le pregunté: "¿Quieres decir como formar una iglesia?"

Su respuesta fue: "Hay empresarios que forman iglesias, así como empresarios que forman obras de caridad. Ambos podrían ser ejemplos de trabajar para obtener dinero espiritual, pero el dinero espiritual no está restringido simplemente a una iglesia u obra de caridad."

Durante años, esta categoría me confundió y con frecuencia tuve discusiones con él al respecto. En una de esas discusiones dijo: "La mayoría de las personas van a trabajar por dinero... nada más. No les preocupa si es competitivo, cooperativo o espiritual. Para muchas personas, trabajó y dinero son sólo un medio para un fin. Si les pagaras el doble por no trabajar muchos aceptarían tu oferta."

"¿Quieres decir que no trabajarían gratis?", pregunté con una sonrisa burlona.

"No, definitivamente no lo harían. Si a la mayoría de la gente no le pagaras, buscarían otro empleo. Puede que quieran ayudarte a ti y a tu negocio, pero tienen cuentas que pagar y familias que alimentar. Necesitan el dinero, cualquier tipo de dinero. Elegirían su empleo dependiendo de cuál les paga más y les da los mayores beneficios."

"¿Entonces el dinero espiritual es como amar tu trabajo y hacer lo que te gusta?"

"No", sonrió mi padre rico. "Hacer lo que te gusta no es a lo que me refiero por dinero espiritual."

"¿Entonces qué es dinero espiritual?", pregunté. "¿Es trabajar gratis?"

"No, tampoco es eso. No es trabajar gratis porque el dinero espiritual no se trata realmente de dinero."

"¿El dinero espiritual no se trata de dinero? ¿Entonces de qué se trata?", pregunté.

"Se trata de hacer un trabajo no porque quieres hacerlo sino porque debe hacerse y sabes en lo más profundo de tu alma que tú eres quien se supone que debe hacerlo."

"¿Cómo saber que tú debes hacerlo?", pregunté.

"Porque te molesta que nadie más lo esté haciendo. Puedes decirte a ti mismo: '¿Por qué nadie hace algo al respecto?'"

"¿Puede hacerte enojar?", pregunté.

"Oh sí", dijo mi padre rico suavemente. "También puede entristecerte o romperte el corazón. Puede parecerte una injusticia o un crimen. Probablemente perturba tu sentido de la decencia. Parece injusto... una injusticia."

"¿La mayoría de las personas no tienen estos sentimientos sobre algo en su vida?"

"Sí, pero la mayoría de las personas no hacen nada al respecto. Van a trabajar y dicen cosas como: '¿Por qué el gobierno no hace algo al respecto?' mandan cartas a un editor y se quejan."

"Pero no hacen nada al respecto", añadí.

Tranquilamente, mi padre rico dijo: "En la mayoría de los casos, no. Pueden hablar de ello o pueden quejarse al respecto, pero hacen poco. Después de todo, están demasiado ocupados en su empleo, ganando suficiente dinero para pagar la renta y ahorrando para llevar a los niños a Disneylandia."

"¿Qué pasaría si hicieran algo al respecto?", pregunté. "¿Qué podría pasar?"

"Si estuvieran verdaderamente comprometidos a resolver el problema, yo diría que las fuerzas invisibles de este universo, las fuerzas de Dios, vendrían en su ayuda. La magia podría surgir en sus vidas. Aquí es donde el dinero espiritual entra en juego. Pero es más que dinero. Gente que no conocías viene a unir fuerzas contigo, no por dinero, sino por la misión."

"¿Por qué se unen?", pregunté.

"Porque están en la misma misión."

Eso fue todo lo que pude sacar en conclusión en ese momento. Tenía un examen al día siguiente y mi misión en ese instante era terminar la preparatoria.

Entrega tu don

Pasó cerca de un año y de nuevo traje a cuento el tema del dinero espiritual. "Si simplemente trabajo en un problema que sé que necesita solución, ¿eso traerá a las fuerzas invisibles, al dinero espiritual?"

Mi padre rico rió y dijo: "Tal vez sí, tal vez no. Yo no soy el que toma esas decisiones. Una de las claves para atraer a las fuerzas mágicas es estar dedicado a entregar tu don."

"¿Qué?", respondí con sobresalto. "¿Entregar mi don? ¿A que te refieres con don?"

"A un talento especial otorgado por Dios", contestó mi padre rico. "Algo en lo que eres el mejor. Un talento que Dios te dio especialmente a ti."

"¿Y cuál podría ser ese talento?", pregunté. "No hay nada que yo sepa en lo que sea el mejor."

"Bueno, tienes que descubrirlo."

"¿Todo el mundo tiene uno?"

"Me gustaría pensar que así es", sonrió mi padre rico.

"Si todo el mundo tiene un don, ¿por qué hay tantas personas por debajo del promedio?", pregunté.

Mi padre rico explotó en carcajadas con esa pregunta. Recuperándose dijo: "Porque encontrar tu don, desarrollar tu don y entregar tu don es un trabajo muy duro. La mayoría de las personas no quieren trabajar tan duro."

Ahora estaba confundido. Me parecía que si Dios nos había dado un talento debía ser aparente; debía ser fácilmente accesible. Cuando pedí a mi padre rico que me aclarara esto, me dijo:

"Los grandes médicos pasan años en la escuela y luego practican durante años desarrollando su don. Los grandes golfistas han practicado durante años, desarrollando su don. Aunque hay excepciones como los niños prodigio, la mayoría de la gente tiene que dedicar su vida a encontrar y desarrollar su don. Por desgracia, el mundo está lleno de gente talentosa que nunca desarrolla su don. Encontrar el don que tenemos puede ser un trabajo duro y desarrollarlo puede ser un trabajo aún más duro. Por eso tantas personas parecen estar por debajo del promedio."

"¿Así que por eso la mayoría de los atletas profesionales practican más duro que los amateurs?", y añadí: "Dedican su vida a desarrollar su fuerza y sus habilidades para desarrollar su don."

Mi padre rico asintió con la cabeza.

Una vez más, había escuchado más de lo que podía manejar. La discusión había terminado pero yo recordaba la lección.

De bueno a excelente

Hay dos libros que recomiendo a los amigos que están dedicados a superarse incansablemente en la vida. El primero es *Good to Great,* publicado en 2001 y escrito por Jim Collins. Hemos leído y hecho grupos de estudio en torno a este libro cinco veces y cada vez que nuestro grupo estudia el libro profundamente, pareciera como si estuviéramos leyendo un libro diferente. El otro libro, *The War of Art,* publicado en 2002 y escrito por Steven Pressfield, es otro de esos libros para cualquiera que desee sacar lo mejor de su vida. *The War of Art* trata sobre el saboteador que todos llevamos dentro. Recomiendo ampliamente ambos libros para cualquiera que esté dedicado a convertirse en un excelente empresario. La primera línea de *Good to Great* lo dice todo. Collins afirma: "Lo bueno es enemigo de lo excelente." Siguiendo con el tema de encontrar el don que tenemos, todos sabemos que el mundo está lleno de buenos negociantes, buenos atletas, buenos padres, buenos trabajadores y buenos gobiernos. Pero el mundo tiene escasez de negocios excelentes, atletas excelentes, padres excelentes, trabajadores excelentes, gobiernos excelentes y así sucesivamente. ¿Por qué? Porque para muchos de nosotros, lo bueno es suficiente. Si mi padre rico estuviera hoy aquí, diría: "Sacar tu don es sacar tu grandeza, no sólo en qué eres bueno."

Good to Great está lleno de lecciones esenciales para negocios pequeños y grandes. En nuestros grupos de estudio, cada persona parecía encontrar una lección que estaba escrita sólo para él o ella. Para mí, la que me tocó con más fuerza fue la lección de que la grandeza es una elección. No se trata de ser dotado o talentoso o más afortunado que los demás. Se trata de una elección que todos podemos tomar.

Al ser una persona promedio y por debajo del promedio durante toda mi vida, la idea de que tenía la elección de cambiar todo eso fue un mensaje del libro que entró directo en mi corazón y en mi alma.

Resistencia

En *The War of Art*, Steven Pressfield identifica la resistencia como la fuerza que nos detiene dentro de cada uno de nosotros. Yo conozco bien a este personaje llamado resistencia. Excepto en mi caso, mi resistencia viene en diferentes personajes con diferentes nombres. En la mañana, mi resistencia responde por el nombre de Chico Gordo. A medida que me despierto, veo mi reloj y digo: "Hora de ir al gimnasio", de inmediato Chico Gordo dice: "Oh, no, no esta mañana. No te sientes bien. Además, está helando afuera. Ve al gimnasio mañana." Chico Gordo es el tipo dentro de mí que preferiría comer a hacer ejercicio.

Mi resistencia viene disfrazada de muchos personajes diferentes. Tengo muchos. Además de Chico Gordo, otro personaje es Marido Flojo. Este personaje a menudo dice cosas como: "¿Por qué Kim no hizo esto o aquello?" Otro personaje de resistencia que dirige mi vida es Sabandija Financiera, quien siempre está diciendo: "¿Por qué revisar los números?" Después de que Sabandija Financiera habla, entonces Marido Flojo dice: "Kim, ¿revisarías estos números?" Como puedes ver, Chico Gordo, Sabandija Financiera y Marido Flojo son amigos míos cercanos. Estamos juntos todos los días. Pressfield lo llama resistencia, yo les llamo mis cuates.

El libro de Steven Pressfield también trata sobre cómo superar tu resistencia usando a fondo tu poder creativo, tus aliados espirituales, tus ángeles o musas. Yo diría que este libro es esencial para empresarios. No es un libro para personas que simplemente quieran hacerse ricas rápidamente. Como *Good to Great, The War of Art* contiene muchas lecciones invaluables, no obstante, hay una lección que pertenece directamente al tema de entregar el don que se tiene. Está en el capítulo titulado "Profesionales y amateurs", dice:

Los aspirantes a artistas vencidos por la Resistencia comparten un rasgo. Todos ellos actúan como amateurs. Todavía no se han vuelto profesionales.

Para ser claros: Cuando digo profesional, no me refiero a médicos ni abogados, los de "las profesiones". Me refiero a "profesional" como un ideal. El profesional en contraste con el amateur. Piense en las diferencias.

El amateur juega por diversión. El profesional juega para vivir.

Para el amateur, el juego es su pasatiempo. Para el profesional, su vocación.

El amateur juega tiempo parcial. El profesional juega

tiempo completo.

El amateur es un guerrero de fin de semana. El profesional está ahí los siete días de la semana.

La palabra amateur viene de la raíz latina que significa "amar". La interpretación convencional es que el amateur sigue su llamado por amor, mientras que el profesional lo hace por dinero. No es así como yo lo veo. En mi visión, el amateur no ama el juego lo suficiente. Si lo hiciera, no lo buscaría como actividad complementaria, distinta de su vocación "real".

El profesional lo ama tanto que le dedica su vida. Se compromete de tiempo completo.

A eso me refiero cuando hablo de convertirse en profesional.

La resistencia odia cuando nos volvemos profesionales.

Un éxito de la noche a la mañana

Un periodista, que estaba escribiendo sobre el éxito de los libros de la serie de Padre Rico, dijo: "Este autor es un éxito de la noche a la mañana. Sólo otros tres libros en la historia de la lista de libros más vendidos del *New York Times* han estado en la lista con *Padre Rico, Padre Pobre* de Kiyosaki. La mayoría de los autores escriben durante años y escriben muchos libros y nunca entran en la lista del *New York Times*."

Las palabras "éxito de la noche a la mañana" y "autor" siempre me hacen reír. Aunque escribo libros, con la ayuda de Sharon Lechter, no me considero un autor y de ninguna manera soy un éxito que se dio de la noche a la mañana. Soy simplemente alguien que descubrió su misión. He estado trabajando en esa misión durante años, tengo socios que comparten esa misión y ser un autor es sólo uno de los trabajos que llevo a cabo para cumplir la misión. En realidad desearía no tener que escribir. Desde que reprobé inglés porque no podía escribir cuando estaba en preparatoria, a los quince años, le he tenido una profunda aversión a la escritura. Durante años odié escribir. Era lo más difícil que tenía que hacer. Hay muchas otras formas de comunicar que me resultan más fáciles y que preferiría, como las grabaciones de audio o de video, o las apariciones en vivo. No obstante, *Padre Rico Padre Pobre* ha sido el libro de negocios número uno en Estados Unidos durante dos años seguidos, de acuerdo con *USA TODAY*.

Lance Armstrong, quizás uno de los ciclistas más grandes de la historia, ha ganado seis veces la Tour de France, pero su mayor batalla fue vencer el cáncer en el punto más alto de su carrera. En comparación, si está haciendo frío afuera, no voy al gimnasio. Armstrong tiene cáncer y sigue siendo el mejor del mundo. Su nivel de profesionalismo y amor por su deporte es una inspiración para todos nosotros, sin importar cuál sea nuestro juego. Como dijo en su libro, *It's Not About the Bike*, publicado en 2000:

> Estaba empezando a ver el cáncer como algo que me habían dado para el bien de otros.
>
> Lo único que sabía es que sentía que tenía una misión para servir a otros que nunca antes había tenido y la tomé más en serio que ninguna otra cosa en el mundo.

No se trata del dinero

Otra pregunta que me hacen los periodistas es: "¿Por qué continúa trabajando?" Si tiene todo ese dinero, ¿por qué no simplemente toma vacaciones permanentes?" Al igual que afirma Lance Armstrong: "No se trata de la bicicleta." Para mí, "no se trata del dinero". Se trata de la misión.

En 1974, al ver a mi padre pobre, sentando en casa, viendo televisión como hombre roto y en bancarrota, encontré mi misión. Al verlo ahí sentado, pude ver el futuro. No sólo para él sino para millones, quizá miles de millones de personas en todo el mundo.

En los siguientes años, para 2015, será más evidente que, en todo el mundo, haya millones, quizá miles de millones de personas en las mismas condiciones que mi padre. Son personas inteligentes, educadas, muy trabajadoras que necesitarán el apoyo del gobierno para tener comida, refugio y medicina. Es un fenómeno mundial, que está afectando a todos los países del mundo, incluso a los más ricos como Estados Unidos, Inglaterra, Japón, Alemania, Francia e Italia.

En 1974, descubrí que el problema era que demasiadas personas, como mi padre, dependían del gobierno para vivir. Mi padre rico había visto el crecimiento del problema y se había dado cuenta de que el seguro social y Medicare iban a ser problemas financieros para Estados Unidos y el mundo. Yo podía ver que el país más rico del mundo podía convertirse en un país lleno de gente pobre, en espera de que el gobierno se ocupara de ella.

En 1974, cuando mi padre pobre me recomendó "regresa a la escuela, obtén tu doctorado, de manera que puedas encontrar un empleo con buenas prestaciones", encontré mi misión. En esa época, no sabía que había encontrado mi misión. Lo único que sabía era que el consejo de mi padre, consejo que yo solía escuchar, ahora me perturbaba profundamente. En 1974, al ver a mi padre sentado en el sillón, viendo televisión, desempleado, fumando y reuniendo sus prestaciones del gobierno, supe que había algo terriblemente equivocado en ese consejo. Los tiempos habían cambiado, pero su consejo no.

Hay un dicho que reza: "Como vaya General Motors, también va Estados Unidos." En marzo de 2005, General Motors anunció que estaba reduciendo la pensión y prestaciones médicas de los empleados. En 2005, los padres y las escuelas siguen diciendo a sus hijos: "Ve a la escuela, obtén buenas calificaciones, de manera que puedas encontrar un buen trabajo con prestaciones." Creo que ver a mi padre en 1974 fue ver el futuro.

Por qué hacer lo que te gusta no es suficiente

Con mucha frecuencia escucho gente que dice: "Yo estoy haciendo lo que me gusta." También escucho gente que dice: "Haz lo que te gusta y el dinero llegará." Aunque es un buen consejo, también hay algunos defectos en él. El más obvio es el uso de la palabra "yo". La verdadera misión se trata de saber a quién amas. No se trata de ti. Una misión es sobre para quién haces tu trabajo. No se trata de trabajar para ti. En su libro, Lance Armstrong afirma:

> Tuve un nuevo objetivo y no tenía nada que ver con mi reconocimiento y mis hazañas en una bicicleta. Algunas personas no lo entenderán, pero ya no sentía que mi papel en la vida era ser ciclista. Tal vez mi papel era ser un superviviente del cáncer. Mis conexiones y sentimientos más fuertes fueron con personas que estaban combatiendo el cáncer y hacían la misma pregunta que yo: "¿Me voy a morir?"

No se trata de ti

Recientemente, un amigo me pidió que hablara con su hermana, una gerente de oficina que acababa de unirse a una compañía de mercadeo en red. Me dijo: "Ella ha leído tus libros y está decidida a dar el salto para iniciar su negocio con una compañía de mercadeo en red."

"Qué bueno", dije.

"¿Te importaría hablar con ella?"

¿Qué podía decir? Era un amigo, así que acepté.

Durante su hora de comida, vino a entrevistarse conmigo. "¿Y por qué se unió a esta compañía y decidió iniciar su propio negocio?", pregunté.

"Oh, estoy cansada de la carrera de la rata. No estoy avanzando en mi empleo. Así que después de leer su libro sobre las ventajas de iniciar un negocio de mercadeo en red, *La escuela de negocios: para las personas que gustan de ayudar a los demás*, decidí que tenía que intentarlo. De modo que di aviso en el trabajo y en un mes estaré por mi cuenta.

"Eso es valiente", dije, reconociéndole. "Dígame, ¿cómo eligió la compañía de mercadeo en red con la que va a construir su negocio?"

"Oh, realmente me gustan sus productos. Su entrenamiento parece bueno. Pero en realidad me gustó su plan de compensación. Puedo ganar mucho dinero con rapidez."

"Está bien", dije, reservándome mis comentarios respecto a hacerlo sobre todo por el dinero. "¿Cuáles son sus planes?"

La conversación siguió durante otra media hora. No había mucho que discutir puesto que ella aún no empezaba. Para ser justo con mi amigo, le sugerí que me llamará en seis meses para contarme cómo le estaba yendo. En ese punto, pensé que tendría más preguntas del mundo real.

Seis meses de fracaso

Al sexto mes llamó y quiso seguir con nuestra reunión. Esta reunión no fue tan agradable.

"No me está yendo muy bien", comenzó. "Nadie quiere escucharme. Nadie lo entiende. Simplemente cierran su mente en el momento en que menciono mercadeo en red. ¿Cómo puedo ganar dinero si no escuchan?"

"¿Ha asistido a las sesiones de entrenamiento que programa la compañía?", pregunté.

"No. No quiero", dijo enojada. "Lo único que hacen es presionarme para que practique cómo vender. Yo no quiero que me presionen. Quieren que lleve a mis amigos a las reuniones y mis amigos no van."

"Está bien", dije con tranquilidad. "¿Ha leído algún libro sobre ventas o sobre cómo influir en las personas?"

"No. No me gusta leer."

"Está bien, si no le gusta leer, ¿ha asistido a algún curso de entrenamiento de ventas?"

"No. Lo único que quieren esos tipos es dinero así que yo me niego a dárselos."

"Está bien", dije. "Entonces, ¿qué quiere?"

"Lo único que yo quiero es trabajar unas horas a la semana, ganar mucho dinero sin tanto fastidio y tener tiempo y dinero para disfrutar de la vida."

"Bien", dije, mientras contenía la risa.

"Entonces dígame qué debo hacer", dijo, transmitiéndome su frustración.

"Vaya a ver si puede recuperar su empleo", sugerí.

"¿Está diciendo que yo no puedo construir un negocio?", preguntó.

"No, no estoy diciendo eso."

"Entonces, ¿qué está diciendo?", preguntó. "Se supone que usted es el tipo listo, el tipo que escribe todos esos libros éxitos de ventas. Dígame qué ve en mí, soy fuerte. Puedo soportarlo."

"Está bien", dije en un tono más serio. "¿Ha notado cuantas veces ha usado la palabra yo?"

"No", contestó. "Dígame cuántas veces he usado la palabra yo y qué significa para usted eso."

"Bueno, la escuché decir: 'No me está yendo bien.' 'Yo no quiero asistir a clases'. 'Yo no quiero leer'. 'Yo me niego a dar dinero.'"

"Entonces digo yo muchas veces. ¿Y qué?"

De la manera más amable posible, dije: "Construir un negocio no se trata de usted. Se trata de otras personas. Se trata de un equipo, sus clientes, sus maestros y qué tan bien puede servirles. Suena muy centrada en usted misma, yo misma, orientada al yo".

Obviamente, no le gustó lo que yo tenía que decir, no obstante, se recargó, se mantuvo en silencio y escuchó. Podía darme cuenta de que había escuchado lo que le había dicho y estaba procesándolo. Recuperándose, replicó: "Pero realmente no me gusta leer. Realmente no me gusta asistir a clases de entrenamiento y realmente detesto el rechazo. Odio a la gente de mente cerrada que no entiende lo que le estoy ofreciendo. Odio este dolor emocional por el que estoy pasando. Odio no tener un sueldo".

Asintiendo con la cabeza lentamente, dije con suavidad: "Entiendo. Yo he tenido que pasar por sentimientos similares. Yo también odio leer, odio estudiar, odio el entrenamiento, odio pagar por asesorías, odio las largas horas sin recibir dinero. Pero lo hago".

"¿Por qué?", preguntó.

"Porque no lo hago por mí. Mi trabajo no se trata de mí. Se trata de ellos."

"Entonces usted estudia porque quiere hacerlo mejor para sus clientes."

"Sí", contesté. "No sólo mis clientes. Estudio, entreno y practico mucho por sus familias, por su comunidad y por un mundo mejor. No se trata de mí o del dinero. Se trata de ser útil."

"Bueno, yo también quiero ser útil", espetó. "Estoy tratando de ayudar a las personas."

"Sí, puedo ver que así es. Usted tiene buen corazón. El problema es que primero debe calificar para servir."

"¿Calificar? ¿Qué quiere decir con calificar?"

"Bueno, los médicos pasan años en la facultad de medicina calificando para servir a sus pacientes. No conozco a nadie que haya renunciado a un empleo como gerente de oficina y al día siguiente se encuentre en el quirófano, haciendo una cirugía ocular. ¿Usted sí?"

"No", dijo, agitando la cabeza. "¿Entonces por eso necesito leer, entrenar y practicar? No se trata de mí, se trata de ser más capaz para servir a otras personas."

Nuestra discusión continuó durante una hora más. Tenía un muy buen corazón y sinceramente quería servir a la gente. Sólo necesitaba invertir tiempo para obtener las habilidades requeridas para ser mejor en servir a las personas. Al explicarle las diferencias entre personas con pensamiento P, A, T y C, le dije que creía que ella estaba obteniendo habilidades invaluables de pensamiento P gracias a su compañía de mercadeo en red. Cuando se fue le dije: "Tratar con gente es la parte más dura de cualquier negocio."

La conversación nos llevó al libro *Good to Great* y discutimos cómo la grandeza era una elección, no suerte ni oportunidad. Para animarla a continuar, dije: "Su compañía no la está entrenando para ser buena, sino para ser excelente al tratar con gente. Ésa es una habilidad invaluable y esencial para ser útil a sus semejantes. Pero usted y sólo usted puede elegir ser excelente. La mayoría de las personas son felices simplemente con ser buenas porque lo bueno es lo único que necesitan para ser útiles a sí mismas."

Cuando se iba, preguntó: "¿Entonces no todas las personas en los negocios sirven a otras personas?"

"Ésa es mi experiencia. Demasiadas personas trabajan simplemente para hacer dinero. Unas cuantas van a trabajar para ser útiles. Diferentes personas, diferentes misiones."

En el siguiente capítulo, veremos cómo construir un equipo y cómo lidiar con diferentes personas en diferentes misiones. Es un capítulo muy importante porque las personas van a trabajar por diferentes razones. Si sus razones no están alineadas a la misión del negocio, los resultados con frecuencia son caos y pérdida de tiempo y dinero. Muchos negocios fracasan simplemente porque en los negocios hay diferentes personas con diferentes misiones.

El poder de una misión

En Vietnam, fui testigo de primera mano de cómo una nación del tercer mundo venció a la nación más poderosa del planeta, simplemente porque sus fuerzas de combate tenían un sentido de misión más fuerte. Hoy en día, veo lo mismo en los negocios. Hoy, todos hemos visto a compañías empresariales pequeñas, como Microsoft, Dell, Google y Yahoo, hacer explotar a compañías tradicionales y bien establecidas, haciendo a los jóvenes empresarios mucho más ricos que los ejecutivos corporativos de más edad que ascienden escaleras corporativas. Hoy, mientras que los ejecutivos corporativos de las compañías tradicionales se están volviendo millonarios, los empresarios jóvenes se convierten en multimillonarios. Como en Vietnam, no es cuestión del tamaño del negocio, sino del tamaño de la misión. Por eso he dedicado tanto tiempo a este tema.

En este libro, escribí sobre las tres fases de diez años de mi desarrollo. Repito:

1. 1974 a 1984: Los años de aprendizaje.

2. 1984 a 1994: Los años de ganancia.

3. 1994 a 2004: Los años para devolver.

En 1974, mi misión consistía simplemente en dominar el Triángulo D-I. Mi misión era aprender. Fue un período oscuro de mi vida. A menudo estaba quebrado y deprimido y era la misión lo que me hacía seguir. Hubo meses sin fin en los que nada parecía funcionar. No obstante, el recuerdo de mi padre sentado en su sillón viendo TV me mantuvo en marcha. No estaba aprendiendo para mí, sino para mi padre y para gente como mi padre en todo el mundo.

Cerca de 1980, mi mundo se volvió más brillante. El dinero otra vez estaba entrando. Había aprendido muchas lecciones en el Triángulo D-I, en especial los cinco niveles de flujo de efectivo. En 1980, enviamos fuera del país nuestras fábricas porque era más barato fabricar en Corea y Taiwan. En uno de esos viajes, vi de primera mano lo que era una fábrica real donde se explota al obrero. Vi niños apilados sobre niños en entresuelos, fabricando mis productos, mismos que me estaban haciendo rico.

En esa época, estaba fabricando carteras, bolsas y sombreros de nylon para bandas de rock. Estábamos vendiendo nuestros productos legalmente autorizados en conciertos de rock y en tiendas de discos de todo el mundo. Yo otra vez me encontraba en la cima, pero la vista de esos niños explotados en las fábricas me acosaba.

Sabía que mis días como empresario fabricante habían terminado. Además, descubrí que mi misión de aprender estaba cambiando. Supe que era tiempo de pasar a otra cosa.

En diciembre de 1984, Kim y yo nos mudamos a California. Ahí comenzó el peor año de nuestra vida: 1985. Escribí sobre ese periodo en el libro *El cuadrante del flujo de dinero* (Aguilar). Mi misión era similar pero había evolucionado. Ahora mi tarea era encontrar mi don y desarrollarlo. También ganar dinero y crear riqueza de mi don.

La pasión es diferente del amor. La pasión es una combinación de amor y enojo. En esa época, estaba enamorado del aprendizaje y seguía enojado con el sistema escolar. Tomando mi pasión, Kim y yo nos volvimos estudiantes de la educación y de cómo aprende la gente. Pasamos el año de 1985 viajando con diferentes maestros excelentes, como Tony Robbins, y estudiando la forma como enseñaban. Una vez a la semana ayudábamos a Tony a enseñar a la gente a caminar sobre carbones calientes a dos mil grados. Fue una excelente educación para hacer que la gente superara sus miedos y pensamientos limitantes.

Después de un año con Tony y otros maestros, Kim y yo empezamos a trabajar por nuestra cuenta y comenzamos a enseñar habilidades empresariales, junto con Blair Singer, autor de los libros de la serie *Advisors* de Padre Rico *Vendedores Perros* y *El ABC para crear un equipo de negocios exitoso*.

Blair y yo hasta la fecha nos reímos de nuestro primer taller. Él y yo volamos a la isla de Maui para hacer el taller y sólo se presentaron dos personas. Aunque fue un inicio deprimente para nuestro nuevo negocio, seguimos adelante para formar la Escuela de negocios para empresarios y la Escuela de negocios para inversionistas. Para 1990, cinco años después, estábamos llenando habitaciones con cientos de personas, enseñando los principios de negocios e inversión de mi padre rico. Para 1994, Kim y yo quedamos libres financieramente. Blair siguió adelante para formar su propio negocio corporativo de entrenamiento. Lo más importante, encontré mi don, que es enseñar, pero no en la misma forma en que mi padre pobre estaba entrenado para enseñar.

En 1994, me retiré y comencé a trabajar en el desarrollo de *Cashflow 101* y empecé a escribir *Padre Rico, Padre Pobre*.

En 1997, Sharon se unió a Kim y ya mí... el resto es historia. La misión de Sharon estaba totalmente alineada con la nuestra. Nuestra tercera misión había comenzado con devolver lo que habíamos recibido, con educación financiera y de negocios. Nuestra misión consistía en servir a más personas... y, una vez que lo hicimos, el dinero comenzó a llover como por arte de magia, casi desde el primer día.

Sharon sigue riendo cuando recuerda que la compañía de tarjetas de crédito nos llamaba porque teníamos demasiadas transacciones de negocios. Después de dar una plática un fin de semana, los teléfonos en el garage de Sharon, donde el negocio inició, comenzaron a sonar como locos. Llovían pedidos. La compañía de tarjetas de crédito trató de cancelarnos pues estaban seguros de que estábamos vendiendo drogas o armas porque habíamos procesado muchos negocios después de un evento. El presidente del banco le dijo a Sharon: "No puedo creer que un nuevo negocio pueda generar tanto dinero tan rápido." Poco sabía él que se trataba del poder de la misión y de los tres tipos de dinero (competitivo, cooperativo y espiritual) lo que estaba haciendo que el teléfono sonara.

Con riesgo de sonar arrogante o "santurrón", sinceramente creo que el éxito mundial de The Rich Dad Company no se debe a Kim, Sharon o yo como individuos, sino más bien como personas dedicadas a nuestras misiones en la vida. Cuando los tres fundamos The Rich Dad Company, ninguno de nosotros necesitaba trabajar. No se trataba de necesitar un empleo. No se trataba de necesitar dinero. Se trataba de responder a un llamado más alto. Se trataba de hacer un trabajo que tiene que hacerse. Si hubiera sido sólo por el dinero, hay cosas más fáciles que los tres hubiéramos podido hacer.

Si nuestro éxito fue suerte, entonces fue suerte espiritual. No hay otra forma de explicarlo. Simplemente hubo demasiada magia y demasiada buena fortuna como para atribuirlas a la mera combinación de habilidades de negocios de los tres. Steven Pressfield, en su libro *The War of Art* dice: "Un proceso entra en marcha, cuando, de manera inevitable e infalible, el cielo viene en nuestro auxilio. Fuerzas invisibles se enlistan en nuestra causa; los hallazgos afortunados refuerzan nuestro objetivo." Lance Armstrong dice: "No se trata de la bicicleta."

Antes de renunciar a tu empleo

Antes de hacerlo, recuerda los tres tipos de dinero y que un tipo de dinero no es mejor que el otro. Por ejemplo, el dinero competitivo no es mejor ni peor que el dinero cooperativo o espiritual.

La competencia tiene su lugar en los negocios. La competencia mantiene los precios bajos y la calidad alta. Como hombres de negocios nos mantiene alertas y buscando lo mejor. Sin competencia habría menos productos nuevos o innovaciones que cambian la vida. Sin competencia, nos estaríamos acercando a un tipo de economía comunista, controlada centralmente. Sin competencia, habría menos necesidad o incentivo para los empresarios.

Si estás a punto de convertirte en empresario, tu primera misión es dominar el TriánguloD-I, en especial los niveles de flujo de efectivo hasta el producto. Si no aprendes el Triángulo D-I y trabajas continuamente en dominar los niveles y, si no eres competitivo, puede que no sobrevivas.

Si no eres competitivo, te resultará difícil ser cooperativo y trabajar por dinero cooperativo. En el juego de los negocios, es difícil ser cooperativo con personas o compañías pobres. Es como tener en tu equipo de futbol a un jugador con la pierna rota.

Como se dijo en un capítulo anterior, el Triángulo D-I en realidad se aplica a los cuatro cuadrantes del flujo de dinero. Por ejemplo, las personas en el cuadrante E también tienen un Triángulo D-I. Si están teniendo dificultades financieras, facilita diagnosticar su dificultad al analizar simplemente su vida privada a través del Triángulo D-I. Por ejemplo, muchos empleados tienen problemas financieros simplemente porque son débiles en el nivel de flujo de efectivo. Aun si les das un aumento, sus debilidades en ese nivel los mantienen financieramente pobres.

Una de las razones por las que The Rich Dad Company cierra la oficina medio día cada mes es para que nuestros empleados jueguen *Cashflow 101* y *202* como una actividad de la compañía, para mantenerlos fuertes financieramente en este nivel del Triángulo D-I. Al hacer esto, cuando se dan aumentos, son capaces de usar el dinero extra para salir adelante económicamente, en vez de terminar más endeudados con créditos por consumo.

Las fuerzas de la infantería de la marina me enseñaron que la misión de una organización comienza en la médula, en el alma de ésta. Sin integridad en la misión, una organización no tiene alma. Por eso nos tomamos medio día para jugar o para hablar sobre inversiones, negocios y administración de dinero. Practicamos lo que predicamos y vivimos nuestra misión de compañía como compañía. Todos los empleados son animados a iniciar sus propios negocios o portafolios de inversión de modo que un día puedan dejar la compañía para siempre. No queremos sólo empleados leales. Queremos empleados leales que tengan un plan para volverse financieramente libres y dejar la compañía.

Como nota al margen: Varios empleados de Padre Rico han alcanzado la independencia financiera. Eligen no dejar la compañía porque no quieren irse, lo que es otra bendición de ser fieles a la misión.

No queremos que nuestros buenos trabajadores se vayan. Celebramos que se vuelven financieramente libres, porque ésa es la misión de The Rich Dad Company.

Así que antes de renunciar a tu empleo recuerda que tu misión inicia en tu médula, en tu alma, se siente en tu corazón y se expresa a través de tus acciones... no sólo en tus palabras.

LA VISIÓN DE SHARON

Lección #6: La mejor respuesta se encuentra en tu corazón... no en tu cabeza.

Hemos hablado sobre los cinco niveles de empleo del Triángulo D-I que son integrales al éxito de cualquier negocio. Pero demos un paso atrás y veamos qué mantiene juntos esos empleos, el marco de un negocio exitoso, los tres lados del Triángulo D-I: Misión, Equipo y Liderazgo.

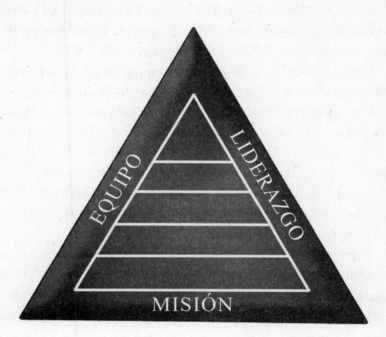

La misión es el verdadero propósito del negocio. Desde el momento en que nos hicimos socios, Robert, Kim y yo acordamos que la misión para The Rich Dad Company sería: "Elevar el bienestar financiero de la humanidad".

Cuando discutimos la misión de una compañía, hablamos de dos misiones: la misión del negocio y la misión espiritual. ¿Puede un negocio iniciar con sólo una misión de negocios, hacer ganancias y tener éxito? Por supuesto. Pero los negocios que adoptan una misión espiritual crean un propósito más alto que permite a otros alinearse con esa misión espiritual.

Tenemos muchos socios e individuos que se han alineado a nuestra misión espiritual, trabajando para elevar el bienestar financiero de la humanidad. Con la misión espiritual como fuerza motora de nuestra compañía, el dinero espiritual ha aparecido. Si nuestro enfoque hubiera sido hacer dinero competitivo vendiendo productos de educación financiera, esos mismos socios podían no haberse alineado con nosotros. ¿Somos competitivos? Por supuesto. ¿Somos cooperativos? Por supuesto. ¿Somos espirituales? Hacemos todos los esfuerzos posibles por enfocar nuestra intención en la misión espiritual.

A menudo nos presentan ideas u oportunidades que habrían sido financieramente exitosas para The Rich Dad Company. Por ejemplo, nos han abordado para que iniciemos el fondo de protección Rich Dad o una inversión de bienes raíces sindicalizada, ambos hubieran podido ser muy rentables. Pero cuando analizamos realmente las propuestas, las misiones de los equipos detrás de esas propuestas eran más motivadas en las ganancias y, por tanto, no estaban alineadas con la misión espiritual de nuestra compañía, que era "Elevar el bienestar financiero de la humanidad." Esas iniciativas probablemente habrían elevado nuestro bienestar financiero personal, pero ésa no es la verdadera misión.

De hecho, a menudo confundimos a socios potenciales porque les damos más de lo que piden o les hacemos recuperar su inversión más rápido de lo que propusieron originalmente. ¿Por qué lo hacemos? Sabemos que hacemos exitosos primero a nuestros socios, estarán más ansiosos por apoyar la misión y esfuerzos de nuestra compañía. En nuestros corazones, y en nuestra experiencia, hemos aprendido que si pones primero al socio y a la misión, la recompensa financiera seguirá.

¿Hemos cometido errores en el camino? Por supuesto. Pero cuando tienes socios o asesores que no están alineados a tu misión, la discordia aparecerá en la relación. De hecho, hemos tenido asesores que no podían decir cuál era la frase de la misión de The Rich Dad Company. Esto resaltaba que no estaban alineados con nuestra misión espiritual. Ya no son nuestros asesores.

Nos estamos volviendo mejores para identificar individuos que no están alineados con nuestra misión. Escuchamos sus palabras y vamos tras ellos. Si dicen: "Estamos aquí para ayudarlos", sabemos que debemos correr en la dirección opuesta. Con mucha frecuencia, su verdadero propósito es "beneficiarse a sí mismos" al asociarse con la popularidad de la marca Padre Rico. Por otro lado, si dicen: "Queremos ser parte de educar a la gente sobre el tema del dinero", estamos ávidos por escuchar más.

Como decía mi padre rico: "Cuanta más gente sirvas, más rico serás."

Al planear tu negocio, ¿cuál es tu misión? ¿Tienes tanto una misión de negocios como una misión espiritual? Tu misión es la base del Triángulo D-I.

El alcance de la misión determina el producto

CAPÍTULO 7

Cómo pasar de negocios pequeños a negocios grandes

"¿Por qué la mayoría de los negocios pequeños permanecen pequeños?", pregunté.

"Buena pregunta. Permanecen pequeños porque hay debilidades en su Triángulo D-I", respondió mi padre rico. "Es difícil pasar del cuadrante A al cuadrante D si el Triángulo D-I no es fuerte."

Estados Unidos: un país de negocios pequeños

Estados Unidos en 2005 tiene aproximadamente 16 millones de negocios. Ochenta por ciento son negocios pequeños con nueve empleados o menos. Ochenta y cinco por ciento del empleo en Estados Unidos se encuentra en negocios pequeños. Esas compañías pequeñas conforman cincuenta y tres por ciento del producto interno bruto. Alrededor de 150 000 nuevos negocios se forman cada mes y otro 150 000 desaparece cada mes.

Después del naufragio

Hay un dicho que reza: "La retrospectiva es 20/20." Aunque eso es cierto, hay una retrospectiva que es más clara que otras.

Apoyos visuales como el Triángulo D-I y el Cuadrante de Flujo de Dinero no sólo me ayudaron a ver hacia delante al diseñar un negocio, también me permitieron mirar hacia atrás. Después del desplome de mi negocio de carteras de nylon para surfistas, tener el cuadrante y el triángulo como apoyos visuales fue como tener lentes o una lupa al revisar el desplome del negocio.

Era obvio que el éxito y la incompetencia nos acabaron. No obstante, detrás del éxito se encontraban factores más profundos, más oscuros que nos hicieron desplomarnos. Siendo honesto conmigo y analizando el Cuadrante de Flujo de Dinero, se volvió claro como el agua por qué nos desplomamos. La causa real fue arrogancia juvenil. Tener un negocio exitoso tempranamente fue como dar a un chico un Corvette y un cartón de cervezas y luego decir: "Conduce con cuidado."

Al analizar el cuadrante que aparece a continuación es fácil ver mi arrogancia.

En 1976, mi mejor amigo Larry Clark y yo estábamos en el cuadrante E, trabajando para Xerox como vendedores. Como éramos los mejores en ventas, pensábamos que teníamos todas las respuestas. En nuestro plan de negocios, pensamos que podíamos ser como Evel Knievel y saltar el Gran Cañón en una motocicleta. Eso significa que pensábamos que tomaríamos un atajo al cuadrante D. En vez de pasar de E a A, nuestro plan era acelerar nuestras motocicletas y saltar de E a D. En vez de bajar escalando el cañón de E a A y luego volverlo a escalar del otro lado, de A a D, decidimos saltar el cañón. Incluso Evel Knievel fue lo suficientemente listo como para hacer el salto con un paracaídas adherido a su motocicleta. Nosotros no.

En vez de ser Evel Knievel, parecíamos el coyote persiguiendo al correcaminos en el borde de un acantilado y luego en el aire antes de darse cuenta de que no había nada, sólo aire bajo los pies. En algún punto entre 1978 y 1979, descubrimos que no había nada bajo nuestros pies. Casi llegamos al cuadrante D. De hecho, tocamos su borde, pero fue la debilidad de nuestro Triángulo D-I la que nos llevó a estrellarnos en el valle. No fue bonito pero sí doloroso. Hoy, cada vez que veo una caricatura del coyote y el correcaminos, sé cómo se siente el coyote. ¡Beep! ¡Beep!

Desplomarse es bueno si sobrevives

Entre 1979 y 1981, sentí como si yo fuera la Junta Nacional de Seguridad en el Transporte (BTSB, por sus siglas en inglés), inspeccionando el desplome de un avión. Mis socios se habían mudado a otros negocios y dos nuevos socios tomaron su lugar. Uno de ellos era mi hermano Jon, quien era un socio de negocios fuerte así como un enorme apoyo moral. Juntos, superamos el desplome y construimos un negocio nuevo pero más pequeño. Regresamos de D a A.

En 1981, nuestra compañía de tamaño más reducido, entró en una sociedad conjunta con una estación de radio local y creó lo que hasta ahora supuestamente es el programa de mercancías más exitoso en la historia de la radio. Con la estación, creamos una marca de productos llamada 98 Rock. El producto estrella era una playera con un logotipo de pintura salpicada en colores rojo y blanco que escandalosamente decía 98 Rock FM Honolulu. En Honolulu, nuestras tiendas 98 Rock tenían miles de chicos haciendo fila para comprar decenas de miles de playeras y otros accesorios.

La línea de productos pronto se hizo internacional, con un desempeño especialmente bueno en Japón. Ver una tienda 98 Rock en Tokio, con miles de chicos japoneses haciendo fila para comprar los productos, nos provocaba sonrisas, las que habían desaparecido ahí por varios años. Cuando le conté a mi padre rico sobre nuestro éxito internacional, me recordó: "El proceso te dará un vistazo de tu futuro, pero debes ser fiel al proceso." Aunque todavía no estaba a salvo, sabía que me estaba acercando más a mi meta. El proceso, aunque difícil, funcionaba.

El furor 98 Rock duró cerca de dieciocho meses. Produjo mucho dinero. Fue a través de esta campaña de mercadotecnia como fui capaz de liquidar 700 000 dólares a mis acreedores y pagar mis impuestos. Aunque todavía seguía sin dinero, mis habilidades del Triángulo D-I eran más fuertes, mi seguridad había regresado, convertí mi mala suerte en buena suerte, no tenía que declararme en bancarrota y una vez más había obtenido un vistazo de la buena vida: mi futuro al final del proceso.

En 1981, llamó un agente de la banda de rock Pink Floyd. Había oído hablar de nuestro éxito con la mercancía 98 Rock y quería que trabajáramos con ellos en el lanzamiento de su disco *The Wall*. Obviamente, saltamos de gusto ante la oportunidad. Una vez más, nuestra pequeña compañía estaba creciendo para convertirse en una compañía grande. Con este crecimiento, de nuevo la fuerza del Triángulo D-I de la empresa era probada.

Nuestra sociedad con la mercancía de Pink Floyd fue exitosa. Pronto, otras bandas vinieron a nosotros y, sin realmente planearlo, nuestra pequeña compañía en Honolulu estaba en la mercancía de rock and roll de manera sólida. Cuando Duran Duran y Van Halen se unieron a nuestra lista de bandas de rock, el negocio explotó. De manera simultánea, cerca de 1982, ocurrió el lanzamiento de MTV. Eso significaba que el rock estaba de regreso, la música disco estaba muerta y de nuevo nuestros sistemas estaban demasiado presionados. Estuvimos en el lugar adecuado, en el momento adecuado y en el negocio adecuado. El problema fue que ya no podíamos cumplir con la demanda. También sabíamos que era imposible seguir fabricando productos en Estados Unidos. Los costos de las regulaciones gubernamentales, la mano de obra, las leyes de la mano de obra y el espacio de las fábricas eran demasiado altos para una compañía pequeña. Para expandirnos, era mucho más económico mudar nuestra manufactura a Asia.

Los tres socios trabajamos de día y de noche en la expansión a Asia. Fueron alrededor de seis meses de trabajo duro, no 24/7 pero por lo menos 20/7. Yo vivía prácticamente entre Nueva York y San Francisco; Dave, nuestro otro socio, estaba en Taiwán y Corea, y mi hermano mantenía en marcha las operaciones en Honolulu. Al operar en zonas horarias que se extendían a lo largo de medio globo terráqueo, constantemente estábamos en el teléfono (antes de los celulares y el correo electrónico) manteniéndonos en contacto, construyendo un Triángulo D-I mayor. Con un Triángulo D-I expandido, el dinero volvió a llover.

En ocasiones pasaba a ver a mi padre rico. Durante este periodo, no estábamos en los mejores términos. Él seguía enojado porque pensaba que yo no había escuchado su consejo justo antes del desplome del negocio original de carteras. Aunque no estaba contento conmigo, seguía siendo muy generoso con su tiempo y sus consejos. Incluso cuando dije que nuestro nuevo negocio de carteras había sido reconstruido y que había aprendido mucho del proceso, permaneció un poco gruñón.

En retrospectiva, reconstruir el negocio fue una experiencia invaluable. Mis dos nuevos socios y yo habíamos aprendido y madurado mucho. Éramos menos irresponsables, más hombres de negocios, más inteligentes y nuestro flujo de efectivo era la prueba. Nuestro nuevo Triángulo D-I no tenía goteras, no se estaba colapsando... se mantenía en pie.

Un día, mi socio Dave sugirió que fuera con él a Corea y Taiwán para ver nuestras operaciones. Como yo había estado sólo en San Francisco y en Nueva York durante el periodo de expansión, no había ido a Asia a conocer las fábricas. Como ya apunté, fue en el viaje a Asia donde vi a los niños explotados por las fábricas y mi carrera como productor terminó.

Misión cumplida

En el avión de regreso de Asia a Hawai, me di cuenta de que mi misión estaba cumplida. Sentado en mi asiento, comencé a analizar en retrospectiva el proceso. Como si fuera ayer, recuerdo haber decidido unirme a la Corporación Xerox para aprender a vender en 1974. Mi mente también trajo recuerdos de un día de 1976 en que mi amigo Larry y yo decidimos empezar el negocio de medio tiempo de las carteras de nylon para surfista. En 1978, una vez que fui número uno en ventas en Xerox y se estaba escribiendo sobre nuestro negocio de carteras para surfista en *GQ, Runners World y Playboy,* Larry y yo dejamos Xerox para dirigir tiempo completo nuestro pequeño negocio. Recordé todos los momentos altos y luego el desplome. Mis emociones se hundieron cuando recordé lo mal que me sentí cuando dije a mi familia, a mis acreedores y al departamento de impuestos que estábamos cerrando el negocio. Recordé las lecciones de mi padre rico durante ese período. Una sonrisa cruzó mi rostro cuando pensé en mi hermano, Dave y yo acordando reconstruir el negocio y nuestro éxito con 98 Rock y luego MTV y rock and roll. Ahora el negocio era fuerte y era momento de pasar a otra cosa. Mi mente seguía diciendo: "Quédate, ahora es el momento de hacer mucho dinero. Otra vez estás de regreso en la cima. ¿Por qué irte ahora? Apenas estás a punto de hacerte rico. El trabajo duro está hecho. Tus sueños se harán realidad." No obstante, en mi corazón, sabía que era momento de pasar a otra cosa.

Decidirlo fue duro, en especial con el dinero que comenzaba a llover. Durante meses luché con el conflicto entre mi mente y mi corazón. Muchas veces, cuando recibí mi cheque de pago y mi bono, definitivamente quise quedarme. No obstante, sabía que mi misión de aprender los fundamentos del Triángulo D-I ya se habían cumplido. Ahora podía ser competitivo en el mundo de los negocios. El problema era que no me gustaba lo que tenía que hacer para seguir siéndolo. No quería emplear niños en condiciones horribles, condiciones que probablemente dejarían cicatrices de por vida en muchos de ellos. A finales de 1983, informé a Dave y a mi hermano, Jon, que dejaba el negocio. No pedí compensación financiera. Había obtenido más de lo que quería.

Conocer a Kim

Justo cuando me estaba preparando para hacer esos cambios en mi vida, conocí a Kim. Yo seguía siendo el alma de la fiesta de Waikiki y la conocí meses antes, pero ella no quería nada que ver conmigo. Debieron haber sido las camisas de cuello largo y las botas para disco. El hecho no me molestaba, puesto que Waikiki estaba lleno de mujeres jóvenes y hermosas.

Por alguna razón, después de que regresé de Asia, Kim regresó a mis pensamientos. Le volví a pedir que saliera conmigo y me volvió a rechazar. Esto siguió así durante seis meses. Yo me topaba con ella, hablaba, le pedía que saliera conmigo y ella me rechazaba. Le llamaba y ella me rechazaba. Le enviaba flores y me rechazaba. Una y otra vez me rechazaba. Probé con ella todas las tácticas de ventas que había aprendido en el entrenamiento como vendedor. Traté el cierre de cachorro, el cierre de Colombo, el cierre de "asume la venta y cierra" pero ninguno funcionaba.

Finalmente, como ya no tenía trucos en mi bolsa de ventas, dejé de ser un vendedor alma de la fiesta y apliqué lo que había aprendido en las clases de mercadotecnia que había estado tomando por la noche. En mercadotecnia, una regla es hacer tu investigación de mercado primero. Con mi gorra de mercadotecnia puesta en lugar de mi gorra de ventas, comencé a investigar quién era realmente esa mujer llamada Kim. En mercadotecnia se denomina: "Conoce a tu cliente."

La primera persona a quien le pregunté fue a un tipo que la conocía del trabajo. Cuando empecé a hacer preguntas lo único que hizo fue reírse. "No tienes oportunidad", dijo. "¿Sabes cuántos chicos están tras ella? Recibe tarjetas, flores y llamadas por teléfono de tipos como tú todo el día. Probablemente no sabe quién eres."

Él no era de ayuda de modo que seguí indagando. Finalmente, estaba almorzando con una amiga mía y mencioné que no estaba avanzando en mi proyecto de investigación de mercado, llamado Kim. Phyllis se murió de la risa después de escuchar mi historia. "¿No sabes quién es su mejor amiga?"

"No. No sé."

Riendo a carcajadas, Phyllis dijo: "Su mejor amiga es Karen, tu antigua novia."

"¿Qué?", dije. "Estás bromeando."

"No", rió Phyllis.

Después de dar a Phyllis un gran abrazo y un beso, corrí de regreso a la oficina. Tenía que hacer una llamada... a Karen.

La separación entre Karen y yo no había sido la más agradable, así que tenía que poner algunos remiendos. Después de algunas disculpas tardías, Karen escuchó la historia de mi búsqueda de Kim durante seis meses. Ella, también, rió como loca.

Finalmente se puso seria y preguntó: "¿Y qué quieres que haga?"

Quitándome mi gorra de mercadotecnia y poniéndome mi gorra de vendedor, pedí lo que cualquier vendedor está entrenado a pedir de un cliente satisfecho, pedí una recomendación.

"¿Que quieres qué?", gritó Karen. "¿Quieres que te recomiende? ¿Quieres que le recomiende que salga contigo? Qué valor tienes."

"Bueno, por eso fui el número uno en ventas", dije como broma.

Karen no se rió. "Está bien", dijo. "Hablaré con ella, pero te advierto que eso es lo único que voy a hacer. No más favores."

Karen sí habló con Kim y me dio una excelente recomendación. Cerca de seis semanas después, nuestras agendas por fin quedaron libres y por fin tuvimos nuestra primera cita el 19 de febrero de 1984.

Un nuevo proceso comienza

Nuestra cita fue en una mesa con vista a la playa y una simple caminata por la arena blanca con una botella de champaña. Yo no tenía mucho dinero, así que ésa fue la cita más romántica que pude planear por un buen precio. Sentados en la playa a los pies de Diamond Head, Kim y yo hablamos hasta que el sol salió. Teníamos mucho que contarnos.

Esa noche me contó sobre su vida y yo hablé sobre la mía. Cuando surgió el tema del trabajo, le conté sobre mi padre rico y sus lecciones. Como ella tenía una maestría en negocios estaba muy interesada en el Triángulo D-I de mi padre rico y en el proceso para convertirse en empresario. Estar sentado en la arena a orillas del agua, a la luz de la luna, hablando sobre negocios a la mujer más hermosa que había conocido en mi vida, era como estar en el cielo. La mayoría de las mujeres con las que el alma de la fiesta había salido hasta este punto no estaban dentro de los negocios, Kim sí. Y estaba muy interesada.

Meneó la cabeza cuando le conté la historia del negocio de carteras de nylon. Le conté sobre el vuelo a las alturas y luego el desplome que siguió. Cuando le conté sobre los niños en Asia, uno encimado sobre el otro, cuatro hileras de trabajadores cuando sólo debía haber una, inhalando humos tóxicos de las pinturas que usábamos, por poco lloró. Luego le conté sobre mi renuncia a la compañía porque la misión había terminado.

Con eso ella dirigió la conversación, diciendo: "Me alegra que estés pasando a otra cosa. Pero, ¿qué vas a hacer?"

Agitando la cabeza, contesté: "No lo sé. Lo único que sé es que a veces tienes que detenerte antes de que puedas volver a empezar. Así que justo ahora lo único que estoy haciendo es detenerme."

En ese punto le conté sobre mi padre que seguía desempleado, aceptando empleos raros cuando lograba encontrarlos. Le conté sobre cómo yo pensaba que la educación era inadecuada y que no preparaba a los chicos para el mundo real... los estaba preparando para ser empleados no empresarios, enseñándoles a esperar que una compañía o el gobierno se encargara de ellos al terminar sus días laborales. Discutimos sobre el futuro, sobre cómo mi padre rico vislumbraba una inminente crisis de seguridad social, una crisis médica y una crisis en la bolsa, en constante crecimiento a medida que aumentaban los miembros de la generación del *babyboom*.

"¿Por qué estás preocupado?", preguntó. "¿Por qué piensas que la inminente crisis es tu problema?"

"Realmente no puedo explicarlo", dije. "Sé que el mundo tiene muchos problemas, como los conflictos con el medio ambiente, las enfermedades, la falta de alimento, abrigo y así sucesivamente. Pero, para mí, este problema del dinero, la pobreza y la brecha entre ricos y pobres es el que más me interesa. Lo siento en el estómago y en el corazón."

La conversación cambió al doctor Buckminster Fuller y mis estudios con él y a cómo él compartía las mismas preocupaciones que mi padre rico con relación al sistema financiero. Hice mi mejor esfuerzo para explicarle cómo el doctor Fuller decía que los ricos y poderosos estaban jugando con el dinero, manteniendo a los pobres y a la clase media constantemente en el borde de la crisis financiera. También le conté sobre lo que Fuller decía: afirmaba que cada uno de nosotros tenía un propósito en la vida. Que cada uno sostenía una pieza vital del rompecabezas y que nuestro empleo no sólo era hacer dinero, sino también hacer de este mundo un lugar mejor.

"Suena como si estuvieras buscando una forma de ayudar a gente como tu padre y a gente como esos niños de la fábrica", dijo Kim.

Añadí: "Eso es cierto. Mientras estaba en esa fábrica, decidí que era momento para mí de trabajar por los niños, en vez de tener a los niños trabajando para mí. Es momento para que yo haga ricos a los niños, en lugar de simplemente enriquecerme yo."

El sol estaba surgiendo sobre el océano. Los jóvenes surfistas estaban afuera probando las olas suaves y cristalinas. Era tiempo de prepararse para ir a trabajar. Habíamos estado despiertos toda la noche, pero estábamos llenos de energía. Hemos estado juntos desde entonces.

Encontrar mi pasión

En diciembre de 1984, Kim y yo nos mudamos a California. Como he dicho muchas veces en mis libros, ahí comenzó el período más difícil de nuestras vidas. La oportunidad de negocios de la que pensamos que éramos parte no resultó. Eso nos dejó sin dinero, durmiendo en el coche unas cuantas noches. Fue un tiempo que probó nuestro compromiso con el nuevo negocio y entre nosotros.

California era el semillero de nuevos modelos de educación. Muchos de los hippies habían crecido y estaban dando seminarios sobre temas muy extraños e interesantes. Los temas comunes eran: abre tu mente, cambia tus paradigmas, supera tus realidades limitantes. Kim y yo asistíamos a la mayor cantidad posible de seminarios, obteniendo nuevas ideas y observando diferentes técnicas de enseñanza.

Antes, en este libro, escribí sobre cuando asistí a la Escuela de manejo de alto desempeño de Bob Bondurant y también sobre haber trabajado con Tony Robbins, quien enseñaba a la gente a caminar sobre carbones calientes a 2 000 grados. Como probablemente ya sepas, no me gustaba el sistema tradicional de educación. No me gustaba que me enseñaran mediante el miedo a reprobar, aprender a memorizar las respuestas correctas y tener miedo a cometer errores. En la escuela siempre sentía que me estaban programando para hacer sólo las cosas correctas y para vivir con miedo a la vida. En la escuela, a menudo me sentía como una mariposa atrapada en una telaraña, con la araña envolviéndola hasta impedirme volar.

El tipo de formación que buscaba era una educación que enseñara a la gente cómo superar sus miedos y que les ayudara a descubrir su propio poder interior, de modo que pudieran caminar sobre fuego o conducir un auto de carreras Fórmula Uno. Cuanto más estudiaba esas técnicas, averiguando cómo aprendemos, cómo funciona la mente en conjunción con nuestras emociones y sus efectos en nuestras habilidades físicas, más quería aprender. Me fascinó el tema de cómo aprendemos los seres humanos.

Descubrí por qué me gustaba tanto la Fuerza de Infantería de Marina. Me encantaba el entrenamiento de la Fuerza de Infantería de Marina y la escuela de aviación porque se trataba, también, de superar los miedos y pensamientos limitantes. La Fuerza de Infantería de Marina era el medio de aprendizaje perfecto para mí. El medio de aprendizaje era duro y riguroso, exigía que mi cuerpo, mi mente, mis emociones y mi alma estuvieran en los programas. En la Fuerza de Infantería de Marina, memorizar las respuesta correctas no es suficiente. Al igual que en el mundo de los negocios, la Fuerza de Infantería de Marina se trataba de resultados no de razones. Se trataba de acciones, no de palabras. Era un medio de aprendizaje que insistía en que la misión estaba primero, el equipo en segundo y el individuo al último. Era un medio de aprendizaje que me enseñó a volar en vez de sujetar mis alas con alfileres.

Aprendizaje revolucionario

Caí en la cuenta de que lo que estábamos estudiando era lo que llamé "aprendizaje revolucionario", el tipo de aprendizaje que es lo bastante poderoso para ocasionar una transformación, un cambio de paradigma de la realidad, de manera muy similar a como debe sentirse un pollo cuando finalmente rompe el cascarón del huevo que lo contiene.

Durante uno de los seminarios sobre aprendizaje a los que asistí, aprendí sobre Ilya Prigogine, una persona que recibió el Premio Nobel por sus descubrimientos.

Le otorgaron el Premio Nobel por su investigación sobre estructuras disipativas. Para ponerlo en el ejemplo más simple, su investigación demostró por qué un niño sube a una bicicleta, cae, vuelve a subir, cae y luego de repente es capaz de andar en bicicleta. De nuevo, en los términos más simples, bajo la presión extrema de caer y volver a subir una y otra vez, la presión del proceso hace que el cerebro del niño se reordene. Pasa de no saber cómo andar en bicicleta a ser capaz de andar en bicicleta para siempre.

Para mí, su investigación verificó por qué a las personas que les va bien en la escuela puede no irles tan bien en el mundo real. Hay muchas personas que saben qué hacer pero no pueden hacer lo que saben. Como mi padre, una vez que caen, se quedan abajo, a menudo diciendo: "Nunca volveré a hacer eso." En vez de presionar con más fuerza, retroceden para reducir la presión. En muchas formas, es como si el pollo deseara permanecer protegido por su cascarón.

Como resumió Prigogine: "La presión es la forma en que crece la inteligencia." O como diría mi padre rico: "Manténte en el proceso."

¿Qué tan rápido podemos aprender?

Otra persona cuyo trabajo he investigado fue Georgi Lozanov de Bulgaria, el pionero de lo que ahora se llama Súper Aprendizaje. Aunque nunca tomé alguna de sus clases, se dice que era capaz de enseñar a las personas un idioma completo en uno o dos días. Obviamente, académicos tradicionales desacreditaban su trabajo. Comencé a experimentar con sus técnicas y descubrí que en realidad funcionaban.

Una razón por la que no me gustaba tanto la escuela era simplemente poque el ritmo era demasiado lento. Tomaba demasiado tiempo aprender muy poco. Combinar diferentes técnicas de enseñanza incrementaba la velocidad de aprendizaje, reducía el aburrimiento y resultaba en mayor retención a largo plazo. Comencé a emocionarme con el tema de la educación... y con una nueva categoría de educación. Lo que más me gustaba de lo que estaba descubriendo era que no importaba si eras un estudiante de diez o de cinco. Con este método de enseñanza, lo único que se necesitaba para aprender era el deseo de aprender.

Encontrar mi pasión

Mi padre rico me había dicho años antes que una vez que completas un proceso, tomas lo mejor de ti y dejas el resto atrás. Entonces pasas al siguiente proceso. De nuevo, una vez que el proceso termina, tomas lo mejor del proceso y dejas el resto atrás.

Mientras Kim y yo pasábamos por ese período de aprendizaje, las palabras de mi padre rico comenzaron a tener sentido. De pronto, descubrí que estaba comenzando el mejor de varios procesos en mi vida. Tenía mi experiencia del proceso de asistir a la escuela, el cual realmente odié. Luego estaban mis experiencias del proceso de ser piloto de los *marines*. Luego tenía mis experiencias de aprender a ser empresario con mi negocio de carteras de nylon. Por duro que fuera el proceso de las carteras de nylon, tenía muchas experiencias excelentes que llevar conmigo. Y ahora que me estaba convirtiendo realmente en estudiante de cómo aprende la gente, todas mis experiencias pasadas estaban cuajando. Mi vida a menudo desordenada comenzaba a tener sentido.

En agosto de 1985, encontré mi pasión. Mi siguiente negocio se estaba formando en mi mente. De 1986 a 1994, Kim y yo dirigimos una organización que montó la escuela de negocios para empresarios y la escuela de negocios para inversionistas. En vez de ser una escuela de negocios tradicional, esta escuela no tenía prerrequisitos. No requeríamos registros académicos. Lo único que se requería era la voluntad de aprender y el tiempo y el dinero para los cursos.

Empleando las técnicas que habíamos aprendido, fuimos capaces de enseñar a las personas los fundamentos de la contabilidad y la inversión (normalmente un curso de seis meses) en un día. En vez de hablar sobre negocios, el grupo en realidad construía un negocio haciendo énfasis en todas las partes del Triángulo D-I. En vez de sólo hablar sobre construir un equipo, cada equipo de negocios también tenía que entrenar para un triatlón. En lugar de que una persona terminara primero, era el equipo que terminaba primero el que ganaba. No sé si sepas lo difícil que es lograr que quince personas, de diferentes edades, de diferentes géneros, de diferentes niveles de condición física y diferentes mentalidades, compitan como equipo en un concurso de natación, bicicleta y carrera. Algunos de los concursos me recordaban escenas de Vietnam donde miembros de un equipo cargaban a otros a través de la meta. Por supuesto, para ser una escuela de negocios real, apostábamos dinero. Cada participante ponía dinero en el fondo y el ganador se llevaba todo. Un equipo ganador de quince miembros podía irse con 50 000 dólares como premio.

En nuestra Escuela de negocios para inversionistas, en vez de hablar sobre inversiones en realidad construíamos un piso comercial de la bolsa. Los diferentes equipos representaban diferentes fondos de inversión y administradores financieros. A medida que cambiaban las condiciones del mercado, los equipos tenían que ajustar sus estrategias de inversión. De nuevo, al final de la escuela, el equipo ganador salía con el dinero.

En 1993, aunque el negocio era exitoso y rentable, supe que una vez más era tiempo de pasar a otra cosa. En el verano de 1994, Kim y yo vendimos nuestra participación del negocio a nuestro socio y nos retiramos. El ingreso pasivo generado por nuestras inversiones era mayor a nuestros gastos. Finalmente estábamos fuera de la carrera de la rata. No éramos ricos pero éramos financieramente libres. Si puedes conseguir una copia de *Retírate joven y rico* (Aguilar), en la contraportada verás una foto donde Kim y yo estamos montados en caballos, en una colina con vista a un océano azul cristalino. Esas vacaciones en una isla privada en Fiji, fue nuestra recompensa por retirarnos pronto. Kim tenía treinta y siete y yo cuarenta y siete años.

Debes saber cuándo hacer un alto

En su libro *Good to Great*, Jim Collins escribe todo un fragmento sobre saber cuándo hacer un alto. Leer su libro en 2004 me remontó a la época en que yo también me detuve en 1984 y 1994. No había una señal clara, ningún signo divino diciendo: "Es tiempo de hacer un alto." Cada vez, simplemente hubo un momento en que supe que el proceso en el que estaba había llegado a su fin. Fue tiempo de hacer un alto y esperar el comienzo del siguiente proceso.

Conocí a mucha gente de negocios que quería detenerse pero no podía. No podían hacerlo por diferentes razones. Una razón común es que su Triángulo D-I es débil. Para cubrir o compensar la debilidad con frecuencia el dueño tiene que trabajar más duro o por más tiempo. Otra razón es que el dueño no puede darse el lujo de hacer un alto. De nuevo, es un síntoma de debilidad en el Triángulo D-I. Otra razón común es que el dueño, aunque exitoso, continúa trabajando porque no sabe qué hacer a continuación. Según Jim Collins, una persona puede necesitar detenerse primero, tomar un poco de tiempo de descanso y luego buscar lo siguiente. En mi situación, eso es lo que hice. Simplemente me detuve, dejé que el polvo se asentara, esperé unos cuantos años para ver qué pasaba después.

Pasar de A a D

De 1984 a 1994, yo estaba firmemente atrincherado en el cuadrante A. No iba a hacer ningún movimiento prematuro hacia el cuadrante D. Como era de esperarse, conforme nuestro éxito creció, también creció nuestro agotamiento. El agotamiento es lo que a menudo sucede con las personas exitosas del cuadrante A. Como un individuo A con frecuencia trabaja solo, más éxito significa más trabajo. Un A con frecuencia trabaja para un plan de compensación de un dólar por hora y, como todos sabemos, las horas del día están contadas.

Cuando Kim y yo nos detuvimos, no fue el trabajo duro o las largas horas lo que nos hizo detenernos. Lo que me estaba molestando era que sólo llegábamos a muy pocas personas. Después de todo, sólo unas cuantas personas en realidad pagan dinero para asistir a seminarios. Y nuestros cursos no sólo eran caros, eran duros como la fuerza de infantería de la marina. Pedíamos a la gente dedicar diez días o más para asistir a una de nuestras escuelas de negocios.

El doctor Buckminster Fuller, el maestro que tuvo una enorme influencia en mi vida, a menudo decía: "A cuanta más gente sirvas, más efectivo te volverás." No estaba en el tema del dinero, pero estaba en el tema de ser de utilidad. Mi padre rico decía: "Una de las grandes diferencias entre una persona del cuadrante A y una del D es el número de clientes que pueden manejar." También decía: "Si quieres ser rico, simplemente sirve a más personas."

Para 1994, la última escuela de negocios de la que yo formaba parte tenía más de 350 personas en clase con una cuota de asistencia de 5 000 dólares cada una. Así que, haciendo las cuentas, el dinero era bueno. Lo que no era bueno era que sólo había 350 personas. Sabía que, si verdaderamente quería ayudar a esos niños en Asia, no iba a ser capaz de lograrlo haciendo las cosas de ese modo. En otras palabras, sabía que era tiempo de hacer un alto y averiguar cómo pasar del cuadrante A al D. En vez de tratar de saltar sobre el Gran Cañón, Kim y yo estábamos listos par escalar el otro lado. Era momento de pasar por lo que mi padre rico llamaba "el ojo de la aguja".

Pasar por el ojo de la aguja

Como sabes, uno de los problemas con ser autoempleado en el cuadrante A es la palabra auto. En muchos casos, la persona autoempleada está en el producto. Cuando analizas el Triángulo D-I, empezando en el nivel más bajo del flujo de efectivo hasta llegar a producto, te das cuenta de que la persona autoempleada está a cargo de todo, de todos los niveles. En la mayoría de los casos, ser autoempleado dificulta mucho pasar al cuadrante D. Puede ser difícil no autoestorbar el proceso.

Entre 1984 y 1994, yo fui esa persona. Yo fui el autoempleado. Aunque lo hice de manera intencional, la realidad me molestaba. Una pregunta que me hacía a menudo era: "¿Cómo le enseño a la gente lo que le he estado enseñando en nuestras escuelas de negocios sin que lo haga personalmente?" Intentamos entrenar a otros instructores pero era un proceso largo, difícil, tedioso. Era difícil encontrar personas como Blair Singer y otro amigo, Wayne Morgan, para pasar por el proceso de entrenamiento para ser instructores. Aunque ya eran empresarios, era difícil enseñarles a enseñar como enseñábamos nosotros. Se necesita mucho talento para lograr que un grupo de más de trescientas personas aprendan contabilidad e inversión en un día. Era casi tan difícil como enseñarles a caminar sobre el fuego.

Después de vender el negocio en 1994, tuve tiempo para regresar a mi pregunta: "¿Cómo le enseño a la gente lo que le he estado enseñando en nuestras escuelas de negocios sin que lo haga personalmente?" Tras haberme mudado a las montañas cerca de Bisbee, Arizona, estaba lo suficientemente aislado como para comenzar a trabajar en la respuesta a esa pregunta. Durante dos años trabajé en la pregunta y, cuando dejé Bisbee, tenía el borrador de *Padre Rico, Padre Pobre* en mi computadora Macintosh y un diagrama preliminar con cálculos para el juego de mesa *Cashflow 101*. Estaba atravesando el ojo de la aguja y pasando del cuadrante A al D.

Mi padre rico había aprendido sobre el ojo de la aguja en el catecismo. Decía: "Un dicho popular de la iglesia dice más o menos: 'Es más fácil que un camello pase a través del ojo de una aguja, que un hombre rico entre al reino de los cielos.'" Mi padre rico continuó, modificando el dicho: "Olviden el camello. Si un hombre puede pasar a través del ojo de una aguja entrará al mundo de la inmensa riqueza."

Mi padre rico era un hombre muy religioso y no se estaba burlando de la lección. Simplemente la estaba usando y modificando para crear su propia lección. En términos de negocios, lo que quería decir era que para que un empresario pudiera pasar a través del ojo de una aguja tenía que dejarse atrás. Explico: lo que pasaba a través del ojo de la aguja era la propiedad intelectual del empresario no su cuerpo. Al analizar el diagrama siguiente, puedes entender mejor a qué se refería mi padre rico.

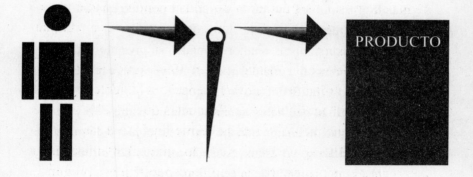

Hay muchos ejemplos de empresarios que han pasado a través del ojo de una aguja a lo largo de la historia. Algunos son:

1. Cuando Henry Ford diseñó su automóvil para ser producido en masa pasó a través del ojo de la aguja. Hasta entonces, la mayoría de los autos eran ordenados por el cliente y se hacían a mano.

2. Cuando Steven Jobs y su equipo en Apple Computers crearon el iPod, pasaron a través del ojo de la aguja.

3. Cuando alguien como Steven Spielberg o George Lucas crean una película, ellos, también, pasan a través del ojo de la aguja.

4. McDonalds pasó a través del ojo de la aguja al vender franquicias de su negocio de hamburguesas en todo el mundo.

5. Cuando alguien que tiene un negocio de mercadeo en red construye una línea de subordinados de otros dueños de negocios, pasa a través del ojo de la aguja.

6. Cuando un inversionista compra un activo, como un departamento que da flujo de efectivo a su bolsillo cada mes, ha pasado a través del ojo de la aguja.

7. Un político que usa la televisión para su campaña está pasando a través del ojo de la aguja. Un político que va de puerta en puerta no.

8. Cuando inversionistas o autores venden su invento o su libro a una compañía grande, que a cambio les paga regalías, han pasado a través del ojo de la aguja.

9. Al convertir lo que había aprendido de mi padre rico y de mi investigación en aprendizaje y al crear el juego de mesa e iniciar el libro, yo estaba pasando a través del ojo de la aguja. Estaba saliendo de la ecuación.

10. Cuando creé mi cartera de nylon para corredores y no protegí primero mi idea a través de un abogado de propiedad intelectual, no estaba pasando a través del ojo de la aguja. Simplemente estaba dando mi idea a la competencia y haciéndolos ricos. Ellos pasaron a través del ojo de la aguja y yo caí en el Gran Cañón. Yo tenía un producto nuevo excelente, pero sin el nivel legal para proteger mi producto, el Triángulo D-I no estaba completo.

El pollo rompe el cascarón

Cuando regresé de Phoenix con un borrador del libro y el juego de mesa *Cashflow* en la mano, supe que para pasar al cuadrante D, lo primero que necesitaba hacer era encontrar un equipo excelente. Tener un equipo excelente es esencial para pasar del cuadrante A al D. Mi padre rico siempre decía: "Si tú eres la persona más inteligente de tu equipo, estás en problemas." Con la misión adecuada y el equipo adecuado, nuestro negocio D comenzó a florecer.

Luego de que encontré a Michael Lechter, que los productos estuvieron protegidos y que Michael me presentó a Sharon, supe que teníamos un gran equipo. Sharon, Kim y yo comenzamos a diseñar y construir una compañía de acuerdo con el Triángulo D-I. En el momento en que pusimos nuestros productos en el mercado, los cielos de la abundancia se abrieron. La línea de productos fue mostrada oficialmente en mi cumpleaños número cincuenta, el 8 de abril de 1997, en la casa de Sharon y Michael. Desde el inicio de The Rich Dad Company, no tuvimos dificultades, no tuvimos que trabajar duro para insuflar vida al negocio. Las únicas dificultades que enfrentamos fueron cumplir con la demanda, viajar por el mundo para abrir nuevos mercados y contar el dinero. En junio de 2000, llegó la llamada del programa de Oprah y los cielos realmente se abrieron. Los tres saltamos del cuadrante A al D.

En este punto, comencé a entender mejor lo que mi padre rico quería decir con:

1. Ser fiel al proceso.
2. Que el proceso te dará vistazos de un mejor futuro, sólo para hacerte seguir en marcha.
3. El poder de dominar el Triángulo D-I.
4. Aprovechar el poder de los tres tipos de dinero: competitivo, cooperativo y espiritual.
5. Pasar a través del ojo de la aguja.

Después del programa de Oprah, verdaderamente sentí que el pollo por fin había roto suficiente el cascarón. Antes de Oprah, nadie me conocía. Después de ella, sin importar a qué lugar del mundo voy, la gente me detiene en la calle para decirme que ha leído *Padre Rico Padre, Pobre* o que ha jugado los juegos *Cashflow*.

En 2002, estaba en una tienda de antigüedades en Estocolmo, Suecia. El dueño, un sueco muy rubio, era experto en antigüedades chinas. Al reconocerme, dijo: "Estaba en un viaje de compras hacia China hace unos meses. Mientras flotaba por el río Yangtzé, miré dentro de una casa flotante y vi a una familia china jugando la versión china de su juego de mesa *Cashflow*."

En ese momento me di cuenta de que había mantenido mi promesa con esos niños explotados en la fábrica, niños que trabajaban para hacerme rico. Ahora mis productos estaban trabajando para niños justo como ellos, enseñando a familias, a gente joven y vieja cómo hacer que el dinero trabaje para ellas, en vez de trabajar todas sus vidas y luego esperar que el gobierno se encargue de ellas.

En febrero de 2004, el *New York Times* hizo un reportaje de toda una plana sobre el juego *Cashflow* y sobre los cientos de clubes que se estaban formando en todo el mundo. Se estaban formando sólo para jugar el juego y aprender lo que mi padre rico me había enseñado. Cuando vi el artículo, no podía creerlo. No podía creer la magia. Para mí, que el *New York Times* hiciera ese artículo era tan importante como estar en el programa de Oprah.

Cuando vi el artículo, supe que lo que había aprendido de enseñar en mi escuela de negocios para empresarios y en mi Escuela de negocios para inversionistas se había transformado exitosamente en un producto, *Cashflow*, que podía enseñar lo que yo solía enseñar. La gente ahora estaba aprendiendo los fundamentos de contabilidad e inversión en menos de un día. Además, muchos de los jugadores tenían revelaciones significativas en su manera de ver el mundo. Para ellos, el juego proporcionaba el cambio de paradigma, el cambio de ver el mundo del dinero como un lugar aterrador o verlo como un lugar emocionante. En vez de buscar expertos, y entregar a ciegas su dinero, después de jugar, muchas personas se dieron cuenta de que podían volverse sus propios expertos financieros, podían tomar control de su futuro financiero. Y muchos lo han hecho.

Lo mejor de todo es que en vez de enseñar a sólo 350 personas a la vez, hacer que vengan a mí y paguen miles de dólares, el juego *Cashflow* ahora va a ellos y enseña a miles de personas más, muchas de manera gratuita. En lugar de que yo les enseñe, ellos se están enseñando a sí mismos y luego están enseñando y compartiendo con otros.

Cuando vi el artículo del *New York Times*, supe que el periodo de diez años, de 1994 a 2004, estaba llegando a su fin. Sin embargo, aunque este proceso de diez años está completo, sabemos que la misión continúa.

Antes de renunciar a tu empleo

Antes de hacerlo, tal vez quieras recordar la lección de este capítulo. Ésta es que el alcance de la misión determina el producto. Es muy difícil hacer mucho dinero o servir a muchas personas con sólo trabajar más duro físicamente. Si quieres servir a muchas personas y/o hacer mucho dinero, puede que necesites quitarte del camino y pasar a través del ojo de la aguja.

Antes de renunciar a tu empleo, quizá puedas también determinar si serías más feliz en el cuadrante A o en el cuadrante D. Si quieres pasar al cuadrante D, recuerda que se necesitan fundamentos mucho más fuertes en el Triángulo D-I y un equipo aún más fuerte que te permita pasar a través del ojo de la aguja.

Y, antes de renunciar a tu empleo, puede que quieras hacer un momento de silencio en memoria de las compañías punto com que fracasaron. Creo que la razón por la que tantas empresas fracasaron fue que muchos de los empresarios estaban tratando de saltar del cuadrante E al D. Cuando llegó la quiebra, ellos también vieron como el coyote sólo aire bajo los pies. No lograron pasar a través del ojo de la aguja.

LAS VISIÓN DE SAHRON

Lección #7: El alcance de la misión determina el producto

ELIGE TU MISIÓN

Los negocios más exitosos por lo general hacen una de dos cosas:

- Resuelven un problema.
- Cubren una necesidad.

Tener una misión relacionada con la solución de un problema o con satisfacer una necesidad, en combinación con un deseo de servir a la mayor cantidad posible de gente, son bloques fundamentales en la construcción de los negocios más exitosos.

Como Robert aprendió con los *marines*, era la misión primero, el equipo en segundo y el individuo al final. ¿Acaso el mundo no sería un mejor lugar si todos viviéramos con fundamento en esa serie de creencias?

En este libro compartimos mucho sobre The Rich Dad Company y nuestra misión esencial de "Elevar el bienestar financiero de la humanidad." Cuando nos sentamos para iniciar la compañía, Robert compartió conmigo su misión y debo admitir que me sentí abrumada.

Pero también me sentí gratificada al ver que mi propia misión y filosofía personales eran absolutamente compatibles con esa meta elevada. Ahora, ocho años después, cada llamada telefónica, cada correo electrónico o fax que recibimos de alguien que ve luz al final del túnel o finalmente está libre de deudas o ha comprado su primera propiedad de inversión (hasta esas personas que están financieramente libres y fuera de la carrera de la rata) me doy cuenta de que nuestra misión se ha cumplido y se sigue cumpliendo. Se cumple, no por nosotros, sino por cada uno de ustedes que entra en acción y mejora su vida financiera.

Estoy involucrada con The Rich Dad Company por su misión. Los eventos que llevaron a la formación de The Rich dad Company se describen en el siguiente capítulo, pero mi presentación inicial con Robert y el juego *Cashflow* ilustra este punto. Escuché por primera vez sobre Robert y el juego *Cashflow* en una llamada telefónica de mi marido. La recuerdo con detalle.

"Amor", dijo, "¡he encontrado al hombre que tiene lo que has estado buscando!"

Se me atoró la saliva. ¿Qué estaba diciendo mi marido? ¿Encontró al hombre que tenía lo que yo había estado buscando? Obviamente no lo quería decir en la forma como sonaba. Continuó antes de que yo pudiera pedirle que me explicara a qué se refería.

"Uno de mis clientes, se llama Robert Kiyosaki, ha creado un juego que enseña finanzas básicas, los fundamentos tanto de contabilidad como de inversión. Pienso que es algo que te gustaría ver."

Michael estaba por completo consciente de mi pasión por la educación financiera y al parecer estaba muy entusiasmado con el juego. Yo estaba intrigada y se lo dije.

"Estoy intrigada. ¿Realmente funciona?"

"Yo creo que sí. Ciertamente tiene lógica. Lo que han hecho tiene sentido. Se están preparando para probarlo."

"Me encantaría echarle un vistazo. Avísame", contesté. Unas semanas después, mi hija Shelly y yo fuimos a la prueba beta del prototipo del juego antes de que saliera a producción y nos presentaron a Robert, a Kim y al juego *Cashflow*.

Hablaremos más sobre lo que pasó en la prueba beta y cómo se formó The Rich Dad Company en el siguiente capítulo. Por ahora, sólo digamos que la prueba beta me dejó claro que el juego era un medio para realizar más a fondo mi misión personal de asegurar que la educación financiera estuviera disponible a la mayor cantidad posible de personas, asegurando que nuestros niños tuvieran la oportunidad de pelear y, no por ignorancia, comenzaran su vida adulta endeudados de antemano. Saber sobre dinero es una habilidad de la vida que necesita ser enseñada a nuestros niños con el fin de prepararlos para el mundo que enfrentarán.

Las conversaciones con Robert y Kim me dejaron muy claro que mi misión personal era compatible con la de ellos. Nuestra misión compartida sería lograda al hacer que las enseñanzas *Cashflow* estuvieran disponibles para la mayor cantidad posible de personas. ¿Cuál era la mejor forma de hacerlo? La respuesta es simple en concepto: construir un negocio exitoso en torno al juego *Cashflow*. Mi experiencia en iniciar y construir compañías en la industria de publicaciones y juegos podía ser muy útil en el proceso. En principio comencé a compartir mi experiencia con Robert y Kim y a discutir temas de negocios con ellos, como externalizar la fabricación del juego y luego empecé a trabajar con Robert en el libro *Padre Rico, Padre Pobre*. Al final, Robert, Kim y yo formamos The Rich Dad Company como socios y yo me convertí en la directora ejecutiva.

La motivación para involucrarme no fue el dinero. Estaba dispuesta a trabajar gratis. Mi enfoque era estrictamente en alcanzar la misión. Francamente, Michael y yo no necesitábamos el dinero. Michael era un abogado muy exitoso y habíamos hecho varias inversiones excelentes. Ya estábamos libres financieramente. La compensación que buscaba era espiritual. Por supuesto, después de que formamos The Rich Dad Company y nos mantuvimos fieles a nuestra misión, el dinero llegó.

No necesitas salvar al mundo

Es importante notar que un negocio puede ser exitoso sin una misión de naturaleza global como la de The Rich Dad Company. De nuevo, un negocio exitoso por lo general resuelve un problema o cubre una necesidad. La misión de esos negocios es hacer que la solución al problema o la necesidad esté disponible para quienes la necesitan. Tengo un amigo que es dueño de una compañía de cartón cuya especialidad son las cajas. Es un negocio increíblemente exitoso que resuelve un problema y llena una necesidad. Su misión es significativa en su propia medida: proporcionar tipos específicos de cajas a quienes las necesitan.

Otro ejemplo perfecto de alguien que resuelve un problema o convierte un problema en un negocio viable fue Rob, un amigo de mi hijo que trabajaba en un restaurante chino. Escuchó a los dueños quejarse de que no podían conseguir el suministro de un tipo de arroz particular a un precio razonable o en cantidades suficientes. El chico tuvo una idea. Verificó otros restaurantes en el área y se dio cuenta de que tenían las mismas dificultades. Así que llamó al importador en San Francisco y acordó comprar ese arroz particular en grandes cantidades a un precio muy reducido. En unos cuantos meses, tenía un negocio exitoso. Rob había resuelto un problema y cubierto una necesidad. La misión de su negocio era proporcionar el arroz a los restaurantes de Wisconsin y otros mercados en la llanura central de Estados Unidos. Desde entonces se ha expandido para importar muchos otros artículos.

Al revisar el Triángulo D-I, hay una razón por la cual la misión es la base del triángulo y el producto es la punta del interior del triángulo. Por eso sonreímos cuando alguien viene a nosotros y nos dice: "Tengo una excelente idea para un producto. ¿Quieren comprármelo o invertir en él?"

¿Acaso esto significa que un negocio no se puede construir en torno a un producto? No, no es así. A veces el "producto" es realmente una solución a un problema; la manifestación de una misión y el promotor simplemente no comunican ese hecho. A veces la misión está ahí, pero el promotor simplemente no lo sabe (aunque el hecho de que el promotor primario no la reconozca pero la "predique"). A veces, un producto (como una mejora a un producto existente) es en apoyo de la misión de alguien más. Sin embargo, un producto por sí mismo sin el cimiento de una misión rara vez es una base viable para la construcción de un negocio. La misión no necesita causar un terremoto, pero cuantas más personas reciban un servicio por el cumplimiento de la misión, mayor será el potencial de crecimiento del negocio.

Por lo general, una compañía cuya misión es "hacer dinero primero" o ser "el mayor y el mejor proveedor de cierto producto o servicio" en vez de resolver un problema o llenar una necesidad, no tendrá la fuerza fundamental para construir un Triángulo D-I fuerte. Obviamente, no hay nada malo en hacer dinero o en querer ser el "mayor y el mejor". Sin embargo, ese tipo de misión no proporciona ninguna dirección o enfoque real para la compañía, ni proporciona la mentalidad adecuada para construir. El logro de esa misión sirve únicamente a esa compañía, no a muchos. Quizá la compañía debería redefinirse en términos de los beneficios que proporciona a sus clientes.

Creemos que si te enfocas en cumplir una misión que resuelva un problema o llene una necesidad, el dinero llegará. Como decía mi padre rico: "A cuanta más gente sirvas, más rico te volverás."

Así que cuando planees tu negocio, comienza con tu misión. ¿Cuál es tu meta? ¿Qué problema resolverá tu negocio? ¿Qué necesidad cubrirá? Una vez que tengas establecida tu misión, busca la forma de construir las otras partes del Triángulo

D-I. Pero, lo más importante, pon manos a la obra y comienza tu nuevo negocio.

Un equipo ganador

El éxito o fracaso de tu negocio tiene que ver con ética laboral, determinación y deseo. La mayoría de las personas que dan ese salto tienen toneladas de los tres componentes. No obstante, el factor determinante tiene más que ver con aprender tres habilidades críticas que convertirán cualquier negocio en un éxito.

Primero, para construir un negocio, tienes que ser capaz de vender. Porque "Ventas = Ingreso." Cuando falta el ingreso, por lo general se debe a que al dueño no le gusta, no sabe cómo o simplemente se muestra renuente a vender. Sin embargo, sin ventas, no hay ingreso. Existe el mito de que tienes que ser un perro de ataque para vender. No es cierto.

Segundo, para construir un negocio o red real y salir del cuadrante A, tienes que ser capaz de atraer, construir y motivar un gran equipo. Y en el mundo de los negocios pequeños, todos los miembros del equipo tienen que estar dispuestos a vender, sin importar su puesto en la compañía.

Para que eso suceda, el tercer elemento se vuelve crítico. Se trata de tu habilidad para enseñar a otros en el negocio cómo vender, cómo ser excelentes jugadores del equipo y cómo tener éxito. Esta habilidad es la que asegura crecimiento, ganancias y longevidad.

El hecho triste es que a la mayoría de los dueños de negocios nunca les enseñan cómo hacer cualquiera de esas cosas. De hecho, la mayoría de nosotros estamos condicionados a creer que 1) las ventas son una tarea desagradable, 2) si quieres que las cosas se hagan bien las tienes que hacer tú mismo y 3) esa enseñanza la experimentaste en la escuela.

Cuando trabajamos en negocios, lo primero que debemos hacer para incrementar el ingreso es ayudar a la gente a establecer lo que llamamos Código de Honor, un simple conjunto de reglas que convierte a personas ordinarias en un equipo campeón, un equipo que no sólo vende, sino que está hambriento de aprender e impone un nivel increíble de responsabilidad por conducta personal, desempeño y números. Articula los comportamientos que son críticos para el éxito y exige el acuerdo de todos los miembros del equipo para jugar de esa forma.

A la mayoría de las personas les gustaría ser lo mejor que pueden ser. Como dueño de un negocio, tienes que crear el medio o contexto que lo haga posible. No es sólo algo que puedes aprender, sino algo que te hará muy exitoso. Muchas veces, en los negocios, no es qué entrega sino cómo lo entrega, lo marca la mayor diferencia. Es la fuerza y compromiso de tu equipo y tu pasión para promover y servir a otros lo que determina tu reputación, tu éxito y tu flujo de efectivo.

Blair Singer
Asesor de Padre Rico y autor de
Vendedores Perros y
El ABC para crear un equipo de negocios exitoso
(Aguilar)

Elegir la entidad adecuada

Pocas personas lo aprecian, pero elegir la estructura de entidad adecuada para tu negocio se encuentra al mismo nivel que elegir al socio adecuado.

Si te asocias con la persona equivocada, tus esfuerzos pueden verse condenados al fracaso desde el principio. La persona equivocada también puede gastar libremente tu dinero, obligar a la compañía a establecer contratos que no puede cumplir y alienar a los compañeros de trabajo antes de que el primer producto o servicio sea entregado por primera vez. El socio equivocado puede dejarte desprotegido y gastar todos tus esfuerzos y energía.

De manera similar, elegir la estructura legal equivocada también puede llevar directo al fracaso. Al empezar, quieres tener la mayor cantidad posible de protección legal y de activos. Pero al elegir un derecho de propiedad exclusivo o una sociedad general, malas entidades que no ofrecen ninguna protección; te arriesgas a perder todo lo que has construido en tu negocio, con todos tus activos personales. A los demandantes y sus abogados les encanta ver negocios operados con derecho de propiedad exclusivo y sociedades generales, porque pueden llegar tanto a los negocios como a los activos personales al portar querella. Pueden tener libre acceso a todos sus activos.

En cambio, usa una buena entidad, como una corporación C, una corporación S, compañía de responsabilidad limitada o sociedad limitada. Esas entidades protegen tus activos personales de ataques contra el negocio. Y como en el caso del socio adecuado, la entidad adecuada te ayudará a avanzar, aumentarán tu protección y prospectos hacia el futuro.

Garret Sutton
Asesor de Padre Rico y autor de
Own Your Own Corporation,
How to Buy and Sell a Business,
The ABC's of Getting Out of Debt y
The ABC's of Writing Winning Business Plans

Diseña un negocio que pueda hacer algo que ningún otro negocio pueda hacer

CAPÍTULO 8

Cuál es el trabajo del
líder de un negocio

El líder de un negocio

"¿Cuál es el trabajo más importante del líder de un negocio?", pregunté a mi padre rico.

"Bueno, hay muchos trabajos importantes. Sería difícil decir si un trabajo es más importante que el otro. En vez de un solo trabajo puedo decirte cuáles considero los ocho trabajos más importantes."

La siguiente es la lista de mi padre rico:

1. Definir claramente la misión, metas y visión de la compañía.
2. Encontrar a las mejores personas e integrarlas en un equipo.
3. Fortalecer a la compañía desde el interior.
4. Expandir la compañía desde el exterior.
5. Mejorar la línea de resultados.
6. Invertir en investigación y desarrollo.
7. Invertir en activos tangibles.
8. Ser un buen ciudadano corporativo.

"¿Qué pasa si el líder no puede llevar a cabo esos trabajos?", pregunté.

"Necesitas cambiar de líderes", dijo mi padre rico. "Además, si el líder no puede hacer esas cosas, la compañía probablemente desaparecerá. Por eso la mayoría de las nuevas compañías desaparecen en diez años."

Sólo una misión

Con los años, he conocido a muchas personas con un sentido extremadamente fuerte de la misión. Algunas personas han acudido a mí y han dicho cosas como:

1. Quiero salvar el medio ambiente.
2. Mi invento eliminará la necesidad de combustibles fósiles.
3. Quiero iniciar una obra de caridad que proporcione cobijo a niños que han huido de su casa.
4. Mi tecnología es lo que el mundo ha estado esperando.
5. Quiero encontrar una cura para tal enfermedad.

Aunque su atención y cuidado puedan ser genuinos, muchas de esas personas de buen corazón fracasan en el cumplimiento de su misión simplemente porque lo único que tienen es una misión. Si pudieran ver sus habilidades a través del contexto del Triángulo D-I, se vería así:

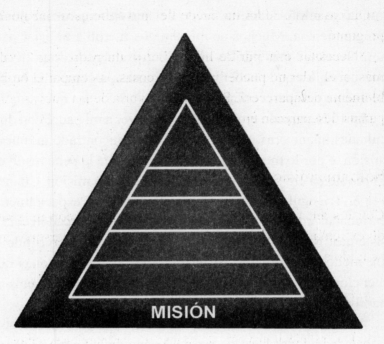

Una falta de habilidades en los negocios

Anteriormente mencioné que muchas personas pasan años en la escuela o en el trabajo desarrollando habilidades que no son relevantes o importantes para el Triángulo D-I. Menciono el ejemplo de un maestro de escuela, que puede tener años de educación y experiencia en didáctica y, no obstante, esos años de educación pueden no transferirse al Triángulo D-I si esa persona decide volverse empresaria. Esa persona simplemente tiene una falta de habilidades de negocios.

Cuando dejé a los *marines* en 1974, yo también estaba en un predicamento. Para ese año tenía dos profesiones. La primera era como oficial de barco certificado, con licencia para navegar cualquier barco de tonelaje ilimitado a través del mundo. Pude haber hecho mucho dinero con esa profesión; el problema era que yo no quería ser oficial de barco. La segunda era piloto de militar con excelente entrenamiento y años de experiencia. Muchos de mis amigos fueron a trabajar para aerolíneas o como pilotos en los departamentos de policía y bomberos. Yo pude haber hecho lo mismo, salvo por el hecho de que ya no quería volar.

En 1974, cuando regresé a casa para ver a mi padre con dificultades financieras, sospeché que había encontrado mi nueva misión, o por lo menos un problema que valía la pena resolver. El problema era que lo único que tenía era una misión. Cuando ves el Triángulo D-I, hay niveles de personas especialmente entrenadas en contabilidad, derecho, diseño, mercadotecnia y sistemas. No hay niveles que digan oficial de barco o piloto. De modo que me convertí justo como muchas personas que mencioné antes, en un hombre con una misión, pero carecía de habilidades de negocios reales.

A favor tenía años como aprendiz de mi padre rico. Había trabajado en todos los aspectos del Triángulo D-I a través de sus negocios. De modo que sí tenía algo de experiencia en negocios, pero sólo como joven. Por lo menos sabía que un negocio era un sistema de sistemas y conocía la importancia del Triángulo D-I como una estructura de negocios.

Quejas con mi padre rico

Un día me quejé con mi padre rico de que casi no tenía habilidades comercializables que pudieran aplicarse al Triángulo D-I. Al señalar el lado Equipo del Triángulo D-I, me quejé de que ninguna corporación mayor me contrataría para estar en su equipo. Me lamenté sobre no tener educación formal en ninguno de los niveles. Cuando dejé de quejarme, alcé la vista hacia mi padre rico para recibir lo que esperaba sería una respuesta comprensiva. Lo único que dijo fue: "Yo tampoco."

Lo único con lo que mi padre rico comenzó fue con una misión.

Lo que hace un líder

El trabajo de un líder consiste en transformar una compañía para permitirle crecer y servir a más personas. Si el líder no puede cambiar la compañía, la mantiene pequeña y ésta puede encogerse.

Una vez más, vamos uso del Triángulo D-I para aclarar este punto.

Cuando yo estaba en el cuadrante A, nuestros productos eran la escuela de negocios para empresarios y la escuela de negocios para inversionistas. El problema con el negocio era que yo

era una parte del producto tanto como del resto del Triángulo
D-I. Si iba a ser líder, necesitaba hacer un alto y rediseñar el
negocio por completo. Tratar de arreglar un negocio diseñado
pobremente mientras el negocio está en marcha es como querer arreglar una llanta ponchada mientras el automóvil sigue
en movimiento. Por esa razón Kim y yo hicimos un alto y nos
tomamos dos años antes de iniciar un nuevo negocio.

Construcción de un nuevo Triángulo D-I

En 1996, cuando salí de las montañas alrededor de Bisbee,
Arizona, lo único que tenía eran esbozos a lápiz del juego de
mesa *Cashflow*, un borrador de *Padre Rico, Padre Pobre* en
mi computadora y un plan de negocios simple de dos páginas.
El empleado que había en mí y que deseaba una compañía,
sabía que mi siguiente paso era encontrar a las personas adecuadas y reunir un equipo.

Esbozar el juego fue la parte fácil. Encontrar a alguien que
pudiera diseñar los sistemas de información requeridos para
hacerlo funcionar fue el primer paso. El juego tenía que tener
un diseño que literalmente cambiara la forma de cómo la gente
piensa respecto al dinero. En esa época había sólo una persona que yo conocía que tuviera esa mentalidad y era un viejo
amigo llamado Rolf Parta, apodado afectuosamente Spock. Le
decíamos Spock porque se parecía a Leonard Nimoy del programa *Viaje a las estrellas*. Resulta que también es tan listo
como el personaje que hace Nimoy.

Aquí es donde los cuatro tipos de pensamiento son importantes. Para esta fase del negocio, llevé el Pensamiento
C y P al proyecto. Fui lo suficientemente creativo como para
esbozar el diseño de un tablero y a partir de mis diez años
de enseñanza entendí cómo aprendía la gente. Spock llevó el

pensamiento T y A al proyecto. Como contador público asociado con maestría en administración de negocios y como ex banquero con un IQ extremadamente alto, Spock vive en su propio mundo. Muy pocas personas pueden sobrellevar una conversación con él. Habla un "dialecto del inglés" que dudo que alguien entienda.

Al llegar a su casa, esparcí mis burdos esbozos y diagramas en la mesa del comedor. Haciendo mi mejor esfuerzo por comunicarme a través de palabras, gestos y señalando mis esbozos, Spock y yo finalmente comenzamos a conversar. Es difícil hablar desde el lado creativo y personal del proyecto a quien esperaba sería el lado técnico y analítico.

Finalmente, luego de una hora de discusión, los ojos de Spock se encendieron. Empezaba a entender el lado personal y creativo. "¿Por qué la gente necesita este juego?", preguntó. "Es cuestión de sentido común."

Riendo entre dientes, contesté: "Para ti es sentido común. Tú tienes una maestría en administración de negocios. Tú eres contador y trabajaste como banquero. Así que para ti es sentido común. Pero, para la persona promedio, es un idioma exranjero. Para muchas personas, es una forma de pensar radicalmente nueva."

Spock sonrió abiertamente. Las puntas de sus orejas se hicieron un poco más largas. "Dame tres meses y te daré lo que quieres." Acordamos un precio por sus servicios, nos dimos la mano y me fui confiado de que había encontrado a la persona adecuada para la tarea.

Tres meses después y luego de mucha interacción conmigo, tuvo resueltas todas las ecuaciones matemáticas complejas. Yo había hecho mi parte y mejoré los esbozos. Juntos, Kim, Spock y yo practicamos el juego. De manera sorprendente, el juego funcionaba bien. Era difícil, pero los números funcionaban, las lecciones se revelaban, estábamos contentos.

La siguiente persona a la que fui a ver fue Michael Lechter, el abogado de nuestro equipo. Como dije antes, Michael es uno de los abogados de propiedad intelectual más respetados en el mundo de la tecnología, las patentes y las marcas registradas.

Cuando el equipo de futbol de los Cafés trató de dejar Cleveland y mudarse a Baltimore, Maryland, para convertirse en los Cafés de Baltimore, fue a la firma de Michael, Squire Sanders and Dempsey, a la cual llamó la ciudad de Cleveland para evitar la pérdida del nombre del equipo. El equipo se convirtió en los Cuervos de Baltimore, pero sólo después de que se le prometió a Cleveland una expansión de equipo de la NFL y, lo más importante, el nombre del equipo, los Cafés, permaneció en Cleveland. Eso sería como decirme a mí: "Se puede mudar pero su nombre, Robert Kiyosaki, se queda aquí. Pertenece a la ciudad de Phoenix, Arizona. Busque un nuevo nombre. ¿Qué tal Joe Smith?"

Una vez que Mike tuvo mi trabajo y el de Spock, entonces comenzó el proceso de registrar patentes, marcas y otros marcos legales para proteger mi propiedad intelectual. Cuando salía yo de su oficina, dijo: "Te llamaré cuando tenga respuesta de la oficina de patentes."

"¿Cuánto tardará?", pregunté.

"Puede tomar tiempo. Depende de cuántas preguntas o cuestionamientos tengan. Hay muchas probabilidades de que rechacen partes o todas nuestras demandas en la patente. Ahí es cuando excavamos y regresamos a ellos."

Spock volvió a trabajar con su gorra de pensamiento A puesta, usando su mente analítica esta vez y comenzó a probar el juego en una computadora. Hizo funcionar el juego a través de 150 000 simulaciones diferentes, sin falla. Cuando me entregó sus páginas de cálculos matemáticos, estaba sonriendo de oreja a oreja. El desafío del proyecto lo había hecho muy feliz.

Hasta la fecha, no tengo ni idea de lo que significaban los cálculos de esas páginas, pero cuando entregué esas mismas páginas a Michael Lechter, sonrió justo como Spock. Me sentí como si otra vez estuviera en la escuela. Dos estudiantes de diez repasando exámenes y disfrutándolo, y yo, el estudiante de siete, seis y en ocasiones cinco y preguntándose por qué estaban tan emocionados.

Como puede que ya hayas adivinado te diré que estaba construyendo un nuevo Triángulo D-I. Como empresarios, Kim y yo teníamos en claro nuestra misión. Ahora, como líderes del proyecto y usando los cinco niveles dentro del triángulo como guía, estábamos conformando un equipo.

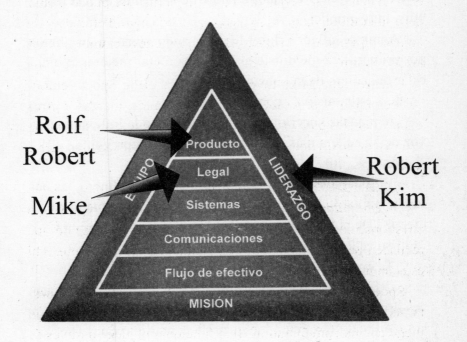

Conocer a Sharon

Después de alrededor de un mes, Mike Lechter llamó y dijo: "Ahora pueden avanzar y mostrar su juego a otras personas. Todavía no tenemos una patente, pero he llenado la forma y ha constado su solicitud. Todavía necesitan que la gente les firme acuerdos de confidencialidad antes de ver su producto."

Como recordarás, ése fue el paso que dejé fuera cuando creé la cartera de velcro y nylon. Semanas después de inventar el producto, comencé a venderlo sin protección. En menos de tres meses, nuestros competidores estaban vendiendo mi creación. Fue un error devastador. Pero el hecho de aprender esta lección por ese error estaba a punto de dar frutos en una forma muy, muy grande.

"Antes de colgar", dijo Mike, "cuando viniste a mi oficina por primera vez me dijiste que tu misión era 'mejorar el bienestar financiero de la humanidad'."

"Ésa es la misión", contesté.

"¿Y planeas hacerlo con ese juego?" Por la inflexión en la voz de Mike, era más una afirmación que una pregunta.

"Así es", dije.

"¿Enseñar a la gente a administrar su propio dinero, las bases de contabilidad, las bases de inversión, todo mediante el juego?" De nuevo, más una afirmación que una pregunta.

"Eso es lo que estamos haciendo", afirmé.

"¿Te importaría que le contara a mi esposa, Sharon, sobre tu juego? Es contadora pública formada. Ha trabajado para grandes firmas de contabilidad y ha iniciado varios negocios. Pero la razón real por la cual me gustaría contarle lo que están haciendo es que ella comparte tu misión. Le apasiona enseñar a la gente sobre el tema del dinero. Pienso que estaría realmente interesada. ¿Te importaría si le cuento... sólo cosas generales, ningún detalle?"

"No, por favor hazlo", contesté dudoso. "Pero por favor recuérdale que no soy contador."

"¿No eres contador? ¿Quién lo habría adivinado?", bromeó Mike, riendo de su propia broma. "Me aseguraré de decírselo." Luego colgó.

La razón por la que dudé se refiere a lo que dije antes en este capítulo. Justo como mi padre rico, soy una de esas personas que no tiene entrenamiento formal en ninguno de los niveles del Triángulo D-I. Mientras pasaba tiempo creando el juego, la idea de que yo, una persona sin entrenamiento formal en contabilidad, estaba creando un juego que enseñaba las bases de la contabilidad era un poco intimidante. Mike pensó que sólo estaba bromeando con su chiste sobre que yo no era contador, pero en realidad tocó una fibra. Ahora iba a hablar con su esposa, una contadora, sentí como si estuviera a punto de ser descubierto, expuesto como un fraude.

La gran prueba

Durante las siguientes semanas, Kim, Spock y yo trabajamos para dejar listos nuestros juegos prototipo. Habíamos jugado con varios amigos y el juego funcionaba bien. La razón por la que funcionaba bien es que todos nuestros amigos son inversionistas profesionales. Ahora estábamos por hacerle una prueba beta al juego. Una prueba beta es un proceso experimental para ver si el juego funciona con personas normales.

El juego en esta etapa eran sólo esbozos en bruto sobre cartoncillo y usamos balas de diferentes calibres como piezas del juego. Las balas funcionaban porque su peso ayudaba a mantener extendido el papel.

Reservamos la sala de conferencias de un hotel, suficiente para veinte personas y luego comenzamos a llamar gente, sobre todo extraños, para que vinieran a jugar. No tienes idea de lo difícil que fue eso. Cuando la gente descubría que era un juego educativo sobre inversión y contabilidad, la mayoría buscaba una excusa para no ir.

"¿Se necesitan matemáticas?", preguntó una persona.

Cuando dije "sí", colgó.

Justo cuando pensamos que íbamos a estar cortos de personas, Mike llamó y dijo: "Oye, ¿te importa si llevo a mi esposa y a mi hija a la prueba beta?"

"¿A tu esposa?", tragué saliva nerviosamente. "¿La contadora?"

"Sí. Creo que lo disfrutaría."

"Está bien", dije débilmente. "¿Y qué edad tiene tu hija?"

"Tiene diecinueve años. De hecho, ese día se va a la universidad. Pienso que sería genial si también pudiera estar ahí."

"Está bien", dije de modo poco convencido otra vez. En silencio, para mis adentros, estaba diciendo: "Oh, genial... una contadora y una adolescente. Probablemente una adolescente con mala actitud."

Cuando le conté a Kim que Mike iba a llevar a su esposa y a su hija, me dijo: "Está perfecto. No por nada teníamos dos asientos adicionales. Estaba predestinado."

"Oh, Dios", dije mientras agitaba la cabeza ante la idea de que la intervención divina fuera la razón para que ese número de personas saliera de la prueba beta y dejara libres exactamente dos asientos. Pero así es como piensa Kim.

Por fin jugamos...

Una brillante mañana de sábado, llegaron nueve personas; una que había aceptado estar ahí simplemente no se apareció. Sharon, Mike y su hija Shelly estaban listos. Al estrechar la mano de Sharon, el miedo a ser expuesto de nuevo inundó mi cuerpo.

Después de algunas gentilezas, el juego comenzó y siguió y siguió... Había dos mesas, una con cuatro personas y otra con cinco. Después de tres horas, Sharon levantó la mano para indicar que había ganado. El juego había funcionado, para una persona, y siguió y siguió y siguió...

Mientras las dos mesas seguían y seguían jugando, Sharon se puso de pie y se fue, llevándose a su hija. Nos había dicho con anticipación que tenía que salir a carretera para llevar a Shelly a Tucson, donde era estudiante de la Universidad de Arizona. Como no tuve la oportunidad de hablar con Sharon, no supe qué pensaba del juego. De inmediato, mi mente comenzó a preguntarse qué cosas horribles diría una contadora de mí y de mi juego.

Finalmente, cerca de la una de la tarde cancelamos el juego... la frustración era tan alta que pensé que estaban por detonarse peleas. Nadie más había salido de la carrera de la rata. Nadie más había ganado el juego. Cuando la gente se fue, varios me dieron la mano amablemente, pero nadie dijo mucho. La mayoría me miró de manera extraña y se fue. Ni siquiera Michael salió del juego. Podía darme cuenta de que él también estaba muy frustrado. Meneando la cabeza, lo único que dijo fue: "Difícil juego. Nunca logré salir de la carrera de la rata." Por la forma refunfuñona en que lo dijo pensé que me iba a morder.

Avanzar o cancelarlo

Después de empacar nuestras cajas, Kim, Spock y yo tuvimos una sesión de preguntas y respuestas. "Tal vez es demasiado difícil", dije. Kim y Spock asintieron con la cabeza.

"Pero Sharon, la esposa de Mike, salió de la carrera de la rata. Ganó el juego", dijo mi siempre optimista esposa, Kim.

"Sí, pero es contadora", me lamenté. "Ella no necesita el juego. La gente que realmente necesita el juego no ganó... no salió de la carrera de la rata... no aprendieron nada. Lo único que hicieron fue frustrarse."

"Hice mi mejor esfuerzo por mantenerlo simple", dijo Spock. "No sé si puedo hacerlo más fácil sin perder los objetivos de practicar el juego."

"Bueno, pongamos las cajas en el auto y vayamos a casa. Kim y yo viajamos a Hawai mañana. Tendremos que decidir si seguimos adelante con este proyecto o si lo cancelamos.

En la playa

Durante la siguiente semana, Kim y yo nos levantábamos, tomábamos nuestro café y caminábamos por la playa. Una mañana yo estaba súper entusiasta, listo para continuar con el proyecto. Pero a la mañana siguiente, me levantaba deprimido, listo para cancelar el proyecto. Así siguieron las cosas durante una semana. Fueron unas vacaciones horribles. Mientras empacábamos y nos dirigíamos al aeropuerto, Kim dijo: "¿Por qué no llamas a Sharon? En vez de adivinar lo que piensa, ¿por qué no indagas y le pides retroalimentación?"

"Pero ella es contadora", dije. "Seguramente odia el juego. Sabe que soy un fraude y que el juego no tiene ningún mérito."

"Ella no dijo eso", dijo Kim. "Eso es lo que te estás diciendo a ti mismo."

La razón por la que pasé tanto tiempo escribiendo sobre este período es que fue muy difícil para mí. Cuando las personas dicen que tienen miedos respecto a correr riesgos y seguir adelante con un proyecto, lo entiendo porque yo también los tuve. Kim y yo estuvimos confundidos durante ese tiempo. Era seguir o no seguir. Era implementar o cancelar. Era vivir nuestra misión o sólo regresar a hacer dinero.

Una nueva socia

Al aterrizar en Phoenix, llamamos a Sharon y fijamos una reunión. De pie frente a la puerta de su enorme casa en un vecindario costoso, toqué el timbre. Esperando lo peor, Kim y yo nos sentamos a escuchar sus pensamientos, su retroalimentación respecto a nuestro juego.

"Me encantó el juego", dijo Sharon. "Es mejor de lo que esperaba. Cuando vi sus componentes, empleos, estados financieros y la cantidad de matemáticas necesarias, me preocupó que fuera aburrido. Pero une a todo el mundo."

"Gracias", dije. "Sé que eres contadora. No tienes idea de lo nervioso que me ponía eso."

"Hay muchos contadores que necesitan este juego. Pero estoy aún más emocionada respecto al juego porque a mi hija Shelly le encantó", sonrió Sharon, radiante como una madre orgullosa. "¿Saben qué me dijo cuando nos fuimos de la prueba beta?"

"No, por favor cuéntanos. Ella era la más joven en la sala y nos gustaría saber lo que una adolescente piensa del juego."

"Bueno, cuando dejamos la sala de conferencias, pensé que me iba a matar. Ya saben como son los adolescentes... y estuvimos en la prueba beta por mucho más tiempo del que le había dicho. Saben que la estábamos mudando a su primer departamento ese día. Y, además de eso, tuvo dificultades con el juego al igual que los demás", dijo Sharon. "Cuando nos íbamos pensé que se iba a quejar por lo tarde que era, pero en cambio dijo: 'Mamá ese juego es increíble. Aprendí más en las últimas tres horas de lo que aprendí en los últimos tres años de preparatoria.' En ese momento supe que ustedes tenían un producto magnífico que realmente podía marcar una diferencia en la vida de la gente."

Kim sonrió y empezó a hablar con Sharon. Yo me quedé fuera de la conversación. Estaba en otro mundo. No podía creer lo que había escuchado. No podía creer que muchas de las lecciones importantes que mi padre rico me había enseñado ahora habían sido transferidas en un juego con el que alguien como Sharon, con sus antecedentes, estaba de acuerdo. Spock, Kim y yo habíamos pasado a través del ojo de la aguja. Transferimos ese conocimiento que yo había aprendido de mi padre rico y lo colocamos en un producto tangible.

Esto tuvo lugar en el verano de 1996. Kim y yo seguimos adelante y contratamos a Kevin Stock, un fabuloso artista gráfico, para dar vida al juego. Entonces Kevin envió su trabajo a una compañía fabricante de juegos en Canadá. En noviembre de 1996, la versión comercial del juego se jugó en el seminario de inversión de un amigo en Las Vegas, Nevada. El juego funcionaba. A los participantes les encantaba. Los cambios de paradigma que queríamos estaban funcionando. De inmediato, volamos a Singapur al taller de inversiones de otro amigo y una vez más el juego reveló su magia.

Mientras Kim y yo mostrábamos el juego al mundo, Sharon se ofreció como voluntaria para echarle un vistazo al borrador del libro que estaba en mi computadora. No pidió nada. Simplemente quería apoyar la misión. Ella transformó un revoltijo de historias sobre lecciones que aprendí de mi padre rico en *Padre Rico, Padre Pobre*. El 8 de abril de 1997, el libro fue lanzado en la casa de Sharon y Mike en mi cumpleaños número cincuenta. Poco después, Sharon, Kim y yo formamos The Rich Dad Company. Sharon aceptó ser la directora ejecutiva. Al ver el Triángulo D-I, notarás cómo se colocaron las piezas:

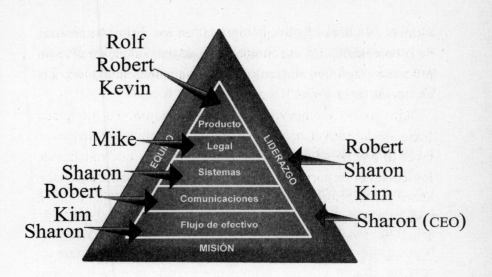

Rolf, Kevin Stock y yo en el producto. Mike en lo legal. Sharon cubriendo sistemas y flujo de efectivo; Kim y Robert en comunicaciones. El equipo estaba listo.

Como líderes estaban Kim, Robert y Sharon, con Sharon como la directora ejecutiva.

Marcas registradas e imagen comercial

Kevin Stock trabajó con Michael Lechter en lo que se conoce como imagen comercial, los gráficos que ayudan a identificar la marca Padre Rico. Puedes notar que todos nuestros productos tienen un tema, vista y sensación similar. Los colores que usamos son tonos específicos de morado, amarillo y negro. La gente reconoce ese esquema de colores como productos que vienen de The Rich Dad Company. Michael dice: "Eso no es por accidente." Si la gente infringe nuestra marca registrada o nuestra imagen comercial, cosa que pasa a menudo, el equipo legal de Michael Lechter hablará con ellos. Nuestras marcas registradas e imagen corporativa son activos llamados propiedad intelectual que tienen gran valor en todo el mundo. En China, llaman a Padre Rico la "tormenta morada".

El negocio despega

Una vez que el negocio fue armado, casi de inmediato comenzó a despegar. Los pedidos empezaron a llover. El dinero entró. Todas las deudas fueron liquidadas de inmediato y pronto la compañía estaba a tope. Empezando en un clóset grande en casa de Sharon y Mike, pronto nos expandimos a su garage y luego a cada habitación libre de la casa. Nos vimos obligados a salir a comprar un edificio de oficinas para albergar una compañía en crecimiento. *Padre Rico, Padre Pobre* llegó a la lista de libros más vendidos del *Wall Street Journal* y el *New York Times*, una de las pocas listas no publicadas por las grandes editoriales (originalmente nos publicó *TechPress Inc.*, una compañía de la que Sharon y Mike son dueños) y, por tanto, en esencia era una edición de autor.

Las editoriales comenzaron a llamar, ofreciendo mucho dinero para firmar con ellos. El programa de Oprah nos buscó en 2000, después de haber estado en su programa, la compañía despuntó. Casi de la noche a la mañana nos convertimos en un éxito internacional.

Cómo expandir un negocio

Hay muchas formas en las que un negocio se puede expandir, incluyendo:

1. *Reproduciendo el Triángulo D-I completo.* Una vez que solucionas las fallas del negocio, abres más. Numerosos vendedores al menudeo y restaurantes se expanden de esta forma. En muchas ciudades, hay restaurantes que tienen tres o cuatro tiendas exitosas ubicadas por toda la ciudad. A menudo, el dueño suele vender a una compañía más grande y comienza de nuevo.

2. *Abriendo franquicias.* McDonald's es el ejemplo más famoso de expansión a través de franquicias.

3. *Hacer pública la compañía a través de una oferta pública inicial.* Con los fondos de lugares como Wall Street, la compañía puede tener acceso a un suministro de dinero prácticamente ilimitado siempre y cuando siga con su expansión.

4. *Permisos y sociedades conjuntas.* Ésta es la forma como diseñamos la expansión de la compañía. Los permisos básicamente consisten en permitir que otro negocio produzca tus productos. Por ejemplo, The Rich Dad Company tiene una sociedad con Warner Books respecto a la versión en inglés de los libros de la serie *Padre Rico* y *Advisors* de Padre Rico. En vez de usar nuestro capital para producir, almacenar, enviar y cobrar el dinero de nuestros libros, a través de un acuerdo, Warner Books, una gran compañía, se encarga de la producción, distribución y cobranza y nos envía un cheque trimestral. A medida que creció nuestro éxito, nuestros permisos, que es el nivel legal del negocio, se expandieron a cuarenta y cuatro lenguas diferentes en más de ochenta países. Una vez más, no nos cuesta dinero producir o almacenar los libros. No necesitamos un almacén gigante, contratar una fuerza de ventas costosa ni tratar con inventario o envío de productos alrededor del mundo.

El plan de estrategia múltiple para una sola táctica

Mi entrenamiento como oficial militar requería que supiéramos la diferencia entre una táctica y una estrategia. En términos muy simples, una táctica es lo que haces. Una estrategia es el plan para llevar a cabo la táctica. Uno de mis instructores de ciencia militar era inflexible respecto a la importancia de usar una estrategia de guerra múltiple para una sola táctica con el fin de ganar. Solía decir: "Un líder militar debe enfocarse en un objetivo o táctica. Sólo debe querer hacer una cosa. Lo demás es una estrategia de cómo realizar esa táctica única." Entonces solía usar ejemplos de conflicto militar tras conflicto militar ganado por el líder con las mejores estrategias enfocadas en una sola táctica.

Cuando entré al mundo de los negocios, llevé sus lecciones conmigo. Pronto comencé a ver que las compañías que usaban el tipo de planeación de estrategia múltiple para una sola táctica eran negocios ganadores. Por ejemplo, Domino's Pizza comenzó con una sola táctica para vencer a sus competidores. Para distinguirse en la guerra de las pizzas, Domino's diseñó una compañía en torno a una sola táctica y esa táctica era prometer "una pizza en treinta minutos o menos." Un negocio completo se diseñó en torno a esa única promesa: una sola táctica. Para convertir esa táctica única en realidad, la compañía entonces tuvo múltiples planes estratégicos. Una vez que Domino's entró al mercado, de inmediato comenzó a tomar participación del mercado de sus competidores. Así, rivales como Pizza Hut no podían competir porque el negocio no estaba diseñado para cumplir esa promesa. Para combatir a Domino's, Pizza Hut incrementó la publicidad, el nivel de comunicaciones, para anunciar nuevos y diferentes tipos de pizza, el nivel de producto. Las guerras de la pizza habían empezado. Pizza Hut peleaba con un mejor producto y Domino's con una entrega más rápida garantizada.

Si has leído el libro de Jim Collins titulado *Good to Great*, notarás que muchas de las grandes compañías tenían una sola táctica. Jim Collins no lo llama forma de ganar mediante una estrategia múltiple para una sola táctica, en cambio lo llama principio erizo. En su libro, usa la táctica única de Wal-Mart (el precio más bajo por buenos productos) como la razón por la que vence a sus competidores que tienen múltiples tácticas y aún más estrategias. En otras palabras, los competidores de Wal-Mart simplemente no han definido con claridad su táctica ganadora única.

Todo el negocio de Wal-Mart está centrado en una promesa, una promesa que a los clientes les gusta. Eso significa que Wal-Mart no gana en la categoría de producto. Como Domino's, gana en el nivel de sistema del Triángulo D-I.

Puede que recuerdes de páginas anteriores que Thomas Edison también ganó la batalla de la luz eléctrica al nivel del sistema, no al nivel del producto. Henry Ford también ganó al mismo nivel. Simplemente produjo en masa automóviles de precio bajo para la familia trabajadora. Nunca prometió que haría los mejores automóviles. Sólo prometió los autos de mejor precio y entonces diseñó el negocio en torno a esa promesa. McDonalds no produce la mejor hamburguesa. Ray Broc construyó un negocio en torno a la idea de vender la mejor franquicia a personas que quisieran tener una franquicia.

Cuando estaba en las montañas de Arizona el plan de negocios simple que realicé estaba basado en una táctica única y tres estrategias. La primera página del sencillo plan de dos hojas se veía de la siguiente manera:

TÁCTICA: JUGAR *Cashflow*
ESTRATEGIAS:

1. ESCRIBIR UN LIBRO

2. Hacer un comercial informativo

3. Impartir seminarios de inversión usando el juego

En la segunda página, escribí un plan breve sobre cómo pensaba que podía lograr las tres estrategias.

La única táctica era conseguir que la mayor cantidad posible de gente practicara el juego. Sabía que si creaba un juego magnífico y la gente lo jugaba, sus vidas cambiarían. Serían capaces de ver otro mundo de oportunidades. Estarían menos inclinadas a entregar ciegamente su dinero a personas que consideraban expertas, como administradores de fondos de inversión, y podían inspirarse para convertirse en sus propios expertos financieros.

Eso era todo. Sabía que, de tener éxito, haría dinero a partir de las estrategias al igual que de la táctica única.

Una idea de bajo riesgo

La primera lección: debes tener siempre una idea o estrategia de bajo riesgo en la cual respaldarte.

Mi padre rico me enseño que cuando inicias un negocio o inviertes en algo, necesitas tener una idea de bajo riesgo. Por ejemplo, al invertir en bienes raíces, si la inversión me daba algo cada mes se trataba de una inversión de bajo riesgo. Incluso si el valor de la propiedad no aumentaba, seguía recibiendo alguna compensación por mis dólares invertidos.

La estrategia de impartir seminarios de inversión usando el juego era mi idea de bajo riesgo. Como provenía de impartir seminarios de negocios, sabía que si las otras dos estrategias no funcionaban y nadie quería mi juego, podía recuperar mi inversión en el desarrollo del juego simplemente impartiendo seminarios de inversión.

Dicho de manera sencilla, una idea de bajo riesgo es algo que puedes hacer.

Diseña un negocio que pueda hacer algo que ningún otro negocio pueda hacer

La segunda lección: Diseña el negocio en torno a una ventaja táctica única.

En mi plan, como la estrategia era practicar el juego, casi eliminé toda competencia. Lo hice porque, si el trabajo legal era fuerte, nadie más podría hacer lo que hacía nuestro negocio. Nadie más tiene nuestros juegos *Cashflow*. Como decía mi padre rico: "Diseña un negocio que pueda hacer algo que ningún otro negocio pueda hacer."

Dicho simplemente, concentra todos tus esfuerzos en tu fortaleza esencial, tu producto único.

El plan funcionó. Una vez que habíamos construido los libros a un cierto nivel de éxito por nuestra cuenta, nos asociamos con Warner Books para publicar y distribuir la versión en inglés. Autorizamos a otros editores del mundo a publicar versiones en otros idiomas. Concedimos los derechos para vender algunos de nuestros productos a través de comerciales informativos por televisión. Fuimos a dar seminarios de inversión por todo Estados Unidos, Australia y Singapur. El dinero entró de las tres estrategias, así como de las ventas del juego.

Cuando hablé sobre el dinero espiritual, en realidad no pienso que hubiéramos ganado tanto dinero como ganamos sólo de las estrategias. Fue como magia.

Más estrategias hoy

Hoy, la táctica es la misma. Todas nuestras estrategias están enfocadas en hacer que la gente juegue *Cashflow*.

Hoy, en 2005, el número de estrategias ha incrementado. Actualmente nuestro negocio se ve de la siguiente manera:

1. Libros en cuarenta idiomas.
2. Juegos en quince idiomas.
3. Compañías de mercadeo en red que usan nuestros productos.
4. Empresa de asesoría y entrenamiento.
5. Anexo de Aprendizaje, una compañía de seminarios que monta eventos masivos conmigo en el escenario con personas como Donald Trump.
6. Promociones de radio, incluyendo seminarios producidos y promovidos por Infinity Broadcasting.
7. Transmisión de nuestro programa en la televisión pública
8. Clubes de *Cashflow* en todo el mundo.
9. Universidades Comunitarias de Maricopa, el sistema de universidades comunitarias más grande de América, ofrece un curso de Padre Rico de dos créditos que usa nuestros libros y juegos como parte del programa. Este programa se está extendiendo a otras universidades del mundo.
10. El sitio de internet www.richkidsmartkid.com ofrece un programa gratuito para personas de jardín de niños hasta preparatoria en todo el mundo; las escuelas también pueden recibir copias gratuitas descargables de nuestro juego *Cashflow for Kids*.

Nuestra compañía crece al agregar socios que pueden sumarse a nuestras estrategias. A través de permisos o sociedades conjuntas, no tenemos que aumentar el número de empleados de The Rich Dad Company. Nuestra compañía sigue siendo pequeña, pero tiene socios grandes. En todo el mundo, calculamos que tenemos más de quince mil personas que trabajan para nosotros, de una u otra forma.

Forbes define un negocio grande como el que tiene cinco mil empleados o más. The Rich Dad Company califica porque tiene miles de personas que trabajan para nosotros a través de permisos. Eso fue parte del plan antes de que hubiera negocio.

Creció y no obstante permaneció pequeña

Al inicio de este capítulo enlisté una serie de trabajos que mi padre rico pensaba eran importantes para el líder. Una vez que el producto fue desarrollado y protegido legalmente a través de patentes y marcas registradas, Kim, Sharon y yo nos enfocamos en los siguientes tres trabajos de los líderes:

1. Fortalecimos la compañía en el interior.
2. Expandimos la compañía en el exterior.
3. Mejoramos la línea de resultados.

Trabajar por dinero cooperativo

A través de este crecimiento muy rápido, la compañía manejó la expansión sin problema alguno. En vez de que el éxito nos destruyera como sucedió con la compañía de carteras de nylon, The Rich Dad Company se hizo más fuerte con el crecimiento. La compañía creció porque fuimos cooperativos y trabajamos por dinero cooperativo. Cada dólar que entró de nuestros socios estratégicos autorizados era un dólar cooperativo. Al cooperar en lugar de competir, nuestros socios estratégicos se hicieron más ricos y nosotros también. Si se permite decirlo, creo que esta pequeña compañía estuvo muy bien diseñada. Estuvo diseñada para crecer. Apalancamos los talentos de nuestro equipo para construir y proteger la propiedad intelectual y luego aprovechamos la propiedad intelectual a través de otorgar permisos en todo el mundo. Encontramos el equipo adecuado para guiarnos en este proceso. (En el libro de la serie de *Advisors* de Padre Rico de Michael Lechter *Other People's Money*, describe cómo logramos esto y cómo puedes usar la misma estrategia en tu propio negocio.)

A medida que hicimos crecer The Rich Dad Company, no tuvimos los dolores de crecimiento por los que pasan muchas compañías pequeñas. No tuvimos problemas de flujo de efectivo, de espacio, de agregar empleados. La compañía permaneció básicamente del mismo tamaño aunque crecimos de manera exponencial. Lo que se expandió fue el número de socios estratégicos. A medida que crecimos, entró más dinero y muy pocos dólares salieron. Todos mis años de cometer errores, corregir y aprender dieron frutos.

No más vistazos

Hoy, en lugar de sólo un vistazo del mundo en el que quiero vivir, Kim y yo vivimos en un mundo mejor del que jamás soñamos. Parece magia y es magia. Obviamente el dinero y el estilo de vida son maravillosos, pero es la sensación de marcar una diferencia en tantas vidas lo que es realmente mágico. Cuando pienso en mi padre sentado desempleado frente a la televisión, los niños explotados en las fábricas de Asia por mi negocio de carteras y luego en las familias jugando *Cashflow* en el río Yangtzé, ésa es la verdadera magia. Como diría el doctor Buckminster Fuller: "El trabajo del gran espíritu." Como dice Lance Armstrong: "No se trata de la bicicleta."

El trabajo del empresario está hecho

Cuando vi el artículo sobre el juego *Cashflow* en el *New York Times*, supe que mi trabajo como empresario había terminado. Habíamos hecho nuestra labor. Sharon, Kim y yo habíamos llevado el negocio tan lejos como pudimos. Sabíamos que era momento para formar un nuevo equipo. En el verano de 2004, un nuevo grupo nos relevó. El equipo ha cambiado pero sus trabajos son los mismos:

1. Definir claramente la misión, metas y visión de la compañía.
2. Encontrar a las mejores personas y unirlas en un equipo.
3. Fortalecer la compañía en el interior.
4. Expandir la compañía en el exterior.
5. Mejorar la línea de resultados.
6. Invertir en investigación y desarrollo.
7. Invertir en activos tangibles.
8. Ser un buen ciudadano corporativo.

LA VISIÓN DE SHARON

Lección #8: Diseña un negocio que pueda hacer algo que ningún otro negocio pueda hacer

Cuando alguien pregunta a mi marido, Michael, el abogado de patentes, qué hace para vivir, él suele contestar que "ayuda a crear activos a partir de las ideas de las personas." Con esos activos un negocio puede hacer algo que su competencia no es capaz y puede evitar que lo haga. Se refiere a ello como "mantener una ventaja competitiva sostenible."

El tema de la "ventaja competitiva sostenible" surgió cuando comenté por primera vez con Michael el Triángulo D-I. Robert y yo estábamos en proceso de escribir la *Guía para invertir* (Aguilar) y yo quería tener su perspectiva. Como siempre, lo encontré pegado a su computadora, trabajando en una u otra cosa.

A regañadientes levantó la vista de su trabajo y sonrió, así que tuve oportunidad de interrumpirlo (cosa que dice que hago todo el tiempo). Le mostré la gráfica y expliqué: "Estamos trabajando con una gráfica que representa los elementos esenciales de un negocio exitoso. El borde externo representa el marco de tres elementos fundacionales para un negocio: misión, equipo y liderazgo.

"La 'misión' define el propósito y dirección del negocio. El 'liderazgo' toma las decisiones y mantiene al negocio enfocado en la misión. El 'equipo' proporciona al negocio los diferentes tipos de experiencia y habilidades especiales necesarios para operar."

"¿Y qué habilidades son ésas?", preguntó Mike.

"Cosas como experiencia legal y contable y todo lo empleado en operaciones y administración cotidianas: contratación, manufactura, pedidos, cumplimiento, recursos humanos, mercadotecnia, servicio al cliente, almacenaje y demás."

"¿Estás diciendo que necesitas todas esas habilidades dentro del negocio? Muchas compañías..."

Me anticipé a su comentario. "No. El 'equipo' al que nos referimos incluye no sólo a los dueños y empleados de los negocios, sino también a asesores externos y sus empleados virtuales a través de relaciones estratégicas con otros negocios, como permisos y acuerdos de sociedades conjuntas."

"Está bien. Continúa."

"Dentro del marco hay cinco componentes esenciales para que un negocio opere", dije.

"Flujo de efectivo, comunicaciones, sistemas, legal y producto o servicio." Michael leyó los elementos. "Está bien. ¿Se supone que el orden en la pirámide es significativo?"

"Algo así. El negocio tiene que proporcionar algún tipo de producto o servicio. Pero el simple hecho de tener un producto o servicio no es suficiente para el éxito. Tiene que estar sustentado por un cimiento formado por los otros componentes del Triángulo D-I."

"Piénsalo. El flujo de efectivo proporciona la base del cimiento para cualquier negocio saludable. El momento en que entra el efectivo y en que necesita salir (solo) puede hacer o destruir un negocio. El negocio necesita suficiente efectivo o capital para cubrir gastos de operación y ejecutar su plan de negocios. En realidad estamos hablando de manejo de flujo de efectivo. Todos los pedidos de productos del mundo no le harán ningún bien a un negocio si éste no es capaz conseguir los materiales necesarios para crear los productos."

Me detuve para tomar aliento y luego continué.

"'Comunicaciones' representa la interacción y relaciones entre el líder y el equipo y entre el negocio y el mundo exterior, cosas como relaciones públicas, mercadotecnia y ventas. El mejor producto del mundo en esencia no vale nada en el mercado si nadie lo conoce."

"¿Qué hay de la reputación y la buena voluntad? ¿Y las marcas registradas que conectan los productos con la compañía?, eso identifica los productos de la compañía como pertenecientes a ella. ¿Son parte de las 'comunicaciones' a las que te estás refiriendo?", preguntó.

Pensé en ello un momento y contesté: "Sí, las marcas registradas, la reputación y el buen nombre del negocio serían parte del elemento 'comunicaciones'. Obtener la protección es parte del nivel 'legal', pero una vez que tienes la protección, ella 'comunica' al público quién eres. Aun con el mejor producto del mundo tendrías un verdadero problema si tu reputación por el servicio es tan mala que los clientes potenciales se muestran renuentes a hacer negocios contigo. Y, en el otro lado de la moneda, aun si tu producto no fuera el mejor, te podría ir muy bien simplemente con la base de una buena reputación por integridad y servicio."

Subiendo mi dedo en la lista, señalé el componente "sistemas". "Éste se refiere a los procesos y procedimientos del negocio empleados para dirigirlo", dije.

"¿Estás hablando de cosas como servicio al cliente, tomar y procesar pedidos, entrega y cumplimiento, contrataciones y control de inventario, manufactura, montaje, control de calidad? ¿Cosas como ésas?", preguntó.

"Así es", contesté. "Cualquier sistema de negocios. Cosas

como procesos por facturación y cuentas, y cuentas pagables y recursos humanos y mercadotecnia y desarrollo de productos y llevar registros... Imagino que incluso los procedimientos por trabajar con abogados y contadores serían cubiertos por 'sistemas'".

"Los sistemas representan la mayor diferencia entre un negocio pequeño y uno grande. Los sistemas son la forma como un negocio grande apalanca la experiencia del dueño u otros trabajadores calificados sin perder el control de calidad. Apalancas la experiencia para definir procesos o procedimientos estándar seguidos por trabajadores menos calificados (menos costosos)."

"Está bien", reconoció Michael. "Supongo que 'legal' cubre cosas como formar el tipo adecuado de entidad de negocios, protección de propiedad intelectual y tener el tipo adecuado de acuerdos."

"Así es. ¿Entonces qué piensas?"

Miró hacia abajo para ver el diagrama y pensó por un momento. "¿Qué hay del apalancamiento?", preguntó.

El "apalancamiento" al que se refería Michael es el mecanismo para tomar la máxima ventaja (expandir o amplificar) un recurso. La habilidad de apalancar recursos es una de las características que definen a un empresario. El "apalancamiento" es también una de las características más significativas entre un negocio pequeño y un negocio grande. Debía haber esperado que Michael sacara el tema del apalancamiento. El "apalancamiento" es un área donde tenemos experiencia particular. Imagino que podrías considerarlo como una de nuestras especialidades. Con los años, Michael y yo hemos ayudado a construir numerosos negocios usando la herramienta del apalancamiento.

Hay varias formas de apalancamiento que pueden ser aplicadas a un negocio. Buckminster Fuller se refiere a un tipo de apalancamiento como "efemeralización", construir un artefacto o herramienta física que encarna ideas intangibles, de modo que esas ideas se puedan enseñar simplemente al hacer que el artefacto esté disponible sin que se requiera de la presencia física de una persona para enseñar. El juego *Cashflow* es un ejemplo de artefacto, es una encarnación tangible y enseña los principios de Padre Rico.

También hay otras formas de apalancamiento. Por ejemplo, un negocio puede apalancar sus activos intelectuales de manera interna, aplicar la experiencia del dueño o de otros trabajadores calificados a través de trabajadores menos calificados (menos costosos) sin perder control de calidad, al establecer "sistemas" en la forma de procesos y procedimientos estándar. Un negocio puede apalancar su propiedad intelectual con el mundo exterior a través de relaciones estratégicas como acuerdos de permisos y sociedades conjuntas. Puede apalancar sus recursos financieros a través del uso del dinero y los recursos de otras personas.

Michael estaba preguntando si el "apalancamiento" estaba representado en el Triángulo D-I y de qué manera.

"El Triángulo D-I está pensado para aplicarse tanto a negocios grandes como a negocios pequeños. Alguna forma de apalancamiento es esencial para lograr un negocio grande", comencé a responder.

Hay muchos negocios pequeños que tienen éxito financiero basado exclusivamente en los esfuerzos de su residente A. Profesionistas como son los médicos y abogados son ejemplos perfectos. De hecho, el mismo Michael, quien durante años fue el A prototípico, tuvo mucho éxito en la práctica del derecho y él sería el primero en admitir (o, más precisamente, en quejarse) del hecho de que la presión del mercado ha exprimido esencialmente todo el apalancamiento que los socios de los bufetes de abogados solían aplicar cuando tenían una pirámide de abogados asociados trabajando como subordinados. En cualquier caso, los profesionistas y otros individuos A pueden trabajar hasta morir, pero pueden estar bastante cómodos a nivel financiero. Simplemente no tienen el beneficio del apalancamiento que se encuentra en un negocio.

"De cualquier manera", dije, "el apalancamiento de un negocio puede estar en los niveles de producto, legal o sistemas, y en uno o más de esos niveles."

"Está bien", dijo y volvió a poner la mirada en el diagrama. Podía ver cómo giraba la piedra. Por la forma como se estaba concentrando en la gráfica, podía decir que estaba entrando en lo que él denomina modo de "oposición constructiva". A mí me gusta llamarlo de otro modo, pero, Michael va a leer esto, así que no entraremos en esa historia.

"Todavía te está faltando algo. 'La ventaja competitiva sostenible.' Para que un negocio sea exitoso debe tener algún tipo de ventaja competitiva. Y si va a seguir siendo exitoso tiene que ser capaz de mantener esa ventaja competitiva."

Por "ventaja competitiva", Michael se estaba refiriendo a los aspectos o características de un negocio que le dan ventaja sobre sus competidores, las razones por las que los clientes de un negocio acuden a él en vez de a la competencia, las cosas por las que el negocio se percibe como "único", "mejor" o "distintivo". Un aspecto del negocio es "único" si los competidores no lo tienen o no lo proporcionan. Es "distintivo" si diferencia a tu negocio de la competencia y hace que tu negocio sea memorable. "Mejor" puede significar muchas cosas: más eficiente, más efectivo en cuanto a costos, más poderoso, más preciso, más rápido, más durable, más versátil, de mejor apariencia, menos costoso de producir y así sucesivamente. Puedes encontrar una ventaja competitiva en uno o varios de los componentes de un negocio.

¿Qué pasa cuando logras una ventaja sobre los competidores? ¿Qué pasa cuando agregas una característica única a tus productos o encuentras una forma de distinguirte en el mercado? La competencia analizará la situación (cómo y por qué los estás venciendo en el mercado) y se adaptará y, en la medida en que pueda hacerlo sin repercusiones legales, lo adoptará. En otras palabras, a menos que tengas las protecciones legales adecuadas (protección de propiedad intelectual, acuerdos y similares) se apropiarán o copiarán cualquier cosa que te dé tu ventaja competitiva. Así que, para evitar que copien (con el fin de mantener tu ventaja competitiva) querrás poner la mayor cantidad posible de protecciones legales. La ventaja competitiva y las fuentes de ventaja competitiva así como las protecciones legales disponibles se explican y se comentan en el libro de Michael, de la serie *Advisors* de Padre Rico.

¿Cómo puedes descubrir qué da a tu negocio su ventaja competitiva? Disecciona los sistemas, productos, servicios y comunicaciones de tu negocio (relaciones con clientes y proveedores y similares) y analiza cada componente y característica para determinar si hay algo que tus clientes considerarían "único", "mejor" o "distintivo". Una vez que hayas identificado la fuente específica de tu ventaja competitiva, desarrolla una estrategia para asegurar derechos exclusivos aplicando las herramientas legales.

Comencé a responder, pero me interrumpió. "Olvídalo", dijo, pensando en voz alta.

"Imagino que puedes encontrar ventaja competitiva en uno o varios componentes del triángulo. El producto o servicio puede ser único, mejor o distintivo."

"Puedes obtener ventaja competitiva de contratos favorables, acuerdos que establecen algún derecho exclusivo. Eso estaría en el elemento legal."

"Sistemas y procedimientos de negocios pueden proporcionar ventaja competitiva si son más eficientes o efectivos que los de la competencia. O si los procesos son distintivos en la mente de clientes potenciales y pueden crear reconocimiento y buen nombre."

"Una buena reputación y un buen nombre en el mercado son parte integral de las comunicaciones. Pueden proporcionar una ventaja competitiva enorme. Los clientes que tienen una buena historia contigo, y los recomendados de esos clientes, por lo general acudirán a ti y no a tus competidores."

"Supongo que los poderosos tienen una ventaja respecto al flujo de efectivo, pueden tener dinero en la mano de modo que pueden moverse más rápido para aprovechar oportunidades que un competidor más pequeño no puede aprovechar."

"Piénsalo, incluso podrías obtener una ventaja competitiva del marco: tener los líderes, equipo y misión adecuados. La asociación con líderes o asesores célebres puede atraer negocios. ¿Y acaso no preferirías hacer negocios con una compañía que tiene la misión de ayudar gente y hacer del mundo un lugar mejor, en lugar de asociarte con una misión que consiste meramente en hacer dinero o ser el mejor y el más grande?"

Michael hizo una pausa, luego se encogió de hombros y retomó su trabajo.

"¿Entonces el Triángulo D-I tiene sentido para ti?", pregunté con insistencia.

"Tiene sentido", reconoció. Volviéndose para quedar frente a la computadora, dijo con impaciencia: "Tengo que volver al trabajo. Tengo que archivar un expediente."

En ese punto supe que la conversación había terminado y que el A dentro de mi marido estaba dominando la situación, así que simplemente dije "gracias" y me fui.

Haz lo que ningún negocio puede hacer

La forma más fácil para que tu negocio destaque es a través de propiedad intelectual y de crear una ventaja competitiva. Como en nuestro ejemplo del juego *Cashflow*, nuestra protección de patente, marcas registradas e imagen comercial impi-

328   Robert T. Kiyosaki

den que otros desarrollen juegos similares.

Así que revisa tu misión y los componentes de tu Triángulo D-I. Revisa cada componente desde el punto de vista de cómo va a sobresalir tu negocio o cómo se va a distinguir de la competencia. Luego piensa en cómo puedes apalancar esa ventaja competitiva para hacer crecer tu negocio.

No pelees por la oferta

CAPÍTULO 9

Cómo encontrar buenos clientes

Un día, en mi penúltimo año universitario, mi padre rico y yo estábamos cruzando la puerta para entrar en un hotel cuando escuchamos la voz de un hombre que gritaba con fuerza: "No les pagaré ni un solo centavo más. Ustedes no han mantenido su acuerdo."

Al alzar la vista vi a una familia de cinco, con un padre muy alterado que gritaba a un hombre local vestido con una camisa hawaiana. "Pero lo único que ha pagado es un depósito", protestó el hombre local. "Todavía nos debe el saldo. No puedo dejar que se registre si no paga el saldo. Debió haber pagado el saldo completo hace un mes. Tiene suerte de que les hayamos mantenido la reservación de sus habitaciones. Ésta es nuestra temporada alta."

"Es bueno que haya mantenido nuestra reservación", gruñó el padre. "De lo contrario, hubiera tenido noticias de mi abogado."

"De cualquier forma, necesito que me pagué", dijo el hombre local, aferrándose a su posición.

"Le dije que le voy a pagar. ¿Acaso no tiene oídos? Simplemente regístrenos y le pagaré", rugió el padre. "Tengo un cheque justo aquí hecho para ustedes. Déjenos entrar en nuestras habitaciones y arreglaremos esto de una vez por todas." (Estábamos en el período anterior a las tarjetas de crédito.)

"Tiene que pagar en efectivo. No aceptamos cheques. Por eso le pedimos que pagara completo, con anticipación. Eso nos da tiempo de verificar un cheque personal."

"¿Cuál es su problema?", preguntó el padre, ahora gritando a voz en cuello. "¿Que usted no habla inglés? Ya le dije que le voy a pagar. Ahora indíquenos nuestras habitaciones. ¿Tengo que llamar a su jefe para que las cosas se hagan?"

Una multitud comenzó a reunirse. Como no quería hacer una escena, el hombre de la camisa hawaiana tomó una montaña de maletas, las cargó en el carrito y condujo a la familia a su habitación.

"Nunca le van a pagar", dijo mi padre rico cuando seguimos nuestro camino.

"¿Cómo sabes?", pregunté.

"Hace tres años lidiamos con el mismo tipo. Nos hizo lo mismo a nosotros. Va a ir al cuarto, va a hacer el cheque y luego va a suspender el pago por el cheque."

"¿Qué pasó después de que suspendió el pago?", pregunté.

"Para cuando descubrimos que su cheque no servía, ya se había ido. Lo llamamos cuando estuvo de regreso en el continente (creo que viven en California) y tratamos de cobrar."

"¿Entonces qué sucedió?"

"Cuando amenazamos con demandarlo en los tribunales, aceptó pagarnos la mitad de lo que nos debía. Dijo que estaba siendo generoso al pagarnos 50 por ciento de lo que debía. Como nos habría costado más llevarlo a los tribunales, accedimos. Incluso entonces pasaron seis meses antes de que pagara algo."

Caminamos un rato en silencio. Perturbado, finalmente tuve que preguntar: "¿Esto es común en los negocios?"

"Sí, por desgracia sí. Siempre tendrás buenos clientes y malos clientes. Por fortuna, he descubierto que cerca del 80 por ciento de los clientes es bueno, 5 por ciento es como él (terribles) y el otro 15 por ciento está entre los buenos y los malos", contestó mi padre rico. "Oh, para colmo, ese mismo tipo tuvo el descaro de volver a llamar el año pasado y tratar de reservar un tour con nosotros. ¡Qué descaro!"

"¿Hiciste negocios con él?"

"¿Estás bromeando?", rió mi padre rico. "Ya lo había despedido. Nuestro departamento de reservaciones tenía su foto y su nombre en nuestra lista de con quién no hacer negocios. La persona que tomó la llamada recordó su nombre y le dijo que estábamos completos." (Esto sucedió antes de las computadoras, que actualmente pueden llevar un registro preciso de clientes.)

"¿Despides clientes?", pregunté sorprendido.

"Por supuesto", dijo mi padre rico. "Despides a los clientes malos justo como despedirías a un mal empleado. Si no te deshaces de tus malos empleados los buenos se irán. Si no despido a los clientes malos, no sólo mis clientes buenos se irán, sino que muchos de mis empleados buenos se irán también."

"Pero, ¿que no algunas de las quejas y disgustos son tu culpa, también?, pregunté. "¿Las quejas podrían ser legítimas?"

"Sí", contestó mi padre rico. "A menudo es nuestra culpa. El personal comete errores o puede ofender a los clientes. Nuestros sistemas pueden fallar. Por eso analizamos cada queja y la tomamos en serio. De la misma manera en que miras a ambos lados de la calle antes de cruzar, en lo que respecta a las quejas, tenemos que mirar a ambos lados, al del cliente y a nuestras operaciones."

"¿Es difícil despedir gente?", pregunté. Como tenía diecisiete años entonces, pensar en despedir a alguien, especialmente un adulto, me asustaba. No era algo que quisiera hacer.

"Nunca es agradable", dijo mi padre rico. "Es uno de los trabajos más desagradables y, no obstante, más importantes de un empresario. Tu trabajo es un trabajo con personal. El personal es tu mayor activo y tu mayor obligación. Algún día tendrás que despedir a alguien. Estoy seguro de que es una experiencia que nunca olvidarás."

Mi padre rico y yo entramos a un restaurante y buscamos una mesa para almorzar. Luego de que la mesera llenó nuestros vasos de agua, nos entregó el menú y explicó los especiales del día, mi padre rico continuó su lección sobre el personal. "Lo mismo es cierto con los asesores. Debes ser capaz de despedir malos asesores. Si tienes contadores o abogados que hacen un mal trabajo, o si la tarea es demasiado grande para ellos, tú eres el responsable. El precio final de un mal consejo es mucho mayor que los honorarios que pagarías a tus asesores por un buen consejo. Una vez un contador me dio un mal consejo fiscal y me costó casi 60 000 dólares en impuestos y multas. Para colmó, gasté otros 12 000 dólares contratar otra firma de contabilidad para arreglar el desastre. Además, ese error me costó tanto que no fui operativo durante meses y como resultado el negocio sufrió. Como empresario debes ser consciente de que eres responsable de tus errores y también de los errores de otros."

"¿Estabas molesto con tu contador?", pregunté.

"Sí y no. En realidad no podía culparlo. En esa época mi negocio estaba creciendo tan rápido que no presté atención a la calidad de mis asesores. Entonces, no me daba cuenta de que no todos los contadores fueron creados iguales. Él debió haberme dicho que no sabía lo que estaba haciendo, pero no quería admitirlo y temía que lo despidiera. Pronto, el tamaño de mi negocio fue demasiado grande para su experiencia. No se enteraba de nada. Debí despedirlo antes, pero yo estaba demasiado ocupado. Además, me caía bien el tipo y conocía a su familia. Yo seguía esperando que creciera con la compañía. Por desgracia, no fue así. Al final, lo despedí, pero sólo hasta que las pérdidas por su mal consejo fueron muy significativas. Así que no lo culpo. Yo soy, finalmente, el único responsable del negocio. A medida que crece el negocio, tus asesores necesitan crecer contigo o irse. Fue una valiosa lección la que aprendí."

"¿Fue difícil despedirlo?", pregunté.

"Extremadamente difícil. Si no puedes contratar y despedir gente, incluyéndote a ti mismo, no deberías ser empresario. Recuerda esto: Tu éxito o fracaso como empresario depende mucho de tus habilidades con la gente. Si tienes habilidades sólidas con la gente, tu negocio crecerá. Si tus habilidades con las personas son endebles, tu negocio se verá afectado. Si contratas gente simplemente porque te cae bien, o porque son parientes, y no puedes despedirla cuando necesita irse, entonces tienes habilidades endebles. Recuerda que las personas son distintas y como empresario necesitas ser lo suficientemente flexible como para trabajar con diferentes tipos de personas, individuos con distintas habilidades, ambiciones, sueños, comportamiento y experiencias. Si no puedes trabajar con diferentes tipos de personas, una vez más tu negocio se verá afectado."

"Por eso siempre dijiste a Mike y a mí: 'El trabajo de un líder es conseguir gente que trabaje como un equipo'."

Ése podría ser tu trabajo más importante. Recuerda que los departamentos de un negocio atraen diferentes tipos de gente. Por ejemplo, los vendedores son diferentes del personal administrativo. Son personas muy distintas, casi opuestas, y necesitas tratarlas como opuestas. Por ejemplo, nunca pidas a alguien del personal administrativo que contrate a un vendedor. En vez de contratar a un vendedor aguerrido que adore tirar puertas, el miembro del personal administrativo preferirá contratar a un vendedor amable y calmado cuya única experiencia de ventas fue trabajar como cajero en el supermercado. También, el miembro del personal administrativo querrá asegurarse de que la persona disfruta llenando formas y haciendo papeleo."

"¿Por qué harían eso?", pregunté.

"Porque Dios los hace y ellos se juntan. El personal administrativo piensa que el papeleo es la parte más importante de la venta. No tiene experiencia en saber lo difícil que es conseguir la venta. Lo verás en cuanto entres al mundo real. En general, a los vendedores no les gusta el personal administrativo. ¿Por qué? Porque regularmente, los vendedores odian el papeleo y al personal administrativo le aterra vender. Así que no trates de convertir al vendedor estrella en archivista ni pidas al archivista que se convierta en un flamante vendedor."

"Entonces, ¿es ahí donde se encuentra la mayor parte de la fricción?", pregunté. "¿Entre ventas y administración?"

"Oh, no", dijo mi padre rico de manera enfática. "Un negocio es una gran bola de fricción. Es un modelo en funcionamiento del conflicto humano. Es un crisol de egos que siempre está en ebullición. Cuando veas el Triángulo D-I entenderás por qué. Un negocio es una mezcla de diferentes personas, diferentes temperamentos, diferentes talentos, diferente educación, diferentes edades, sexos y razas. Todos los días cuando llegues a trabajar, la mayoría de tus problemas serán problemas de personal. Un vendedor hizo promesas que la compañía no puede cumplir. El cliente es iracundo. Tu abogado no está de acuerdo con tus contadores. Los trabajadores de la línea de montaje no están de acuerdo con los ingenieros que la diseñaron. La administración está en guerra con los obreros. Los técnicos están peleando con los creativos. Las personas analíticas no se llevan con las personas normales. Las personas con formación universitaria sienten que son más listas que las que no fueron a la universidad. Agrega a esto políticas dentro de la oficina, o peor, amoríos dentro de la empresa, y nunca más necesitarás ver la televisión. En la mayoría de los casos, un negocio no necesita competidores. Un negocio normal tiene tantos competidores dentro de sí mismo que es sorprendente que la gente logre sacar adelante el trabajo."

"Entonces por eso un empresario necesita saber cuándo despedir a alguien. Si una persona altera el equilibrio, todo el negocio puede desbordarse porque la fricción interna se hace demasiado grande."

"Exactamente", sonrió mi padre rico. "Estoy seguro de que lo ves en tus clases en la escuela todos los días. Ya puedes ver las diferentes personalidades de tus compañeros."

Sonreí y dije: "Y en mi equipo de futbol, mi equipo de básquetbol, incluso en la clase de música."

"Por eso cada equipo tiene un entrenador, una banda tiene un director y cada negocio tiene un líder. El trabajo de un líder consiste en convertir a la gente en equipo. Una de las razones por las que tantas personas son autoempleadas o dueñas de negocios que permanecen pequeños es que el líder no es competente para tratar con gente o simplemente no quiere aprender a tratar con tantas personas diferentes. Los negocios y hacer dinero serían fáciles si no fuera por la gente.

La mesera regresó para tomar nuestra orden. Después de que se fue, mi padre rico continuó: "Déjame darte tres consejos que aprendí sobre tratar con gente en los negocios. El número uno es lo que llamo 'factor dolor de cabeza'. Significa que todas las personas tienen habilidades y talentos y también son dolores de cabeza. No me importa quiénes son, tienen los tres... incluyéndome. Si su factor dolor de cabeza supera sus habilidades y talentos, es momento de que se vayan o es tiempo de moverlos a otra parte del negocio."

Con una risa ahogada, dije: "Tal vez algún día ganarás un Premio Nobel por el factor dolor de cabeza."

"Debería", dijo mi padre rico. "Cada persona en el mundo que trata con personal se pondrá de pie a aplaudirme."

"¿Y cuál es el consejo número dos?", pregunté.

"Aprende a contratar lento y a despedir rápido", dijo mi padre rico. "Toma muy seria y lentamente el contratar gente. Examínalos con cuidado. Y si es momento de dejarlos ir, hazlo con rapidez. Demasiados gerentes permiten a la gente demasiadas oportunidades. Si no los puedes despedir por alguna razón, entonces muévelos y aíslalos. No los dejes contaminar al resto de la gente en el negocio. Quizá puedes ayudarlos a encontrar trabajo en una compañía donde podrían ser más felices y productivos. O simplemente págales para que se vayan. Será menos costoso a la larga. Recuerda hacerlo de manera humana y legal. Todas las personas necesitan ser tratadas con la dignidad adecuada. Muchas veces, cuando he despedido personas, estuvieron felices de pasar a otra cosa. He descubierto que si a la gente no le está yendo bien o está teniendo un mal desempeño no es porque sea floja; muchos individuos simplemente son infelices por varias razones. Si tú como líder puedes encontrar una forma de hacerlos felices, hazlo."

"¿Quieres decir que una persona puede ser un buen empleado pero está trabajando en el empleo o departamento equivocado?"

"Sucede todo el tiempo", dijo mi padre rico. "De hecho, yo he sido la persona que tomó a un buen empleado y lo puso en el empleo equivocado. Soy la persona que lo hizo infeliz."

"¿Qué hiciste?"

"Bueno, hace años, tuve a un joven que era excelente vendedor. Trabajaba duro, trataba bien a sus clientes y daba a ganar mucho dinero a la compañía y a él mismo. Así que, después de unos años, lo recompensé ascendiéndolo a gerente de ventas. Lo puse a cargo de doce vendedores más. Estuvo bien durante alrededor de un año, pero luego comenzó a llegar tarde a trabajar, los números de ventas cayeron, el equipo de ventas era infeliz."

"¿Lo despediste?"

"No. Iba a hacerlo, pero pensé que era mejor volver a entrevistarlo. Cuando nos sentamos y tuvimos una plática honesta, descubrí el problema. Al ascenderlo, lo había convertido en un miembro del personal administrativo que hacía exactamente lo que odiaba hacer: papeleo. Oh, claro, tenía un título elegante, vicepresidente de ventas, y ganaba más, tenía un automóvil de la compañía, pero odiaba las montañas de papeleo y asistir a una junta tras otra. Simplemente quería estar afuera en la calle, hablando con sus clientes."

"¿Y regreso a las ventas?"

"¡Por supuesto! Los buenos vendedores son difíciles de encontrar. Así que le di un aumento, un territorio más grande, conservó el auto y se hizo más rico, y ganó la compañía."

"¿Y cuál es la tercera lección?", pregunté.

"La tercera lección es que hay dos tipos de comunicadores", dijo mi padre rico. "Al estar molesto o infeliz, un tipo de comunicador vendrá a hablar contigo cara a cara. Éste pone las cartas sobre la mesa frente a ti."

"¿Y el segundo?", pregunté.

"El segundo te da una puñalada en la espalda. Chismea, habla mal de ti, esparce rumores o se queja con todo el mundo pero nunca te lo dice a la cara. Básicamente, esas personas son cobardes. Carecen del valor para confrontarte, para ser francos. A menudo te culparán por su falta de valor, diciendo que eres demasiado malo, que no escucharás o que temen ser despedidos. Sus percepciones sobre ti pueden ser ciertas, pero, por lo general, esas personas elegirán hablar a espaldas de alguien, en vez de enfrentarlo cara a cara. Simplemente está en su naturaleza."

"¿Y cómo lo manejas?", pregunté.

"Bueno, una forma es que en cada junta recuerdo a mi personal los dos tipos de comunicadores que hay y lo dejo así. Les digo: 'Hay personas que te hablan cara a cara y hay otras que hablan a tus espaldas. ¿Cuál son ustedes?' Una vez que el resto de la compañía está consciente de los dos tipos, por lo general, le recuerda a alguien que está chismeando o apuñalando a alguien en la espalda los dos tipos de personas que existen. Esto no detiene por completo los chismes, pero sí los mantiene al mínimo y en general la comunicación completa mejora. También les digo que preferiría recibir una puñalada en el pecho que en la espalda. Así que no les digo qué hacer, simplemente les doy una opción."

"¿Te han apuñalado en el pecho?", pregunté.

"Oh, varias veces... y lo merecía. Yo necesito que me corrijan y que me recuerden que debo tener la mente abierta tanto como cualquier otra persona. Por doloroso que sea, es menos destructivo que una puñalada en la espalda."

"¿Las personas no tienen miedo a ser despedidas?"

"Oh, siempre existe ese riesgo", sonrió mi padre rico. "Por eso se necesita valor y excelentes habilidades de comunicación para tener éxito en los negocios. En muchos casos, no es lo que dices sino cómo lo dices. Así que si la comunicación va a ser desagradable, ponte tu gorro de pensamiento creativo y encuentra la forma más humana y amable de decir lo que se necesita decir. Y siempre recuerda que comunicación no significa hablar. Comunicación también incluye escuchar. Cuando dos personas están molestas y ambas están hablando, la fricción aumenta y la comunicación disminuye. La razón por la que Dios nos dio dos orejas y una boca es para recordarnos que debemos escuchar más que hablar."

"Entonces ser empresario tiene que ver mucho con el personal y con las habilidades de comunicación necesarias para comunicarse con él."

Mi padre rico estuvo de acuerdo y continuó: "El liderazgo requiere de excelentes habilidades de comunicación. Convertirte en un mejor empresario requiere que te concentres en mejorar tus habilidades de comunicación. Uno de tus primeros pasos en el desarrollo de tu liderazgo es adquirir el valor de ser un comunicador cara a cara y trabajar en el desarrollo de tus habilidades de comunicación. Si eres el tipo de comunicador que apuñala por la espalda, dudo de que tu negocio crezca. Ser empresario es para la gente con valor, no para los cobardes. Si trabajas en mejorar siempre tus habilidades de comunicación, tu negocio crecerá. Recuerda que sólo porque estás hablando no necesariamente estás comunicando. Y, en las ventas, contar no es vender. La comunicación es un asunto mucho más complejo que simplemente abrir los labios y mover la lengua."

Sentado en silencio mientras mi padre rico disfrutaba de su comida, mi mente regresó al padre enojado, el cliente al que mi padre rico había despedido. Pregunté: "¿Y por eso dijiste a ese cliente iracundo que no tenías vacantes? Fue mejor que decirle lo que pensabas de él."

"Sí. Como empresario, uno de tus trabajos es proteger a tu compañía y empleados de clientes tacaños, los clientes que quieren más de lo que pueden pagar, los clientes que quieren algo por nada. Tuve que encontrar una forma de despedirlo sin volver a entrar en una discusión. Sabía que me apuñalaría en la espalda, si nos metíamos en eso. Por eso decidí despedir a los clientes tacaños... de manera amable y discreta."

"¿Eso no es cruel o discriminatorio hacia la gente pobre?"

"Yo no dije gente pobre", dijo mi padre rico, alzando la voz. "La palabra que use fue 'tacaño'... clientes tacaños. No gente pobre. Hay una diferencia. Hay personas ricas tacañas y personas pobres tacañas. Ser tacaño no tiene nada que ver con el dinero. Tiene que ver con una mentalidad. En algunos casos, diría que raya en la enfermedad mental. Además, yo no clasificaría a las personas tacañas en la misma categoría que los buscadores de ofertas. A todos nos encanta regatear. No obstante, por mucho que nos guste el valor de nuestro dinero, muy pocos queremos valor a expensas de alguien más. Pero la persona tacaña sí. Una persona tacaña raya en ser una ladrona... a veces lo son. Si no es dinero lo que te están robando, te roban tu tiempo y tu energía. Te roban tu paz mental."

Añadió: "Por todos los meses de miseria que un tipo ocasionó a nuestra compañía, habría sido mejor para nosotros simplemente dejarlo quedarse gratis. Succionó la vida de nuestro negocio por meses. Parecía disfrutar el meterse con nosotros. Siempre cambiaba el trato, sostenía que nosotros decíamos cosas que no decíamos. Siempre quería un mejor precio aun cuando había acordado pagar el precio fijado. Parecía disfrutar que lo persiguiéramos. En vez de invertir tiempo en nuestros clientes buenos, invertimos tiempo en él. Tener un mal cliente puede costarnos buenos clientes. Por eso digo que necesitas despedir a tus clientes tacaños. Son demasiado costosos. Ésta es una lección muy importante que aprender, si quieres ser empresario. Siempre recuerda cuidar muy bien a tus clientes buenos y despedir a tus clientes tacaños."

Cómo encontrar buenos clientes

En los negocios, una palabra muy importante es "margen". Es tan importante como el término flujo de efectivo. De hecho, ambos conceptos están intrínsecamente relacionados. En términos demasiado simples, margen es la diferencia entre lo que cuesta producir tu producto y el precio por el que lo vendes. Por ejemplo, digamos que te cuesta dos dólares fabricar tu artefacto y lo vendes por 10 dólares. En este caso, tu margen bruto es de ocho dólares.

Hay tres razones por las que el margen bruto de un producto es tan importante:

1. *El margen bruto financia el resto del Triángulo D-I.* Al ver el diagrama siguiente del Triángulo D-I, puedes ver que el margen de un producto debe proporcionar suficiente flujo de efectivo para alimentar el resto del triángulo. El margen paga los salarios del equipo, los honorarios legales, la operación de los sistemas de la compañía, la mercadotecnia y la

contabilidad, estos elementos son también conocidos como gastos de operación.

2. *El margen determina el precio de tu producto.* Cuanto mayor sea el margen, más alto es el precio de tu producto.

3. *Producto y precio determinan a tu cliente.* Para ayudarte a aclarar esto, echemos un vistazo a la industria automotriz. Un

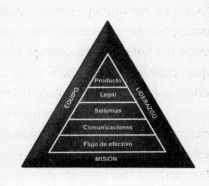

Rolls-Royce es conocido como un automóvil muy costoso. Atrae a cierto tipo de cliente. Si el Rolls-Royce de pronto anuncia que va a producir un modelo de bajo presupuesto, muchos de sus clientes ricos probablemente empezarían a buscar otra marca de automóvil.

Auto equivocado – precio equivocado – cliente equivocado

Recientemente, Jaguar anunció que renunciaba a la venta de su modelo de bajo precio, porque se dio cuenta de que tener este producto en el mercado había afectado sus ventas. Después de perder 700 millones de dólares en 2004, finalmente descubrieron que debían mantenerse en el extremo alto del mercado de autos y no tratar de captar clientes en el mercado de precio intermedio.

Hoy, muchas marcas están hechas en la misma fábrica. Por ejemplo, una fábrica que produce pantalones de mezclilla puede producirlos para una marca prestigiosa o para una barata. Básicamente es el mismo producto, pero la marca prestigiosa puede exigir un precio más alto y vender a través de un canal de distribución diferente, digamos Saks de Quinta Avenida. Si la marca prestigiosa quiere producir una marca barata, es mejor que cree otra marca para un canal de distribución diferente, digamos Kmart. De hecho, eso es lo que hacen muchas compañías grandes. Producen el mismo producto con marcas diferentes que representan puntos de precio para clientes diferentes.

Así que para buscar buenos clientes, necesitas empatar el producto y el precio para ajustarse a las necesidades, deseos y ego del cliente. En muchos casos, el ego del cliente es mucho más importante que los deseos y necesidades.

¿Cuánto vale tu producto?

En 1996, después de que el juego *Cashflow* estaba en su producción final, listo para el uso comercial, la siguiente pregunta fue: ¿Cuánto vale este juego? ¿Por cuánto podemos vender el juego? Quienes han visto nuestro juego pueden reconocer algunos retos que enfrentamos. Cuando Kim y yo vimos por primera vez nuestra versión comercial, terminada del juego, los dos estábamos tan orgullosos como los padres que acaban de tener un bebé. También estábamos preocupados. El empaque se veía excelente pero pensamos que tal vez se veía demasiado como un juego para entretenimiento en lugar de un juego educativo. Hicimos que se viera brillante y divertido porque queríamos que aprender fuera divertido. Pero cuando observamos nuestro producto terminado, empezamos a preguntarnos: ¿Cuánto pagaría alguien por diversión?

Queríamos que las personas supieran que era un juego educativo, pero, de nuevo, ¿cuánto pagaría alguien por educación? Al ver nuestro producto terminado por primera vez, Kim y yo supimos que teníamos desafíos graves de mercadotecnia.

Para descubrir qué podría pensar el mercado respecto a nuestro producto, de nuevo, formamos un grupo de personas que no nos conocía, como hicimos con la prueba beta, y les preguntamos qué pensaban del empaque. La retroalimentación fue mixta, desde "se ve genial", hasta "se ve estúpido". La gente del grupo no sabía que nosotros éramos los creadores del juego, así que sus opiniones fueron bastante francas, a menudo dolorosas.

A continuación les preguntamos cuál consideraban que debía ser el precio del juego. Una vez más, como no nos conocían, o no conocían qué se necesitó para crear el juego y como no lo habían jugado, los precios que sugirieron variaron entre 19.95 dólares hasta el más alto de 39.95. Eso fue aún más deprimente. En ese punto, debido a la producción limitada, nuestro costo por el juego, sin flete, era de 46 dólares cada uno, sólo por la producción sin contar costos de desarrollo. Estábamos empezando con un producto que tenía un margen negativo, antes de agregar los costos del resto del Triángulo D-I. Cuando estaba fabricando mis carteras de nylon, una broma entre los fabricantes era: "Y qué si pierdo dos dólares por unidad. Vamos a compensarlo en volumen."

Llamar a un asesor

Sharon tenía experiencia en las industrias de edición y juegos y tenía un amigo que trabajaba como asesor en la industria de juguetes. Él tenía experiencia en juegos de mesa. Después de probar el juego él mismo, compartió su opinión de *Cashflow*. Su primer comentario fue: "El juego es demasiado difícil." Dijo: "La gente se ha vuelto menos inteligente. Si Monopolio fuera presentado hoy, sería rechazado porque, también, sería considerado demasiado difícil. Hoy, los juegos deben ser sim-

ples y todas las instrucciones comprenderse en un par de minutos."

También le preguntamos por cuánto podíamos vender el
juego. Contesto: "Pueden obtener 39 dólares al menudeo. Eso
significa que tendrían que venderlo a una tienda de menudeo
por 20 dólares, incluso menos si lo colocan en una cadena grande como Wal-Mart. Puede que tengan que venderlo a un precio
tan bajo como 10 dólares sólo para entrar en la tienda."

Sharon agregó: "Además, si entramos en la tienda, tendremos
un mayor problema con los clientes que devuelvan el producto. Puede que compren el juego por diversión, porque nuestro
empaque es divertido, y lo coloquen junto a otros juegos. Pero
cuando descubran lo difícil que es empezar y que se trata de un
juego educativo, muchos lo devolverán y pedirán que les regre-
sen su dinero. Podríamos encontrarnos con enormes pérdidas en
las ganancias y juegos usados y devueltos."

Búsqueda de nuevas respuestas

Era obvio que nuestro juego no estaba hecho para el mercado
público. Sabíamos que el juego no era para todos. Sabíamos
que el juego estaba pensado para quienes creyeran que su educación financiera era importante. El problema era encontrar a
ese cliente en el mar de gente. El juego también era difícil de
catalogar según demografía. Por ejemplo, si hubiéramos escrito un libro para niños, colocarlo sería fácil. Lo colocaríamos
en cualquier sitio donde los padres hacen compras para los
niños. Pero este juego podía ser jugado por cualquiera, desde
niños hasta adultos, hombres o mujeres. También era para personas ricas o pobres, siempre y cuando valoraran su educación
financiera. Y sabíamos que nuestros clientes querían ser financieramente proactivos. Después de enseñar fundamentos em-

presariales y de inversión durante años, sabía que la mayoría de las personas querían más dinero, pero muy pocas realmente se tomaban el tiempo para aprender cómo hacer más dinero. El reto era encontrar al cliente que quisiera el juego educativo y la información encerrada en él.

En un seminario de mercadotecnia, aprendí una guía conocida como las "cinco P". Son cinco cosas que un vendedor debe saber al vender un producto. Al parecer fueron identificadas por E. Jerome McCarthy. Son las siguientes:

1. Producto.
2. Persona.
3. Precio.
4. Lugar*
5. Posición.

Un vendedor debe saber cuál es el producto, quién es la persona que quiere el producto, cuál es el precio que está dispuesta a pagar, en qué lugar será colocado de manera que el cliente pueda encontrarlo y cómo posicionarlo en el mercado, es decir, el mayor, el menor, el primero, el último, y así sucesivamente.

Los empresarios deberían disfrutar resolviendo problemas de negocios y normalmente yo lo hago. Pero este problema me tenía perplejo. Lo único que tenía eran las primeras dos "P". Un día un amigo me llamó para decir que vendría a Phoenix para asistir a un seminario especial sobre mercadotecnia y quería saber si quería ir con él. Salté ante la oportunidad.

El cuarto estaba lleno con aproximadamente trescientas personas y, por su aspecto, la mayoría parecían ser empresarios. No había demasiados con la apariencia corporativa. El instructor era un hombre salvaje que hablaba sobre agen-

---

* Lugar es place en inglés; así , son las "cinco P" (*N. de E.*)

cias de publicidad que sólo gastaban tu dinero en anuncios caros, de buen ver o en anuncios breves de televisión que no vendían nada, un punto en el que yo estaba de acuerdo. Dijo: "El propósito de la mercadotecnia es hacer que el teléfono suene. Con esas agencias de publicidad, el único teléfono que suena es con ellos en la línea pidiendo más dinero para comprar más publicidad, de modo que puedan reunir más honorarios. Pregúntenles si pueden garantizar o medir sus ventas. En la mayoría de los casos no pueden o no van a garantizar su trabajo. Lo único que quieren hacer es ganar premios por publicidad creativa para su agencia... con el dinero que tú pagaste para publicidad."

VENTAS = INGRESO

El seminario era exactamente lo que yo estaba buscando. Era mercadotecnia para empresarios, no para grandes corporaciones con millones de dólares para gastar. El instructor tenía un excelente registro de historias de éxito y anécdotas provenientes de experiencia de la vida real. Algunos de los otros puntos que dejó en claro fueron:

1. El empresario debe ser el mejor vendedor en su negocio.
2. El empresario debe ser el mejor comerciante en su negocio.
3. Los esfuerzos de mercadotecnia deben producir ventas, no sólo anuncios que lucen bien o comerciales bien logrados.*

---

* Nota del autor: Uno de los mejores libros que he leído sobre mercadeo para empresarios es *Your Marketing Sucks* de Mark Stevens (Crown Business). Es directo, va al grano, es esencial para empresarios que comienzan con poco dinero.

Por obvios que sean los puntos anteriores, te sorprendería cuántos empresarios delegan esos papeles importantes a agencias de publicidad. Éstas por lo general son para grandes corporaciones o negocios establecidos. En un negocio pequeño que empieza, el empresario necesita ser lo mejor posible en ventas y mercadotecnia. Con recursos limitados, cada dólar gastado debe resultar en ventas... porque las ventas equivalen a ingresos.

Mi padre rico me metió en la cabeza: "ventas = ingreso." También decía que la razón por la que tantas personas tienen ingresos bajos es que son malas para vender. Si él hubiera estado en este seminario de ventas, le habría encantado. El instructor era insistente respecto a una mercadotecnia que condujera a ventas que pudieran ser demostradas y medidas.

Hacia el final del día, recibí la respuesta de mercadotecnia que había estado buscando. Al discutir cómo fijar el precio de un producto, el instructor dijo: "Hay tres puntos de precio para cualquier producto. El producto del precio más bajo, el producto del precio más alto y el precio medio. El peor precio es el medio. Nadie sabe quién eres. El problema con ser el producto del precio más bajo es que siempre hay alguien tratando de ganarte. Alguien descubrirá una forma de vender el mismo producto por menos que tú. Para ganar la competencia del precio más bajo, tienes hacer cada vez menos dinero. Y para colmo tienes que lidiar con clientes tacaños."

Con esa afirmación las piezas del rompecabezas comenzaron a encajar. De inmediato, recordé la conversación que tuve con mi padre rico años antes, sobre los clientes tacaños. Llevando mis pensamientos de regreso al seminario, el instructor insistió en por qué ser el más costoso era la mejor posición por la cual luchar. Dijo: "Cuando yo tenía dificultades como asesor de mercadotecnia, trataba de mantener mis precios bajos. El problema era que, cuanto más bajo fijara mis precios, más tacaños se volvían mis clientes. Pronto, en vez de vender mis servicios, estaba pasando más tiempo regateando mis honorarios con clientes tacaños. Cuando elevé un poco mis honorarios, me uní a las masas de otros asesores de mercadotecnia de medio pelo. De nuevo, la mayor parte de mi tiempo se iba en discutir el precio en lugar del valor de mi producto, lo que yo podía hacer por el cliente. Luego, un día, decidí ser ridículo y simplemente elevar mis honorarios a los más altos de mi industria. En lugar de cobrar 50 dólares por hora por mis servicios, elevé mis tasas a 25 000 dólares por día. Hoy, trabajo menos, gano mucho más dinero y trabajo con una mejor clase de cliente."

Mi mente se aceleró cuando escuché su cuota de 25 000 dólares por día. Me di cuenta de que yo era el cliente tacaño que él no quería. Una vez que me recuperé del impacto de descubrir de que era un tacaño, comencé a entender de que era mi propia tacañería la que me hacía tener dificultades para fijar el precio de mi juego de mesa. Estaba viendo el precio en vez del valor del juego.

"No peleen por la oferta", lanzó el instructor. "La oferta sólo atrae a clientes tacaños."

Una vez más mi mente divagó y recordé cómo mi padre rico odiaba lidiar con personas tacañas. Mi padre rico decía: "Diseña tu producto y fija el precio para un cliente muy especial. Tu mercadotecnia debería entonces encontrar formas de alcanzar a ese cliente especial. Sé creativo. No seas tacaño. La oferta no es un lugar donde puedas encontrar buenos clientes."

El libro toma prioridad

Esa tarde, fui a casa y tuve una junta con Kim y Sharon. Lo primero que dije fue: "Deberíamos vender el juego de mesa por

200 dólares. Lo posicionaremos como el juego más caro del mundo. No es sólo un juego, es un seminario en una caja."

Mis dos socias estuvieron de acuerdo. No se estremecieron ante la idea de vender un juego de mesa por esa cantidad, incluso si nuestro grupo de enfoque había dicho que deberíamos venderlo por 39.95 dólares.

"Nuestro problema es que hemos estado pidiendo la opinión de personas que probablemente nunca serán nuestros clientes. Hemos estado pidiendo la opinión de personas que compran buscando la oferta, no la calidad. Necesitamos encontrar clientes que valoren la educación y estén dispuestos a pagar por ella."

"Necesitamos una forma de encontrarlos", añadió Sharon.

"El libro toma prioridad. En vez de enfocarnos en vender el juego, comenzaremos a enfocarnos en vender el libro. El libro nos ayudará a encontrar a nuestros clientes. El libro se convertirá en nuestro folleto corporativo."

Al mismo tiempo, Sharon estaba trabajando en *Padre Rico, Padre Pobre*. Cuando recibió mi borrador, eran más de 350 páginas, lleno de errores gramaticales, palabras mal escritas y digresiones. "Entonces necesitamos tejer el juego dentro del libro", dijo.

"Y volvemos a viajar impartiendo seminarios de inversión", dijo Kim, "trabajando con el mismo tipo de gente que paga por educación financiera. Lo hemos hecho durante años. Es una idea de bajo riesgo. Conocemos el negocio y cómo llegar a esos clientes."

"En otras palabras, la táctica sigue siendo la misma. La táctica única del negocio es hacer que las personas jueguen *Cashflow*. Los tres ahora nos enfocamos en las estrategias. Si las estrategias funcionan, las personas jugarán el juego."

Los tres estuvimos de acuerdo. Unos días antes estábamos dirigiéndonos en direcciones distintas y ahora de nuevo éramos un equipo con un plan unificado.

"¿Y por qué 200 dólares?", preguntó Kim. "¿Cómo diste con esa cifra?"

"Me tomó un poco", dije. "Pero cuando el instructor dijo: 'Un precio más alto puede ser percibido como más valioso', se me prendió el foco. Me di cuenta de que estaba siendo tacaño y estaba viendo mi propio producto a través de ojos tacaños, en vez de ver el valor escondido en el juego. Así que subí el precio a 59 dólares por juego y todavía me sonaba barato. Ahora estaba en el rango medio, no en la cima. En mi mente, probé entonces con 99 dólares por juego. Estaba cómodo con esa cifra. Sabía que podía venderlo a ese precio así que supe que no había llegado a la cima. Cuando probé con 200 dólares en mi mente, me sentí incómodo. Entonces supe que había superado mi propio nivel de confort. Había encontrado mi precio."

"Bueno, sin duda alguna nos da un gran margen. Eso nos ayudará a hacer crecer el negocio", dijo Sharon, colocándose su gorra de contadora.

"Y con ese margen podemos financiar proyectos que hagan que el juego sea más accesible para personas que en realidad no tienen mucho dinero. Podemos formar una fundación exenta de impuestos que done dinero a organizaciones que impartan educación financiera. Tal vez algún día seremos capaces de financiar un proyecto que proporcione educación financiera y difunda nuestro juego vía electrónica a través de Internet a escuelas de todo el mundo", añadió.

"Así que vendemos el libro a través de canales de distribución tradicional. Eso cumple con la categoría de 'las cinco P', donde encontramos el lugar de nuestro producto frente a clientes potenciales. En vez de tratar de bajar el precio del juego para que encaje en ese canal de distribución, usemos un libro con un precio convencional e insertémoslo en el sistema de distribución de libros."

"Así que el libro venderá el juego o por lo menos nos ayudará a encontrar clientes y los seminarios venderán el juego", resumió Sharon. "Pero hay algo más detrás de cobrar 200 dólares por juego."

"Bueno", comencé lentamente, "si comparamos entre juegos, el juego no vale 200 dólares. Pero cuando se le compara con educación, el juego realmente no es caro. Sólo vean lo que cuesta la educación universitaria tanto en tiempo como en dinero. Además, no aprendes mucho sobre dinero o inversión en la escuela. También mira cuánto cuesta que la gente pierda dinero en la bolsa. Eso es aún más caro. Pero el mayor gasto es la pérdida de oportunidades. Así que muchas personas quieren invertir, saben que deberían hacerlo, pero no lo logran simplemente porque carecen de educación financiera. Este juego no sólo puede ayudar a una persona a hacer millones de dólares, sino también puede ayudarla a volverse financieramente libre."

"Pero, ¿qué hay de la gente que pueda sentirse estafada con 200 dólares?", preguntó Kim.

"Muchas personas se sentirán así y puede que nunca compren el juego", contesté. "Si fijamos el precio en 200 dólares, la gente tendrá que pensar mucho en el valor del juego antes de comprarlo. Y eso es lo que queremos que hagan. Queremos que el precio les haga pensar en el valor más que en simple entretenimiento."

"Además de eso, sólo piensen en el número de personas a quienes puede llegar nuestro juego. Un juego de 200 dólares puede llegar a cientos de personas", dijo Sharon. "No todo el mundo tiene que comprar el juego."

"Y por eso la táctica única de nuestra compañía es hacer que la gente practique el juego... no necesariamente que lo compre. La gente que piensa en serio en su educación y paga 200 dólares por el juego tendrá más probabilidades de invertir tiempo en aprenderlo. La única forma en que pueden hacerlo es invitar a otros a jugar. El juego de inmediato comienza a cumplir con su misión. Cuanta más gente juegue e invite a otros a jugar, más baja el costo por juego y jugador y el valor del juego aumenta. Nuestro único trabajo ahora es encontrar a esa persona que valore la educación y esté dispuesta a pagar por ella."

"También hacemos que el juego sea más difícil de conseguir, más difícil que la gente lo encuentre. Tenemos que ser más listos sobre cómo dejarle saber a la gente cómo encontrarnos a través de nuestro sitio de internet, richdad.com", dijo Sharon. "Al mantener más restringido el acceso al juego, en lugar de venderlo en masa resaltaremos su valor educativo. Nuestros grupos de enfoque lo estaban viendo como un 'juego' para el mercado masivo no como la herramienta educativa que es."

"¿Y qué pasa si no funciona?", preguntó Kim.

"Entonces damos con nuevas ideas", contesté. "Las ideas son muchas si eres creativo. Nuestras estrategias son de bajo riesgo. Sharon puede escribir y construir el negocio y nosotros podemos hacer seminarios. Deberíamos tener flujo de efectivo de esas dos estrategias de modo que no necesitemos vender tantos juegos. De esa forma le damos la oportunidad de venderse solo, de encontrar sus propios fans y sus propios canales de distribución. Si es un producto valioso, el plan funcionará. Si los clientes no encuentran que el juego sea valioso, cerraremos el negocio. Sólo el tiempo lo dirá."

Como apunté, la primera vez que el juego se jugó de manera comercial fue en un seminario de inversión en Las Vegas, Nevada, en noviembre de 1996. En febrero de 2004, cuando vi el artículo de casi una plana en el *New York Times*, supe que el juego había encontrado su audiencia legítima.

Para febrero de 2004, se habían vendido más de 350 000 juegos *Cashflow*, principalmente clientes que nos habían encontrado y habían entrado a nuestro sitio de internet o a través de un grupo de distribuidores. Ahora hay clubes *Cashflow* en todo el mundo, que se reúnen de manera regular para jugar. Y tenemos muy pocas quejas respecto al precio. Nuestro factor de devolución es de menos de 1 por ciento. Encontramos los clientes adecuados para nuestro producto.

Antes de renunciar a tu empleo

"Las cinco P" son una simple guía para tu plan de mercado-tecnia. Antes de renunciar a tu empleo recuerda los siguientes puntos importantes:

1. *Hay tres posiciones de precios en cualquier mercado.* El precio más alto, el medio y el más bajo. Decide qué precio se adapta mejor en tu caso. Siempre recuerda que el precio medio puede ser el más cómodo pero también el de más competencia. Es difícil ser destacado si estás en el promedio.

2. *Los líderes del precio más bajo no sólo bajan su precio.* Los ganadores en la categoría del precio más bajo hacen algo brillante en los negocios que sus competidores no pueden hacer. Por ejemplo, Wal-Mart vende los mismos productos que muchas otras tiendas al menudeo. Wal-Mart tiene sistemas mucho mejores para vender al menudeo que le permiten hacer mucho dinero con márgenes más pequeños. Recuerda lo que decía mi padre rico: "Cualquier idiota puede bajar su precio e irse a la ruina. Se necesita un negociante brillante para bajar sus precios, reducir sus márgenes y hacerse rico." También decía: "Si eliges competir en la categoría más baja del mercado, tienes que ser un mejor negociante que quienes compiten en lo más alto." Como yo no soy tan buen negociante, me pareció más fácil competir en lo más alto.

3. *Si serás el producto con el precio más alto en tu nicho de mercado, entonces tienes que dar a tus clientes algo que tus competidores no pueden dar.* Si estás confundido respecto a lo que hacen los negocios de precios altos, entonces haz tu tarea. Ve a una concesionaria automotriz de autos costosos y luego ve a una de autos económicos. O ve a un hotel de precios altos y luego ve a uno para bajo presupuesto. Al tomar nota de las diferencias, encontrarás formas de definir mejor tu producto y tu cliente. Debes saber que, cuanto más alto es el precio, menos son los clientes y más preciso necesitas ser en tu mercadotecnia. Además, nunca preguntes a la gente que compra por ofertas qué es lo que opina de un Rolls-Royce.

4. *No trates de ser todo para todos los clientes.* Si quieres el extremo alto y el extremo bajo del mercado, inicia dos marcas. Como sabes, Honda tiene su marca Acura y Toyota tiene su marca Lexus. Para mí, lucen como los mismos automóviles, ¿pero yo qué voy a saber? Obviamente los vendedores de Honda y Toyota han hecho un buen trabajo para convencer al público de que están vendiendo dos automóviles diferentes. Como se mencionó antes en este capítulo, la mercadotecnia necesita cumplir con los deseos, necesidades y el ego de un cliente. En muchos casos, el ego tiene más poder de compra.

5. *En vez de descontar, aumenta.* Sé que las personas ven el juego y se estremecen con el precio. En lugar de bajar el precio, preferimos agregar productos a la mezcla y luego incrementar el precio del paquete. Como decía mi padre rico: "Ventas = Ingreso." Así que en vez de reducir nuestro precio y reducir nuestros márgenes, cosa que cualquiera puede hacer, preferimos encontrar formas de mantener nuestros precios al tiempo que aumentamos el valor para el cliente y lo mantenemos satisfecho.

6. *Los vendedores débiles siempre quieren nuevos productos para vender*. Cuando yo estaba en Xerox, siempre era el representante de ventas más débil que decía: "Si tuviéramos nuevos productos podría vender más." Muchos negocios caen en esta trampa. Cuando las ventas están bajas, buscan nuevos productos, lo cual a menudo conduce a un fenómeno conocido como extensión de línea. Cuando la extensión de línea ocurre en exceso, el cliente puede confundirse porque hay demasiados productos para elegir y tus propios productos pueden convertirse en la competencia. Mi padre rico decía: "En vez de buscar nuevos productos para vender, busca nuevos clientes." También dijo: "Un empresario inteligente se enfoca en mantener satisfechos a los clientes existentes y busca nuevos clientes a quienes vender sus productos existentes."

7. *Busca socios estratégicos que le vendan al cliente a quien tú le quieres vender*. En este libro, escribí sobre los tres tipos de dinero: competitivo, cooperativo y espiritual. Una de las formas de hacerte rico más rápido con menos riesgo es ser cooperativo y ganar dinero cooperativo. Un ejemplo de esto es nuestra relación con Warner Books, a través de la cual podemos ganar dinero cooperativo.

8. *Trata bien a tu mejor cliente*. Internet hace que mantenerse en contacto con tu mejor cliente sea más fácil que nunca. La regla es: enfócate en mantener satisfecho a tu mejor cliente, porque no sólo te comprará más, sino que le hablará de ti a sus amigos y ésa es la mejor mercadotecnia del mundo. Se llama información de boca en boca. En lo que respecta a atender a tus mejores clientes, sé creativo. Una de las razones por las que las compañías pequeñas vencen a las grandes corporaciones es que una compañía pequeña puede ser más creativa y ésto, la lleva a crecer cada vez más rápido.

En resumen

Siempre recuerda "las cinco P". No ovides que tu producto es muy especial y es importante para alguien muy especial.

El precio de tu producto debe satisfacer las necesidades, deseos y el ego de la persona. En lo que respecta al ego, a todos nos gusta encontrar una oferta. También, a muchos de nosotros nos agrada dejarle saber a la gente que gastamos mucho dinero por un producto que sólo algunas personas pueden comprar. Así que el ego puede funcionar en el nivel más alto al igual que en el más bajo.

Es importante el lugar donde colocas tu producto de manera que tu cliente pueda encontrarlo. Recuerda que un Ferrari nuevo se verá fuera de lugar en un lote de autos usados lleno de automóviles baratos. Si colocas tu producto en el lugar equivocado, tus ventas se verán afectadas. Cuando *Padre Rico, Padre Pobre* se imprimió por primera vez, colocamos el libro en la gasolinera/lavado de autos de un amigo en Texas. ¿Por qué en un lavado de autos? Porque era el lugar a donde las personas acaudaladas llevan sus autos a lavar y a cargar gasolina. Si hubiéramos puesto nuestro libro en un lugar donde la gente llega a comprar gasolina barata, creo que los libros seguirían ahí.

Y la única posición en la que quieres estar es la primera. Siempre recuerda que la mayoría sabemos que Lindbergh fue el primer ser humano en volar solo sin paradas a través del Atlántico. Muy pocas personas saben quién fue el segundo. Si no eres el primero en tu categoría, entonces inventa una nueva categoría donde puedas ser el primero. Cuando el juego no era conocido, nos convertimos en el primer entretenimiento en reclamar la categoría del juego con el precio más alto. Si tienes un carro de hot dogs, puedes afirmar que es el primer carro de hot dogs que tú tienes. Cuando Avis se dio cuenta de que tenía el segundo lugar con relación a Hertz, tomó el primer lugar al ser el primero en afirmar estar orgulloso de estar en segundo lugar, lo que derivó en un slogan contundente: "Lo intentamos con más fuerza". En conclusión, el lugar más importante en el que quieres estar en la mente de tu cliente es el primer lugar. Por ejemplo, cuando piensas en un refresco, ¿piensas primero en Coca-Cola o en Pepsi? Cuando tus clientes muy especiales piensan en tu categoría de producto, ¿piensan primero en ti o en tu competidor? A fin de cuentas, el trabajo más importante de un empresario es ser el primero en la mete de sus clientes.

La visión de Sharon

Lección #9: No pelees por la oferta

Enfócate en el objetivo adecuado

Es muy importante para ti como dueño de un negocio que te efoques en el cliente adecuado. ¿Estás persiguiendo un cliente del nivel alto o un cliente del nivel bajo? ¿Un cliente joven o un cliente de más edad? ¿Estarás compitiendo por ese cliente con base en precio o en calidad? Como decía padre rico, cuando compites con base en el precio siempre hay alguien dispuesto a ofrecer un precio más bajo. Crear una ventaja competitiva basada en la calidad proporciona mejores márgenes de ganancia y, por lo general, un cliente de nivel más alto.

Además de determinar tus precios objetivos para tu cliente, también es importante saber en qué clientes concentrar tus esfuerzos. Visualiza la típica curva de campana y divídela en tres secciones. Imagina que un tercio de tus clientes te quieren, un tercio de tus clientes potenciales no te quieren y al tercio restante, de en medio, no le importas tú ni tus productos. Un error común que veo con los nuevos dueños de negocios es que se concentran en el tercio de sus clientes que no los quieren en lugar de concentrarse en los que sí los quieren. De hecho, muchos asesores de negocios quieren que te concentres en tus clientes problema para ayudarte a hacer crecer el negocio. No podríamos estar más en desacuerdo.

Como mencioné anteriormente, es difícil ser todas las cosas para todas las personas. En vez de concentrarte en las personas que no te quieren a ti o a tu producto, considera gastar tu energía en apoyar al tercio de tus clientes que sí te quiere. Convierte esos clientes, que ya son fans, en cartas de recomendación para ti y para tus productos. El resultado se llama mercadotecnia viral. Con su ayuda, puedes convertir más fácil al tercio de clientes potenciales en la parte intermedia. Además, es mucho más divertido pasar tiempo con gente que te quiere en lugar de preocuparte por los que no te quieren. Y hay algo más: se necesita mucho menos esfuerzo para venderle a un cliente existente que para encontrar un nuevo cliente.

Otro error común de los nuevos negocios es lanzar una red demasiado amplia para atrapar clientes. Toman la posición de que cualquiera que cruce la puerta es un cliente potencial (haremos negocios con cualquiera). Esa posición es un error. Los clientes deberían ser calificados previamente. Simplemente no quieres desperdiciar tu tiempo y tu esfuerzo tratando de vender tus productos o servicios a alguien que simplemente no puede pagarlos o que en realidad no los necesita. A todas luces no quieres proporcionar productos o servicios a quien no puede pagarlos (a menos que reconozcas desde el principio que es una donación de caridad o un regalo.) El hecho es que a veces estás mejor sin clientes que con clientes malos. No sólo puedes fracasar en recibir ganancias de un mal cliente, sino que puedes perder oportunidades y hasta dinero.

Valor de por vida de un cliente

Muchos dueños de negocios pierden el tren en lo que respecta a entender el valor de todos y cada uno de los clientes. Celebran cuando venden un producto a un cliente. El verdadero éxito viene cuando tienes una comunidad de clientes que te compran varias veces. Esa lealtad y comunidad compartida crea un modelo de negocios exitoso y sostenible. Por ejemplo, Carol, una joyera local, le vende una joya a Joe. Si a la esposa de Joe le gusta la prenda él probablemente regresará con Carol para comprar joyas para otras ocasiones especiales y se convertirá en un cliente frecuente de Carol. En vez de comprador de una sola vez, la joyera ahora tiene un cliente con un potencial de ventas y ganancias mucho mayores. Carol entiende el valor de por vida de un cliente. Éste es el buen nombre al que hicimos referencia en el capítulo anterior. ¿No es mucho más probable que alguien haga negocios con una persona con quien tiene una buena historia en vez de con un extraño? Si tú tienes esa buena historia (buen nombre) con la gente, habrá recomendaciones y pronto tendrás una sólida reputación que atraerá nuevos negocios a través de referencias.

De hecho, es mucho más difícil encontrar un nuevo cliente que mantener regresando a un cliente satisfecho. Uno de los mayores activos de un negocio es su lista de clientes.

El ciclo del cliente tiene las siguientes etapas:

1. Atrae al cliente (la parte más difícil).
2. Haz una venta.
3. Captura la información de contacto de tu cliente.
4. Haz que tu cliente se sienta especial (dale las gracias por su compra).
5. Mantente en contacto con tu cliente (envíale con anticipación anuncios de nuevos productos, promociones especiales o eventos).

6. Responde las preguntas del cliente en una forma oportuna y amigable (convierte clientes que se quejan en clientes satisfechos).
7. Crea una comunidad o club de clientes (dales valor gratis sólo por ser miembros).
8. Pide a tu cliente satisfecho que "hable a un amigo" sobre tu negocio o producto.
9. Vuelve a hacer una venta a tu cliente.
10. Repite el ciclo.

Algunos de los pasos anteriores son más fáciles que otros y algunos son más desafiantes con base en el tipo de negocio que tengas. Por ejemplo, The Rich Dad Company atrae clientes vendiéndoles libros en librerías al menudeo. Sabíamos que sería difícil conseguir su información de contacto. Así que dentro de nuestros libros, ofrecemos información adicional gratuita en nuestro sitio de internet, www.richdad.com. Para recibir la información adicional, simplemente pedimos que el cliente nos dé su nombre y su dirección de correo electrónico. Esto nos permite proporcionar al cliente nuevo información sobre nuevos productos de Padre Rico, promociones especiales y eventos próximos. Llamamos al uso de estas ofertas especiales "llamadas a la acción." ¿Es ésta tan sólo una táctica para conseguir información de contacto? Nos aseguramos de que no sea sólo una táctica y de que el cliente reciba valor real por unirse.

Otras compañías que venden productos a través de pedidos al menudeo ofrecen rebajas al cliente con el fin de capturar su información de contacto. O crean lealtad hacia la marca con sus clientes a través de promociones y publicidad. Por ejemplo, una compañía de papas fritas puede no tener la información de contacto de sus clientes, pero sí depende de que sus clientes repitan su compra. Por ejemplo, quizá elija construir su marca a través de promociones en "punto de venta" y anuncio de la marca.

En el ejemplo de la joyería, Carol estaría mejor equipada si averigua las fechas de cumpleaños, aniversarios y otras ocasiones especiales en el caso de cada uno de sus clientes al venderles la primera joya. Luego, una semana o dos antes de cada una de esas fechas, envía una amable tarjeta de recordatorio con la indicación de una oferta especial para un regalo que incluso puede ser envuelto y entregado en la oficina del cliente. Esto no sólo genera ventas adicionales, sino que apoya al cliente. Todos podemos usar un recordatorio de esas ocasiones especiales en nuestra vida.

POSICIONA TU PRODUCTO PARA EL MERCADO OBJETIVO

¿De qué manera ubicas como objetivo a un grupo particular de clientes? El proceso está en el "posicionamiento del producto" que discutimos antes. Tú estableces, a través de tu mercadotecnia, publicidad y precios, un concepto o imagen particular del producto en la mente de los consumidores. El concepto o imagen está ligado a tu marca (marca registrada). El truco es elegir un concepto o imagen atractivo para tu mercado objetivo. Necesitas tener algo que te distinga a ti y a tu producto. Necesitas ser capaz de distinguirte de la competencia. Quieres que esa distinción sea atractiva para tu mercado objetivo.

Una vez que has establecido la posición para tu marca, necesitas tener cuidado de no diluir el mensaje. Necesitas ser particularmente cuidadoso de no enviar mensajes contradictorios o conflictivos. Este problema tiende a salir a la superficie cuando tienes más de un producto o más de una versión de un producto. Digamos que tienes una versión inicial de un producto que estás vendiendo con mucho éxito a hombres de entre veinte y cuarenta años. Quieres expandir tu mercado y das con otra versión del producto diseñada específicamente para ser atractiva para mujeres del mismo rango de edades. ¿Vendes la nueva versión del producto bajo la misma marca o desarrollas una nueva marca para la versión femenina del producto?

La respuesta depende de dos factores primarios: el mensaje específico usado para posicionar la versión masculina del producto y la naturaleza de las diferencias entre las versiones del producto. Por ejemplo, si el mensaje de posicionamiento para el producto inicial era: "Éste es el producto para un verdadero macho", entonces usar la misma marca para la versión femenina del producto es inconsistente e inapropiada. Por otro lado, una versión femenina del producto no sería consistente con un mensaje de posicionamiento que diga: "Éste es el producto para los que tienen entre veinte y cuarenta años." Si las versiones masculina y femenina del producto son relativamente similares, el uso de la misma marca con ambas versiones probablemente no sería inconsistente. Sin embargo, si las versiones masculina y femenina del producto difirieran de manera considerable, el uso de la misma marca con ambos géneros causaría confusión y probablemente no sería apropiado.

ANALIZA TUS "P" Y TUS "C"

Así que recuerda "las cinco P" de la mercadotecnia:

1. Producto.
2. Persona.
3. Precio.
4. Lugar*
5. Posición.

Ahora que tienes tu Triángulo D-I listo, es momento de revisar

---

*Lugar es "*place*" en inglés.

tus cinco "P". Puede que des con más cuestionamientos (C) que respuestas. Reúne a tu equipo y desarrollen su táctica y estrategias de negocios manteniendo en mente "las cinco P". Con tu producto, persona (cliente objetivo), precio, lugar y posición planeados bien y sustentados por un Triángulo D-I fuerte, encontrarás más fácilmente la sexta "P": ¡Productividad!, es decir, ganancias.

Para cumplir tu misión de negocios, tu tiempo de planeación ha terminado. Pon manos a la obra en tu nuevo negocio hoy mismo.

Debes saber cuándo renunciar

CAPÍTULO 10

Resumen

Saber cuándo renunciar

Que no te guste tu trabajo no es razón para convertirte en empresario. Puede sonar como una buena razón, pero no es una razón lo bastante fuerte. En definitiva, carece de una misión sólida. Aunque casi todo el mundo puede convertirse en empresario, ser empresario no es para todo el mundo.

Hay un viejo dicho que reza: "Los ganadores nunca renuncian y los desertores nunca ganan". Personalmente, no estoy de acuerdo con ese dicho. Es demasiado simple. En mi realidad, un ganador también sabe cuándo renunciar. A veces en la vida es mejor reducir tus pérdidas. Es mejor admitir que has llegado al final o admitir que has estado "ladrando" al árbol equivocado.

En mi opinión, un desertor es una persona que renuncia simplemente porque las cosas se han puesto difíciles. Yo he sido un desertor muchas veces en mi vida. He desertado de programas de dieta, de programas de ejercicio, de novias, de negocios, de libros, de estudios, etcétera. Cada año hago resoluciones de año nuevo y renuncio. Así que sé lo que es renunciar y sé que soy un desertor.

Una de las razones por las que no renuncié a mi proceso de convertirme en empresario fue que realmente quería serlo. Lo quería con todas mis fuerzas. Quería disfrutar de la libertad, la independencia, la riqueza y la habilidad para hacer una contribución a este mundo que tiene un empresario. A pesar de lo mucho que deseaba convertirme en empresario, el poderoso concepto de renunciar siempre estaba frente a mí, manteniendo la puerta abierta. Habría sido fácil renunciar cuando estaba sin dinero y muy endeudado. Habría sido fácil renunciar cada vez que un acreedor me exigía un pago. Habría sido fácil renunciar cuando el departamento fiscal me informó que debía más impuestos. Habría sido fácil renunciar cuando un proyecto fracasó o cuando un socio potencial rompió un trato. Cuando las cosas eran difíciles, la idea de renunciar siempre rondaba, a unos centímetros de distancia.

Para mí, convertirme en empresario es un proceso, un proceso en el que aún continúo. Creo que seré un empresario en entrenamiento hasta el final. Amo los negocios y amo resolver problemas de negocios. He reducido mis pérdidas, cerrado un negocio, cambiado de dirección, pero en lo que respecta al proceso de convertirme en empresario, nunca he renunciado... por lo menos no todavía. Es un proceso que amo. Es un proceso que me da el tipo de vida que deseo. Así que aunque ha sido duro para mí, ha valido la pena. Además, que haya sido difícil para mí no significa que tenga que serlo para ti. Una razón para escribir este libro fue que deseo facilitarle el proceso para convertirse en empresario a cualquiera que esté por iniciar el camino o que ya esté en él.

Antes de terminar este libro, pensé que te dejaría con un elemento que me mantuvo en marcha. Fue el brillo incluso en las horas más oscuras. Tenía un pedazo de papel pegado en la base del teléfono en mi oficina en la compañía de carteras. Ese pequeño papel venía de una galleta de la fortuna china. Decía: "Siempre puedes renunciar. ¿Por qué empezar ahora?" Hubo muchas llamadas telefónicas que tuve que manejar que me dieron razón más que suficiente para renunciar. No obstante, después de colgar el teléfono, solía ver las palabras de sabiduría de la galleta de la fortuna y decía para mis adentros: "Por mucho que quiera renunciar, no renunciaré hoy. Renunciaré mañana." Lo bueno es que mañana nunca llegó.

Antes de renunciar a tu empleo, te ofrecemos los siguientes consejos

1. *Revisa tu actitud.* La actitud es casi todo. No recomendamos convertirte en empresario sólo para hacer dinero. Hay formas mucho más fáciles de hacer dinero. Si no amas los negocios y los retos que ofrecen, entonces ser empresario no es para ti.

2. *Consigue la mayor cantidad posible de experiencia en cinco niveles del Triángulo D-I.* En libros anteriores, aconsejamos a la gente que trabajara para aprender, no que trabajara para ganar. En lugar de aceptar empleos por el dinero, acepta empleos por la experiencia. Por ejemplo, si quieres obtener experiencia en cómo funcionan los sistemas de negocios, consigue un trabajo de medio tiempo en McDonald's. Te sorprendería lo que sucede en el momento en que el cliente dice: "Quiero una big mac y unas papas fritas." En ese momento, uno de los sistemas de negocios mejor diseñado entra en acción. Es un sistema diseñado brillantemente y sostenido por personas que sólo han estudiado la secundaria.

3. *Siempre recuerda que ventas = ingreso.* Todos los empresarios necesitan ser buenos en ventas. Si no lo eres, obtén la mayor cantidad de experiencia posible antes de renunciar a tu empleo. Escuché que Donald Trump dijo una vez: "Algunas personas nacieron para vendedoras. El resto podemos

aprender a vender." Yo no soy un vendedor nato. Entrené muy duro para convertirme en uno. Si realmente quieres un excelente entrenamiento de ventas, puede que quieras considerar unirte a un negocio de mercadeo en red o a un negocio de ventas directas.

4. *Sé optimista al igual que brutalmente honesto contigo mismo.* En su libro *Good to Great*, Jim Collins escribe un excelente texto sobre esta necesidad de ser brutalmente honesto. Escribe sobre sus entrevistas con el almirante Stockwell, uno de los prisioneros de guerra retenidos por más tiempo en la guerra de Vietnam. Cuando Jim Collins preguntó al almirante qué tipo de persona moría en su celda, éste respondió sin dudar: "Los optimistas." Los prisioneros de guerra que sí sobrevivieron fueron quienes podían manejar los hechos brutales sobre su situación. Por otro lado, debes saber la diferencia entre ser brutalmente honesto y ser pesimista. Conozco gente que te dirá por qué algo no va a funcionar incluso si está funcionando. Conozco gente que almacena en su mente cada noticia negativa posible. Las personas negativas, o pesimistas, no son lo mismo que las personas brutalmente honestas.

5. *¿Cómo estás gastando tu dinero?* Demasiadas personas tienen dificultades financieras porque no saben cómo gastar su dinero. La mayoría gasta su dinero y nunca lo vuelve a ver. Un empresario necesita saber cómo gastar dinero y hacer que regrese más dinero todavía. No se trata de ser tacaño, poco generoso o frugal. Se trata de saber cuándo gastar, en qué gastar y cuánto gastar. He visto a muchos empresarios irse a la quiebra ahorrando dinero. Por ejemplo, cuando el negocio baja, en lugar de gastar dinero en más promociones, el empresario hace recortes esperando ahorrar dinero. Cuando esto sucede el negocio continúa

bajando. Es un ejemplo de acción equivocada, en el momento equivocado.

6. *Inicia un negocio para practicar*. Nadie puede aprender a andar en bicicleta sin una bicicleta y nadie puede iniciar, construir y dirigir un negocio sin negocio. Una vez que estés familiarizado con las diferentes partes del Triángulo D-I, deja de planear y empieza a hacer. Como siempre he dicho: "Conserva tu empleo de tiempo completo e inicia un negocio de medio tiempo."

7. *Debes estar dispuesto a pedir ayuda*. Padre rico a menudo decía: "La arrogancia es la causa de la ignorancia." Si no sabes algo, pregúntale a quien sí lo sepa. Por otro lado, no seas una plaga y pidas demasiada ayuda. Hay una línea delgada entre una ayuda y una muleta.

8. *Busca un mentor*. Mi padre rico era mi mentor. He tenido muchos otros mentores. Lee libros sobre grandes empresarios como Edison, Ford y Gates. Los libros pueden ser tus mejores mentores. The Rich Dad Company tiene un programa de mentores conocido como Entrenamiento de Padre Rico. Los entrenadores al otro lado del teléfono son empresarios, inversionistas y excelentes entrenadores. Contrátalos para que te mantengan en el camino para conseguir lo que quieres de tu vida. Uno de mis empresarios favoritos es Steven Jobs, fundador de Apple Computer y Pixar. No sólo me gusta su estilo, me encanta la cultura de su negocio. Una de las cosas más importantes que un empresario puede construir es un negocio con una cultura fuerte. Como dije antes, en The Rich Dad Company trabajamos duro para fomentar y proteger una cultura de aprendizaje y libre expresión.

9. . "Dios los hace y ellos se juntan". Cada ciudad en la que he vivido tiene grupos o asociaciones de empresarios. Asiste a sus juntas y descubre qué se ajusta a tus necesidades. Rodéate de colegas empresarios. Están ahí para apoyarte así

como para ser apoyados. Contacta tu administración de pequeños negocios o cámara de comercio local para tener un horario de juntas y seminarios. Son excelentes fuentes de información así como recursos para empresarios. Un grupo que me ha impresionado es la Organización de Empresarios Jóvenes (YEO, por sus siglas en inglés). Aunque soy demasiado viejo para pertenecer a ese grupo de hombres y mujeres jóvenes, me han pedido que hable en varias de sus sucursales. Siempre me ha impresionado la calidad de joven que atrae esta organización.

10. Sé fiel en el proceso. Una razón por la que mucha gente no renuncia a su empleo y se convierte en empresaria es que la actividad empresarial puede ser extremadamente desafiante, en especial cuando se empieza. Sugiero que sigas las bases del Triángulo D-I y que, de manera diligente, hagas tu mejor esfuerzo por dominar las ocho categorías del triángulo. Se necesita tiempo, pero si tienes éxito las recompensas pueden ser inmensas. Como dijo mi padre rico: "Ser empresario es un proceso, no un empleo o profesión." Así que sé fiel al proceso y recuerda que incluso cuando las épocas sean malas, el proceso te dará un vistazo del futuro que se encuentra adelante.

Con los años, he escuchado a muchas personas usar el concepto: meta audaz muy ambiciosa. Aunque tener una meta así es recomendable, creo que el proceso y el tamaño de la misión son más importantes que la meta.

Mi padre rico dibujó para su hijo y para mí un diagrama que se veía de a siguiente manera:

MISIÓN ➡ PROCESO ➡ META

Decía: "Si vas a tener una meta grande necesitas una misión fuerte para impulsarte a través del proceso. Con una misión fuerte, cualquier cosa se puede alcanzar."

Gracias por leer este libro y te deseamos el mejor de los éxitos si decides convertirte en empresario o si ya lo eres.

Robert Kiyosaki
Sharon Lechter

Antes de renunciar a tu empleo se terminó de imprimir en febrero de 2007, en Gráficas Monte Albán, S.A. de C.V., Fraccionamiento Agroindustrial La Cruz, Lote 37-39, El Marqués, Querétaro.